高等职业教育工商管理专业规划教材

市场调查与预测

——原理·方法·应用

本教材编写组　编著

东南大学出版社
·南京·

内 容 简 介

本教材为高等职业教育工商管理、财经等专业的专业课教材，它融合了编者多年在高职教育、成人开放教育方面积累的教学成果与经验。全书分为上篇市场调查与下篇市场预测，以通俗易懂、注重操作应用为基本出发点，将市场调查与市场预测的基本知识与方法介绍给学生，并在各章附有不同类型的作业、习题和案例供学生学习，以熟练掌握基本理论知识与方法。为了便于教学和学生自学，本书各章开篇都有学习目的与技能要求和知识框架图，在各章结尾有重要知识点回顾和技能实训题。

本书是一本内容精练、选材得当、语言流畅、深入浅出、突出案例、注重应用的教科书，不仅适用于高职高专工商管理类、财经类专业的学生使用，也可供远程开放教育、成人高校和继续教育相关专业学生选用。

图书在版编目(CIP)数据

市场调查与预测：原理·方法·应用/本教材编写组编著
—南京：东南大学出版社，2012.8
ISBN 978-7-5641-3506-5

Ⅰ.①市… Ⅱ.①本… Ⅲ.①市场调查—高等职业教育—教材②市场预测—高等职业教育—教材
Ⅳ.①F713.5

中国版本图书馆 CIP 数据核字(2012)第 100470 号

市场调查与预测——原理·方法·应用

著　者	本教材编写组	责任编辑	陈　跃
电　话	(025)83793329/83362442(传真)	电子邮件	chenyue58@sohu.com
出版发行	东南大学出版社	出 版 人	江建中
地　址	南京市四牌楼2号	邮　编	210096
销售电话	(025)83794121/83795801		
网　址	http://www.seupress.com	电子邮箱	press@seupress.com
经　销	全国各地新华书店	印　刷	南京南海彩色印务有限公司
开　本	700mm×1000mm 1/16	印　张	15
字　数	337千字		
版印次	2012年8月第1版　2012年8月第1次印刷		
书　号	ISBN 978-7-5641-3506-5		
定　价	38.00元		

* 本社图书若有印装质量问题，请直接与营销部联系。电话：025-83791830。

前 言

社会主义市场经济体制的确立，使企业成为自主经营、自负盈亏、自我发展、自我约束的商品生产、经营和市场竞争主体。企业在进行市场经营中，所要进行的战略决策、产品定位、技术开发、产品生产和市场营销等一切活动，都取决于对市场需求及变化的正确认识与判断，因此企业经营离不开对市场进行调查研究和对未来变化进行预测。总之，现代市场调查与预测在企业经营管理中发挥着不可替代的重要作用。对高职院校来说，市场调查与预测是工商管理、市场营销、连锁经营管理、物流管理等专业的一个专业工具和方法课，它对提高学生市场分析的基本能力以适应未来职场经营管理职业生涯的要求与发展具有重要意义。

本教材针对高职院校工商管理大类专业学生的知识基础和培养目标，在多年教学实践所积累的经验基础上，参考部分高校现有的同类教材，编写了《市场调查与预测——原理·方法·应用》教材。本教材以介绍方法为主，力求体系清晰，内容精练，深入浅出，通俗易懂，讲求实用。

书中引用了较多的调查与预测案例，以增强学生的感性认识和对方法的理解与应用，使学生比较易于掌握现代市场调查的基本方法与实用技术。

教材内容分为上、下两篇。上篇为市场调查，共有三章，主要阐述了市场调查的定义、内容、程序和基本调查方法与调查技术；下篇为市场预测，共有四章，在对市场预测基本原理和方法进行认识的基础上，主要介绍了常用的一些预测方法，包括时间序列预测、相关预测和一些简单实用的预测方法。

本教材不仅适用于高职院校工商管理专业的学生，也可作为开放教育、继续教育、社区教育的成人学生以及在职员工业务培训的教材或参考书。

本教材由南京城市职业学院工商管理系工商管理教研室组织编写。参加编写的有：沈波、蒋新宁、肖立刚、葛静、吴晓晨、严维红、孙国楠、汪发成、张春玲。最后由沈波、蒋新宁、肖立刚对教材进行总纂定稿。

教材编写过程中，借鉴吸收了一些国内有关市场调查和市场预测方面的编著教材和文献资料（具体见"主要参考文献"），并得到东南大学出版社的大力支持与帮助，在此一并表示感谢。

由于水平所限，书中难免存在疏漏甚至错误之处，敬请读者批评指正。

南京城市职业学院
工商管理教研室

二〇一二年七月

目 录

上篇 市场调查

第一章 市场调查概述　　3

第一节 市场调查的意义与作用 …………………………… 4
第二节 市场调查的类型 …………………………………… 7
第三节 市场调查的内容 …………………………………… 12
第四节 市场调查的步骤 …………………………………… 34

第二章 实用的市场调查方法　　48

第一节 问询类调查方法 …………………………………… 49
第二节 实验类市场调查方法 ……………………………… 59
第三节 现场观察类市场调查方法 ………………………… 66

第三章 市场调查技术　　87

第一节 调查表设计 ………………………………………… 88
第二节 态度测量表法 ……………………………………… 97
第三节 抽样调查技术 ……………………………………… 106

下篇　市场预测

第四章　市场预测的基本原理　117

　　第一节　市场预测的要求和步骤　118
　　第二节　市场预测的分类与基本内容　124
　　第三节　市场预测的主要方法和预测误差　129

第五章　时间序列预测方法　137

　　第一节　时间序列预测法的概念和步骤　138
　　第二节　时间序列预测方法及应用实例　143

第六章　相关与回归预测方法　172

　　第一节　相关与回归的意义与种类　173
　　第二节　一元线性回归预测及应用实例　176
　　第三节　多元线性回归预测及应用实例　182
　　第四节　非线性回归预测及应用实例　187

第七章　其他简单实用的市场预测方法及应用　195

　　第一节　弹性预测法及应用　196
　　第二节　意见综合预测法及应用　208
　　第三节　市场占有率及变动预测与应用　226

主要参考文献　232

上篇 市场调查

第一章
市场调查概述

📂 **本章结构图**

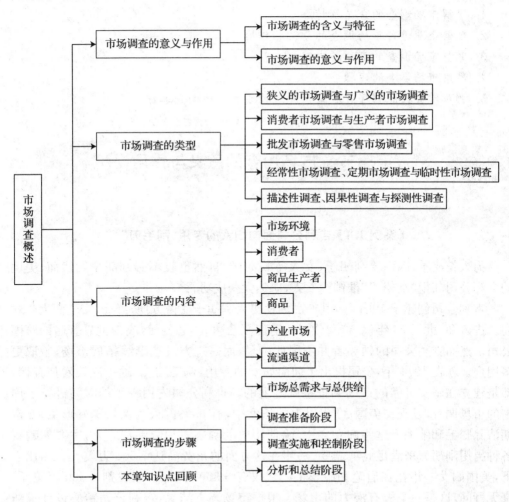

任务导入

王晓宁是大学刚毕业应聘到一家化妆品企业的员工,企业领导考虑他学的是经营活动管理专业,所以分派他到企业市场经营部从事市场调查工作。此时企业正在研发一种较高档次的洗面奶,亟须市场经营部调查市场需求,以研究这种洗面奶的市场定位和经营活动策略。市场经营部李为经理决定让王晓宁参与这项调查,并要求王晓宁尽快起草一份调查方案供大家讨论。这对王晓宁确实是一个不小的挑战,因为他虽然在学校学过不少市场学、市场调查与市场预测等理论,然而面对企业实际的市场调查工作仍是一片茫然,不知从何处入手。

学习目的与技能要求

1. 了解市场调查的含义及特点
2. 理解企业进行市场调查的意义和作用
3. 掌握市场调查的类型与内容
4. 熟悉市场调查的步骤
5. 初步学会按照程序开展某产品或服务的市场调查工作

第一节 市场调查的意义与作用

【案例 1.1】吉利公司面向妇女的专用"刮毛刀"

男人长胡子,因而要刮胡子;女人不长胡子,自然也就不必刮胡子。然而,美国的吉利公司却把"刮胡刀"推销给女人,居然大获成功。

吉利公司创建于 1901 年,其产品因使男人刮胡子变得方便、舒适、安全而大受欢迎。进入 20 世纪 70 年代,吉利公司的销售额已达 20 亿美元,成为世界著名的跨国公司。然而吉利公司的领导者并不因此满足,而是想方设法继续拓展市场,争取更多用户。就在 1974 年,公司提出了面向妇女的专用"刮毛刀"。这一决策看似荒谬,却是建立在坚实可靠的市场调查基础之上的。吉利公司先用一年的时间进行了周密的市场调查,发现在美国 30 岁以上的妇女中,有 65% 的人为保持美好形象,要定期清除腿毛和腋毛。这些妇女之中,除使用电动刮胡刀和脱毛剂之外,主要靠购买各种男用刮胡刀来满足此项需要,一年在这方面的花费高达 7 500 万美元。相比之下,美国妇女一年花在眉笔和眼影上的钱仅有 6 300 万美元,染发剂 5 500 万美元。毫无疑问,这是一个极有潜力的市场。根据市场调查结果,吉利公司精心设计了新产品,它的刀头部分和男用刮胡刀并无两样,采用一次性使用的双层刀片,但是刀架则选用了色彩鲜艳的塑料,并将握柄改为弧形以利于妇女使用,握柄上还印压了一朵雏菊图案。这样一来,新产品立即显示了女性的特点。

为了使雏菊刮毛刀迅速占领市场,吉利公司还拟定了几种不同的"定位观念"到消费者之中征求意见。这些定位观念包括:突出刮毛刀的"双刀刮毛";突出其创造性的"完全适合女性需求";强调价格的"不到50美分";以及表明产品使用安全的"不伤玉腿",等等。最后,公司根据多数妇女的意见,选择了"不伤玉腿"作为推销时突出的重点,刊登广告进行刻意宣传。结果,雏菊刮毛刀一炮打响,迅速畅销全球。

这个案例说明,市场调查研究是经营决策的前提,只有充分认识市场,了解市场需求,对市场作出科学的分析判断,决策才具有针对性,从而拓展市场,使企业兴旺发达。

一、市场调查的含义与特征

市场调查是指对企业外部有关市场的信息资料进行系统的收集、记录和分析,以了解商品和服务的现实市场和潜在市场,并提出结论和建议的一种科学方法。

市场调查具有以下三个重要特点:

1. 系统性。市场调查作为一种企业经营活动,它本身是一个系统,这一系统包括制定调查计划、设计调查方法、抽取样本、调查访问、资料收集整理分析和撰写调查报告等。

2. 目的性。市场调查一定要有明确的目标,并围绕目标进行调查。

3. 科学性。市场调查采用的方法、手段是科学的,所以调查结论也具有科学性。

市场调查同市场预测、经营决策有密切的关系。一般而言,市场调查是市场预测的一个必要前提,而市场预测是市场调查深化的结果。市场调查是市场预测、经营决策过程的一部分,但是市场调查本身也有自己的规律和特点。

二、市场调查的意义与作用

在现代市场经济中,一些管理专家认为:企业经营成败的关键是预测未来市场需求,搞好市场预测的关键是市场信息的收集和利用,市场信息收集的关键是市场调查活动的开展。具体分析市场调查的作用,有以下几个方面:

1. 企业通过市场调查能够掌握全面的市场信息,为经营决策提供依据。

从系统论的角度看,国民经济是一个大的体系,各行业、各部门、各地区是互相联系、互相约束、互相影响的子系统。企业是系统的基本单位,开展活动,取得经济效益,都不免受到国民经济的影响。生产过程中的原材料、燃料、电力供应,资金的保障程度,制约着市场商品的有效供应。市场的货币投放、购买力投向、购买心理、消费需求的变化,对市场商品的销售产生直接的影响。这些市场环境,对企业来说,是有很大影响力的外部不可控因素,只有通过市场调查,在此基础上,按照生产和消费的客观情况,科学地开展生产经营活动。

从国民经济管理的角度看,国家宏观管理部门要根据客观经济规律的要求,确定不同时期的发展目标,制定相应的规划,制定产业计划,对国民经济进行宏观的调控。这些政策措施对企业也将产生重要的影响。通过市场调查,企业既面向市场,又了解宏观经济政策和调控措施,可以按照国家确定的发展方向进行投资和经营。

从动态的角度观察,任何的事物都是发展变化的,不会停留在一个水平上,市场变化也是如此。在商品生产和流通的过程中,市场不断出现新情况、新变化、新趋势,企业如果不掌握市场变化,就不能在经营过程中科学决策。只有通过市场调查,掌握市场动向,才可能科学地进行决策,促进企业的发展。

2. 企业通过市场调查,能够促进产品的更新换代,促进新产品的开发。

随着市场经济的发展和我国人民物质文化生活水平的提高,消费者的需求更加丰富多彩,不断变化更新。同时,科学技术的飞速发展又为满足这种需求提供了可能,于是市场上新产品不断地涌现,产品的更新换代周期日益缩短。这些新的发展趋势,对生产企业来说,既是机遇,又是挑战。它们一方面给企业提供了大量的市场机会,其中任何一个都可使企业焕发生机;但同时又使企业面临新的风险,任何一种产品都随时有可能被更新更好的产品所取代,或者突然就失去市场。抓住机遇又减少风险的关键,就在于正确地判断现有产品的生命周期,并大力开发新产品,而这都需要以市场调查为基础。企业在市场调查中,通过产品的销售数量,销量的增长变化趋势以及产品普及率的分析,可判断出产品的生命周期,从而可根据其生命周期的不同阶段制定不同的经营活动计划和策略,促进产品的更新换代。同时,企业在市场调查中,还可以了解产品的使用情况,听到消费者或客户对产品使用的反映。认真分析这些信息,就能从中发现消费者未被发现的潜在需求,既为改进产品性能和提高产品的质量提供依据,又为开发新产品提供思路。新产品的开发不同于一般的发明创造,一定要面向市场,以满足潜在的市场需求为前提,因而只能建立在市场调查的基础之上。

3. 企业通过市场调查可以促进商品销售。

只有通过科学的市场调查,广泛收集市场信息,分析各类商品的销售前景,研究消费者的购买行为,真正了解消费者的各种需求及潜在的需要,并依据此作出经营决策,扩大商品销售。当今西方国家的一些企业,把对商品流通过程的市场调查,比作产品生产过程的泰罗科学管理。其意为:对企业产品生产过程的每一个环节,都要用泰罗的方法进行全面的调查研究,以便改进作业方法,挖掘生产潜力,提高劳动效率;同样,对产品流通过程中的每一个作业的环节,每一个方面,如商品的销售服务、广告宣传、中间商、物流渠道的选择,以及有关产品效用、商标、包装、定价等一系列运营阶段,都要进行科学的市场调查,借以扩大市场销售,加速资金的周转,降低流通的费用,进而巩固与发展企业在市场竞争中的地位。市场调查在这方面也确实功不可没。

4. 市场调查可以提高企业的管理水平。

企业提高管理水平,重要的环节是重视企业管理的基础工作,而基础工作的重要内容之一就是市场信息的收集与整理。企业在市场调查中,通过收集企业经营活动的内部和外部信息,通过对原始信息的分析、整理,为经营决策提供了重要的依据,为提高管理水平奠定了重要的基础。同时,这些信息也为开展业务活动提供了指导。掌握了这些信息,有利于企业提高对外部环境的适应能力和应变能力,这也是管理水平提高的重要标志。企业管理水平的另一个重要的标志是创造良好的经济效益,即用最少的劳动占用和劳动消耗取得最大的有用效果。为此,企业就要根据市场的情况建立合理的组织和控制系统,制定正确的市场经营策略,选择正确的经营活动策略,并加强对人员的培训管理。而所有这一切,全都离不开对市场信息的全面把握,换言之,全都建立在市场调查的基础之上。

5. 市场调查可以提高企业市场竞争力。

只要是市场经济,就总有竞争和优胜劣汰,所以叫做"商战"。商战亦如战争,胜负不单取决于企业的规模和实力,大企业不一定优,小企业未必劣,"尺有所长,寸有所短",关键要"知己知彼",才能"百战不殆"。这里的知彼,既包括市场,又包括竞争对手。只有充分了解自身及竞争对手各自的长处和短处、强项和弱项,准确把握市场变化,才能做出正确的决策,在竞争中保持不败。而要"知",就必须通过市场的调查。这里还包括了对其他企业经营经验和教训的借鉴。所有这些,对于提高企业的管理水平和竞争能力,都有极大的作用。

第二节 市场调查的类型

【案例 1.2】速溶咖啡:消费者怎么看

每种产品都会投射出某种形象,生产厂商也可以让它投射某种形象。对于消费者不喜欢的形象,想方设法予以克服、掩盖,而对于消费者喜欢的形象,则加以强化、展示,使之利于销售,这种做法,称为投射定位。

在进行投射定位时,判断人们是否喜欢某一形象,比较容易;难的是有时候即使知道人们不喜欢某一形象,却难以究其原因,甚至连当事人也不清楚。

最典型的案例就是速溶咖啡。当速溶咖啡刚刚生产出来时,生产厂商认为它适合人们追求便利、节省时间的需要,同时由于它的生产成本远低于传统咖啡,因而价格也低,故断定它投放市场必定大受欢迎,会带来丰厚的盈利。于是他们不惜花费巨资,利用各种宣传工具大做广告。然而事与愿违,速溶咖啡的销量出乎意料地少。尽管传统咖啡的广告费用少得多,它还是牢牢地占据差不多整个市场。显然,对速溶咖啡的广告宣传肯定是在某一点上出毛病了。

生产厂商请来消费心理学家研究。消费心理学家采用了问卷调查法,对消费者进行调查。问卷首先询问消费者是否使用内斯速溶咖啡,然后再问那些回答说"不"的人为什么不喜欢。结果,大部人都回答说:"我们不喜欢这种咖啡的味道。"这结果让厂家深感奇怪。因为厂家知道,内斯速溶咖啡与传统咖啡在味道上并无区别。毫无疑问,被调查者讲的并不是真正的理由。看来,一定有某种连当事人也不十分清楚的原因,影响了速溶咖啡的形象。

于是,消费心理学家又采取了心理学调查的"投射"技术,设计了如下两张购物表,并把它们拿给妇女看,让她们按自己的想象描述两位"主妇"的个性特征。

表1-1

购物内容
5公斤朗福德培粉
2片沃德面包
胡萝卜
0.454公斤内斯速溶咖啡
0.681公斤汉堡牛排
10公斤狄尔桃
2.27公斤土豆

表1-2

购物内容
5公斤朗福德培粉
2片沃德面包
胡萝卜
0.454公斤马克西维尔鲜咖啡
0.681公斤汉堡牛排
10公斤狄尔桃
2.27公斤土豆

这两张购物表区别不大,表中绝大部分项目都相同,只有一项在表1-1中是速溶咖啡,在表1-2中是新鲜咖啡。但接受测试的妇女们对两位假想中的"主妇"的个性特征描述就有很大差异了。她们把那个买速溶咖啡的主妇描述成一个懒惰、喜欢凑合、不怎么考虑家庭的妻子,而把那位买新鲜咖啡的主妇描述成勤快能干、喜欢做事、热爱家庭的妻子。

这才是隐藏在表层理由下面,连当事人自己也弄不明白的速溶咖啡不受欢迎的真正理由!这项调查使厂家吃惊不小。原来,他们在广告中宣传的速溶咖啡的优点——便利、省时,被人们看成是负债而非资产了,它给人们留下的印象是消极的而非积极的。由此厂家意识到,速溶咖啡需要一个受人们欢迎的新形象。

于是,厂商避开原来易在人们心目中形成消极形象的主题——便利、省时,转而着重强调速溶咖啡所具有的鲜咖啡的味道和芳香。他们在杂志的整页广告中,在一杯咖啡后面放上一大堆棕色的咖啡豆,在速溶咖啡杯上写道:"百分之百的纯咖啡。"不久,消极形象逐渐被克服,人们在不知不觉中开始接受速溶咖啡真正有价值的特点——有效、及时等。速溶咖啡成了西方国家销量最大的一种咖啡。

按照不同的分类方法,市场调查可以划分为不同的类型:

一、狭义的市场调查与广义的市场调查

根据市场调查的对象与内容不同,可以分为狭义的市场调查与广义的市场调查。

1. 狭义的市场调查。狭义的市场调查,是指对市场消费包括生产型消费和生活性消费的需求进行的市场调查。内容包括以下一些方面:

(1) 市场的销售量、地区市场范围的销售量、潜在的需求量、饱和需求量。通过调查进而分析企业的市场占有率及其变化、地区消费特点,分析开拓地区市场的可能性。

(2) 消费者爱好的变化。通过调查进而分析地区市场的动向,了解新的目标市场。

(3) 引起市场商品销售额变化的客观因素,如生产发展、商品价格变动、居民购买力提高等方面的影响。通过调查来分析研究这些因素对市场商品销售的影响程度,影响的发展方向。

(4) 市场需求的变化,不同收入水平消费者的商品需求结构、消费心理的变化。

以上各项调查内容,虽然涵盖较广,但对企业最基本的方面,主要还是市场商品销售量及其变化动态。除此之外,狭义的市场调查还包括对市场商品流通渠道参与者、形式、商品运输、储存等一系列属于市场经营活动运作方面内容的调查研究,如商品产销结合、购销结合的形式,商品实体运输路线,商品销售费用、利润、人均劳动效率、销售方法以及工商、农商、商商之间的经济利益关系等问题。

2. 广义的市场调查。广义的市场调查,指在狭义市场调查的基础上,加上对产品的分析。这里所说的产品分析,不是对产品生产过程的物理、化学、生物等性质的分析,而是从商品实用价值和消费角度对产品进行分析,例如,对商品的性能、形状、规格、重量、使用便利程度、色彩、价格进行调查分析。这项工作有利于促使生产企业适应消费者需要进而改进产品的设计和生产,有助于发现老产品的缺陷及改进要求,还会为开发新产品、打开新产品销路提供决策依据。

二、消费者市场调查与生产者市场调查

根据市场商品消费的目的,可以分为消费者市场调查和生产者市场调查。这里所说的消费者是指以满足个人生活需要为目的的商品购买者和使用者。而生产者市场,则是指为满足加工制造等生产性活动需要而形成的市场。

1. 这两个市场从购买商品的参与者、购销活动特点和购买商品的目的而言,都有所不同。其具体区别在于:

(1) 消费者市场的商品购买者是消费者个人或家庭,购买活动频繁、零星、量少,购买活动有一定弹性,购买商品目的是进行消费,着眼于商品的使用价值。这个市场的购买者一般都缺乏较专门的商品知识,服务质量的高低对商品的销售量影响很大。

（2）生产者市场的购买者主要是企业、单位,购销活动定期、定量,缺乏一定的弹性,购买者一般具有专业知识,不是轻易能够说服的。购买商品的目的是着眼于它的生产能力,为企业带来利益。

2. 尽管两个市场有所不同,但毫无疑问,两者之间存在着密切的联系。两者之间最根本的联系,仍是因为生产者市场采购的目的是为了生产出符合消费者市场需要的商品,而消费者市场需要才是真正的最终的需要。

在实际的生产过程中,有一些生产企业与最终消费者从不发生业务往来。即使如此,它的经营活动目的仍然是为了最终的消费者,它生产的中间产品的使用目的仍然是为了生产出更多的最终消费品。因此,它的经营过程仍与最终消费者有密切的关系。

在市场调查环境中,不论是何种类型的企业,都必须重视消费者市场的调查研究。以消费者为中心,把企业经营活动与市场活动紧密联系起来,寻找发展的机会,形成良好的经营机制,这是市场经济发展的客观要求。

三、批发市场调查与零售市场调查

根据流通领域的不同环节划分,有批发市场调查和零售市场调查。这两种市场实质上是中间商市场,与生产者市场、消费者市场有所不同。它们购销活动的目的,一头与生产者有关,一头与消费者有关。购销活动的目的是为了商品转售。

1. 批发市场调查。批发市场的活动是把商品从生产领域输送到流通领域。它的特点是每次的交易数量大、金额多,如果不能准确地了解市场的信息,批发商的经营风险很大。同时,批发商是商品进入流通领域的第一个环节,如果不掌握市场信息,盲目作出商品的购销决策,对社会生产和经济发展而言,都是一种浪费和损失。因此,在市场调查中,要重视批发市场调查,广泛了解批发市场商品信息,指导批发企业的购销业务活动,为经营决策提供依据。

2. 零售市场调查。零售市场直接面对最终消费者,商业企业的经营活动与零售市场息息相关。一些生产者销售商品也与零售商发生直接的联系。零售商的变化,影响着企业的经营决策。在市场调查中,要高度重视零售市场调查。

零售市场调查的内容,主要包括零售市场经营者、商品流通渠道等。零售市场经营者结构比例、位置分布等内容影响着企业生产产品经营活动渠道选择决策。流通渠道的变化影响着企业商品销售费用、利润、流通时间等,对产品销售决策有重大的影响。因此,许多企业在进行产品、渠道、价格、促销等市场经营活动决策时,把零售市场调查放在重要的位置。

四、经常性市场调查、定期市场调查与临时性市场调查

根据市场调查的时间间隔划分,有经常性市场调查、定期市场调查和临时性市场调查。

1. 经常性市场调查,它是指企业在经营活动中,需要随时根据市场变化不断作出经营管理决策,为了科学决策的要求,经常性地开展的市场调查活动。按照企业经营管理决策的要求,每次的调查时间、内容都不是固定的。

2. 定期市场调查。它是指企业针对市场情况和经营决策的要求,按时所作的市场调查,它的形式有月末、季末、年终调查等。通过定期调查,分析研究一定时间内企业经营活动的内部和外部信息,以便科学地认识市场环境,定期按计划指导业务经营活动决策。

3. 临时性市场调查。它是指企业投资开发新产品,进入新的领域,开拓新的市场,建立新的经营机构,或者根据市场某些特殊的情况而开展的一次性市场调查。这种调查是为了了解市场基本情况,如市场范围、规模、交通地理条件、竞争对手等。一般来说,这些信息变化不十分的频繁,在一定的时间内有某种相对稳定性。这些信息是开展经营活动的前提。所以,进行一次性调查,将市场基本信息存入"管理档案",是十分必要的。

五、描述性调查、因果性调查与探测性调查

根据调查的目的划分,有描述性调查、因果性调查和探测性调查

1. 描述性调查。这种调查主要是对市场历史与现状客观如实地反映,是对市场信息的客观资料进行收集整理分析。这种调查对客观信息资料,如企业生产经营记录、会计资料、统计资料、外部环境资料,系统收集、认真分析、如实地表述,从而起到描述市场现状、帮助决策的作用。

2. 因果性调查。它是为了发掘市场某一现象的原因和结果之间的变数关系而进行的专题调查。由于市场的不断变化,直接影响了企业的经营结果,有结果就存在着原因,因果性调查就是侧重了解市场变化原因的专题调查。市场上各种现象都是相互联系的,但是这些联系不一定都是确定的因果关系。因果性调查旨在发现、寻找经济现象之间的因果联系,弄清何为因、何为果,从而做出科学的经营决策。在市场中,表示原因的变量叫做自变量,表示结果的叫做因变量,它随着自变量的变化而变化。如家庭和个人收入(自变量)提高,市场商品的需求量(因变量)就会增加;新产品占领市场,老产品就会逐渐被淘汰等。自变量中有些是企业可以控制其变化的,如产品的质量和功能,分销渠道的选择,促销方式的运用等,这称为"内在变量",而有些则是企业不可控制的,如国家的法律、法令、产业政策,消费者需求的变化,居民收入的增长等,被称为"外在变量"。因果性调查可以从描述性资料中找出市场现象之间的联系,进一步揭示原因和结果的关系,运用具体的资料在分析推理的基础之上,找出原因和结果变化的数量关系,为将来因变量变化和市场经营活动决策提供依据。

3. 探测性调查。是针对拟定的假设性专题所进行的调查。它分为两种情况:一种是调查者对所要调查的问题(如范围、关键等)尚不明确,心中无数,为了找

到具体问题的重点和内容,发现症结而进行的初步调查。如市场某种产品销路不畅,问题可能出现在产品的质量和功能上,也可能是价格、渠道、销售措施、竞争、需求转移等原因。但究竟是什么问题,把握既不大,又不可能对所有的问题一一加以详查,这时便可以采用探测性调查找到关键,为正式深入调查扫清障碍。这种初步调查,方法较为简单,要力求节省时间,迅速发现问题关键。

另一种是专为了解市场变化的未来发展趋势而进行的调查。宏观市场调查一般从市场总体出发,调查较大范围的市场情况。微观市场调查,是从局部市场出发,以企业目标市场为范围,开展调查。

市场调查还可以根据产品层次、空间层次划分为不同的类型。按产品层次分为不同商品的市场调查,按空间层次划分为地区性、全国性、国际性市场调查。

在实际的市场调查中,每次按照调查目的的不同,选择不同类型的市场调查进行组合,不要局限于上述类型的限制。各种类型的市场调查,有些单独在市场经营活动、管理决策中发挥作用,但更多的是与市场预测结合起来,共同完成市场研究工作,探索未来市场的发展,为决策提供依据。

第三节 市场调查的内容

【案例1.3】微调口味,击败对手

菲律宾乔比利公司于1975年由一名菲籍华人开办,起初是一家冰淇淋厅,并学习了美国的快餐技术。后来,他们发现了汉堡包是最受欢迎的一种三明治,于是决定做汉堡包生意。在十多年生产经营中,由于乔比利公司经营有方,不断探索,使得这家公司生意越做越红火,而且击败了汉堡包鼻祖麦克唐纳的有力竞争。到1990年乔比利公司的总销售额达到6 600万美元,比1989年的5 300万美元增加了19%。目前这家公司占菲律宾快餐市场的42%,占汉堡包市场的59%,而麦克唐纳只占菲津宾快餐市场的17%,汉堡包市场的24%。

乔比利公司是如何击败麦克唐纳的呢?

1. 强有力的威胁。1982年麦克唐纳汉堡包获得菲律宾政府许可,打入菲律宾市场。这对当时经营状况较好的乔比利公司来说是一个强大的竞争威胁。乔比利公司想尽办法与之抗争,终无良策。于是试图利用降价手段击败麦克唐纳。不料这一策略不仅没有使乔比利占据竞争优势,反而导致了一些误解。如在短时间内,谣言四起,有人传说乔比利公司的小馅饼中混有蚯蚓肉,还有人说这家公司竭力利用自己的多种关系将麦克唐纳挤出某些地方的销售中心。多种不利因素的影响,使得这家公司信誉严重受损,经营几乎陷于崩溃的边缘。

2. 注重口味,吸引顾客。面对竞争的威胁和消费者的多种误解,乔比利公司经过深入的调查研究,认为要与历史悠久、声誉极佳的麦克唐纳竞争,就必须根据菲律宾人的消费特点,生产出符合当地人口味的快餐食品。经营方向一经确定,公司便全力以赴,改进生产工艺,如将肉馅在油炸之前,掺入整只鸡蛋和调味品,而不是像其他餐厅只是用牛肉。他们还请一些老顾客免费品尝,品尝者大都认为这种汉堡包正中自己的口味。一位老顾客埃文斯说:"他们的食品不错,我喜欢它的口味。"乔比利公司终于通过自己的努力,改变了公司的形象,吸引了顾客。

3. 抓住偏好,扩大销售。菲律宾人在购买食品时大都有其独特的偏好。乔比利公司充分意识并抓住这一点。于是该公司在研制特色食品的同时,又在广告上大做文章,如制造一些印有可爱吉祥物的宣传品,像杯子、玩具、书包和小饰物等,全部折价卖给老顾主,这种做法也正迎合了当地人的偏好。于是乔比利公司最终还是顾客盈门。对于该公司独特的生产经营策略,就连其老对手麦克唐纳在菲律宾的代理人也深为佩服:"他们抓住了顾客的口味和爱好,这一点就连我们也是望尘莫及的。"

企业市场调查的内容十分的广泛。这是因为影响市场供求关系的因素错综复杂,政治、人口、经济、科技、文教、社会风尚及自然环境、气候变化、地理条件、交通变动等等,都会对市场产生直接或间接的影响。企业市场调查的目的不同,调查的具体内容和侧重点也不同。为了全面了解、认识市场活动,这里尽可能系统地介绍市场调查的全部主要的内容,以求取得完整的认识。但是,必须看到每一次调查活动不可能涵盖所有的内容,面面俱到、包罗万象,只能围绕与企业产品或服务密切相关的主要环境因素进行有重点地调查。

一、市场环境

这是企业微观市场调查的内容之一。市场环境,是指作用于企业生产经营的一切外界力量的总和。它是企业外部不可控制的因素。企业经营决策建立在适应外界环境基础之上,就会兴旺发达;反之,则在市场上无法立足。因此,对于企业来说,市场环境调查是相当重要的。市场环境调查内容主要有:

(一) 政治环境

政治环境主要是指国家的体制、制度、政策等。这是任何企业在经营活动中必须要遵守的。政治环境一般分为国内政治环境与国际政治环境两部分。

1. 国内政治环境

一般包括党和政府的各项方针、路线、政策的制定和调整对企业市场经营活动的影响。社会主义企业有贯彻执行党的方针政策的义务和责任,同时,国家各项路线、方针政策的调整也约束和限制企业的经营活动。

党和政府的路线、方针、政策往往通过规定、条例、决定、命令等形式体现出来,企业要认真进行研究,领会其实质,了解和接受国家的宏观管理,而且还要随时了解和研究各个不同阶段的各项具体的方针和政策及其变化的趋势。

2. 国际市场经营活动政治环境

国际市场经营活动政治环境的研究,一般分为"政治权力"和"政治冲突"两部分。随着经济的全球化发展,我国企业对国际经营活动环境的研究将愈来愈重要。企业在向境外扩展时,如在国外办厂、开店、设立分支机构或作为企业的目标市场来考虑,首先要了解"政治权力"对企业经营活动的影响。政治权力指一国政府通过正式手段对外来企业权利予以约束,包括进口限制、外汇控制、劳工限制、国有化等方面。

从事国际市场经营活动,首先必须考虑欲进入的市场所在国的社会性质和政治体制是两党制还是多党制;在野党和执政党之间的关系与各自的政治立场和各自的政策。研究这些国家性质、体制、政策的目的是为了更好地了解其贸易法令、条例规章,以分析和估量进入这个市场的可能性和前景。

除考虑市场所在国家的社会性质及政治体制外,还要了解其有关市场活动的政策。

(1) 进口限制。指在法律和行政上限制进口的各项措施。一类是限制进口数量的各项措施;另一类是限制外国产品在本国市场上销售的措施。当前我国的出口产品在国际市场上受到大量的技术标准、卫生检疫、商品包装和标签规定的限制。企业如若确定目标开拓国际市场,首先要了解和研究这些限制,改进产品和经营方式以适应国际经营活动环境。

(2) 外汇管制。指一个国家政府对外汇的供需及利用加以限制。

(3) 关税控制。指一国政府通过征收关税对外来产品进行控制。

(4) 价格管制。当国家面临经济危机时,政府对重要物资和产品实行价格管制。尽管一般不会持续太长时间,但却往往直接影响企业产品的销售。

(5) 国有化。即国家将自己境内所有外国人投资的企业收归国有。这种事例很多,如1952年伊朗政府曾宣布将英国石油公司收归国有就是较典型事例。

(6) 劳工限制。指所在国对劳工来源及使用方面的特殊规定。

以上"政治权力"对企业经营活动的影响往往有一个发展过程,有些方面的变化,企业可以通过认真地研究分析预先看到。

其次,国际政治环境研究的另一个方面为"政治冲突"对经营活动带来的影响。"政治冲突"主要指国际上重大事件和突发性事件对企业经营活动的影响。内容包括直接冲突与间接冲突两类。

直接冲突影响:包括战争、暴力事件、绑架、恐怖活动、罢工、动乱等给企业经营活动带来的损失和影响,这类因素同其他因素相比突发性较强,预测的难度更大。间接冲突的影响:主要指由于政治冲突、国际上重大政治事件带来的经济政策的变化,国与国、地区与地区间观点的对立或缓和常常影响其经济政策的变化,进而使企业的经营活动或受威胁、或得机会。国际关系的恶化和政治观点对立的加剧,都波及很多从事国际性经营活动的企业,有的发现了可利用的机会,有的损失巨大,甚至遭受上亿美元的损失。极端对立的政治观点和态度的缓和也会导致经营活动机会的产生。

(二) 法律环境

对国内市场法律环境的研究,主要指国家主管部门及省、市、自治区颁布的各项法规、法令、条例等。企业了解法律,熟悉法律环境,既保证企业自身严格依法办事,不违反各项法律,有自己的行动规范,同时又能够运用法律手段保障企业自身利益。企业经营活动中正当的竞争是在法律保障下进行的,在法律允许的范围内企业可以发挥自身的管理、技术能力、经营活动水平。企业要重点了解和研究经济方面的法律及规定。

对法律环境的研究,除了要研究各项与国际、国内企业经营活动有关的法律、规定,研究有关竞争的法律及环境保护、资源管理方面的条例、规定之外还要了解参与法律的制定与执行的政府部门的职能与任务。

在国际市场经营活动中,首先要熟悉两大类法律:一类是与企业经营活动有关的法律;另一类是有关限制竞争的法律法规。此外,还要了解与法律的制定与执行有关的监督、管理和服务于企业经营活动的政府部门的职能、管理内容及方式。

在国际市场经营活动中,如欲进入美国市场,与国内研究经营活动环境的方向一样,首先要熟悉与市场经营活动有关的法律和规定。例如,其中有关影响市场经营活动的法律法规有:"联邦食品和药物条例",在州际贸易中禁止劣质和冒牌食品及药物;"罗滨逊—培门条例",规定当目的在于减少竞争或建立垄断地位时,差异价格是非法的;"密勒—泰丁条例",允许产品制造商在州际贸易中具体规定产品的价格,零售商销售这些产品时不能低于这个价格;"食品药物和化妆品广告条例"的内容是扩大联邦食品和药物条例的范围至包括化妆品和医疗器械,禁止有害健康的化妆品、伪造商标以及有害的包装容器;"惠勒—利条例",禁止不符合实际的食品、药物和化妆品的广告;"羊毛制品标签条例",规定在羊毛制品的标签上注明全新羊毛、再生羊毛和化学纤维的百分比;"皮革制品标签条例",授权给食品和药物管理局,要求含有危险物质的家用产品必须在标签上注明"警告!";"包装真实性条例",规定包装内消费品的内容、数量和成分必须在标签上写明;"租赁真实性条例"规定,在租赁交易发生前所应交纳的租赁家具的费用必须有书面资料;"玩具安全条例"规定,有潜在危险的儿童玩具,必须在标签上注明这种危险;消费品安全条例规定建立一种机构以保护消费者免受由消费品带来的可能的损害。有关影响竞争的法律法规有:"沙门反垄断法",宣布垄断与垄断行为为非法;"克莱顿反垄断条例",具体规定了什么是非法垄断行为。如对同产品实行差异价格策略,在销售合同中规定具有约束性条款通过获得竞争企业的股份进行控制等,规定一个公司的董事会的成员不能同时为其他企业的董事会的成员等;"联邦贸易委员会条例",规定不平等的竞争为非法;并通过建立联邦贸易委员会来监督执行;"塞拉条约",规定当获得竞争公司的财产有可能形成垄断时,这种行为应为非法。

企业决策者应该对以上方面的法律规定的方向性内容有大致的了解,不一定需要熟知详细内容,解决相关问题时,可以请企业专门的法律顾问或委托律师事务所协助完成。

美国影响市场经营活动的重要联邦机构有:
(1) 司法部反垄断局。负责管理州际商业活动;
(2) 民用航空局。负责管理航空费用和路线;
(3) 消费品安全委员会。负责减少产品的危害;
(4) 环境保护。拟定和强制企业遵守空气和水的清洁标准;
(5) 联邦储备银行。规定货币和信贷政策,管制参加联邦储备银行的各银行;
(6) 联邦贸易委员会。防止不平等贸易和保护竞争;
(7) 食品和药物管理局。负责医药制品的安全和效用,管制医药制品的商标注册;
(8) 州际贸易委员会。负责管理铁路和公路运输企业的运费标准和运输路线。

企业对以上机构的职能、管理方式和要求应有较全面的了解,目的在于按要求执行这些机构的规定,不违背这些规定。执行以上这些机构的各项规定是需要花比较大的精力、使用比较多的资金的。美国的道威化学公司,为按要求达到上述机构的规定大约要支出1亿5千万美元的费用。美国通用汽车公司将按以上部门要求所填制的一年期间内的有关汽车销售的表格、证书叠堆起来可以有15层楼房的高度。

(三) 文化环境

广义的文化,指人类社会历史实践过程中所创造的物质和精神财富的总和。它包括价值观念、观点、态度,即人们创造的用以表现人类行为的有意义的符号,及现有历史继承性的人类行为模式。既有有形的,也有无形的部分。如服饰、建筑物等是文化中的有形部分。价值、观念、信仰、审美观念等是文化的无形部分。文化既包含有物质方面的,也有精神方面的内容。因此,是市场经营活动环境中研究的重要内容。

经营活动人员对文化环境的研究,一般从以几个方面入手,即:教育状况、宗教信仰、生活方式、风俗习惯、价值观念、审美观念、亚文化群等。

1. 教育状况

不论在分析国内市场还是国际市场经营活动文化环境中,教育状况都是不可缺少的方面。教育是按照一定的目的和要求,对受教育者施以影响的一种有计划的活动,是传授生产和生活经验的必要手段。它反映并影响着一定社会生产力、生产关系和经济状况。因此是影响企业市场经营活动的重要因素。通常分析教育状况可利用现成的统计指标,如某国家、地区的受教育程度、文盲率高低、在校大、中、小学生的人数和比率、受教育者的性别构成等。教育状况对经营活动的影响,可以从以下几个方面考虑:

(1) 对企业选择目标市场的影响。处于不同教育水平的国家或地区,有对商品或服务的不同需求,不同国家之间的教育普及程度差异很大,可利用文盲及文化程度不明确者占总人口的比例作分析时的参考。

(2) 对企业经营活动商品的影响。文化不同的国家和地区的消费者,对商品的实体的形态、包装装潢、附加功能和服务的要求有差异。通常受教育水平高的消费者对商品及包装的材质及附加功能有比较明确的要求。

(3) 对经营活动调研的影响。主要表现在信息获取方面的困难。如果企业的经营活动调研在受教育水平较高的地区进行,可在当地雇用调研人员或委托当地调研公司或专门机构完成,且对调研方式有较大的选择余地;而在接受教育程度较低的国家或地区开展调研工作则没有这些便利。

(4) 对促销方式的影响。企业的产品目录,产品说明书的设计要考虑目标市场的受教育状况。最后,还要考虑不同文化层次的消费者接近媒体的习惯。

2. 宗教信仰

宗教是构成文化因素的重要方面。宗教对经营活动的影响可以从以下几方面分析:

(1) 宗教分布状况。世界上宗教分布的大体状况是:天主教主要分布于意、法、比、西、波、匈、葡、美及拉丁美洲各国;伊斯兰教分布于亚洲和非洲,尤其是西亚、北非和东南亚各地;佛教主要分布于印度、中国、日本、朝鲜、越南、泰国、缅甸、斯里兰卡、老挝和柬埔寨等国;犹太教是犹太人的宗教。

(2) 宗教要求与禁忌。不同的宗教有自己独特的对节日礼仪、商品使用的要求和禁忌。如伊斯兰教食牛羊肉忌猪肉、烟酒;佛教徒不杀生、重素食善行等等。从事经营活动的人员要问"俗"知"禁",不仅要了解不同地区人们的宗教信仰,还要了解他们的禁忌。

(3) 宗教组织与宗教派别。宗教组织在教徒的购买决策中有重大的影响。一种新产品出现,宗教组织有时会提出限制,认为该商品与宗教信仰相冲突而禁止教徒使用。相反,有的新产品出现,得到宗教组织的赞同和支持,宗教组织的首领就会号召教徒使用和购买,宗教组织起到一种特殊的推广作用。因此,企业可以把影响大的宗教组织作为自己的重要公共关系对象,在经营活动中,要针对宗教组织设计适当的方案,说服其赞同自己的商品或服务。同一宗教中仍存在着不同的宗教派别,这些派别之间的对立和矛盾也常常给经营活动带来意想不到的困难,如某些宗教派别倡导的商品和服务,可能遭到对立派别的抵制。经营活动人员应对此有充分的思想准备,以避免由此矛盾和冲突给企业经营活动造成损失。

3. 审美观念

通常指在审美活动中,审美主体所持态度和看法的总称。处于不同时代、不同民族、不同地域的人有不同的审美观念和美感。这将影响人们对商品及服务的看法,经营活动人员必须根据经营活动所在地区人们的审美观设计产品,提供服务。一般从以下几个方面分析:

(1) 对产品的要求。不同的国家、民族和区域及文化素养不同的人们有着不同的欣赏角度,对事物的褒贬有着明显的差别。这些差别表现在对商品实体的色彩、形状、标记、形态和式样等方面。如对色彩的看法,同处欧洲,德国人认为绿色比蓝色美观,而在荷兰,蓝色是女人的颜色。

(2) 对促销方式的要求。主要表现在对广告和其他促销方式上的特殊要求与禁忌。对各种事物的审视的角度不一致使广告的创意和设计受到了限制,在一些地区被认为美好的东西在另外的地区可能遭到抵制。如国内销售的荷花牌洗衣机,商标图案上显示带露水的荷花,荷花在我国历来受人钟爱,但是,如果用荷花商标的商品出口到日本,将会遭到拒绝,因为日本人忌讳荷花。

4. 语言

语言是人类表达思想的工具,也是最重要的交际工具,是人区别于其他动物的本质特征之一。人类的思想活动,由于语言设计的不同,产生了不同的文化体系。如希腊、印度和中国,就曾产生了不同的哲学体系。语言的差异代表着文化的差异。因此,企业在进行国际、国内经营活动时,要看到这种差异及其对消费者购买行为的影响,以针对不同的语言群体制定相应的策略。而这一切的前提是企业的经营活动人员必须熟练地掌握经营活动所在国家、地区语言。因此,研究语言环境要做到:

(1) 顺利地与各方面沟通。首先要与目标市场的消费者沟通,要通过各种促销方式诱发消费者的购买行为。其次,为经营活动的开展,企业要同经营活动国或地区的政府各部门、公共团体、各种中间商、代理商以及为经营活动服务的机构沟通。

(2) 准确地翻译。要了解不同地区的语言特点与规律,才能利用各种文字表达上的特点,避免出现含混不清甚至忌讳的意义。还要考虑到隐喻、偏好等因素。如利用有些地区语言谐音的意义,给消费者造成良好印象,促进企业的销售。如香港地区一公司曾利用铅笔产品上的编号上的数字"3388"来促进销售(3388谐音为"生生发发"),取得成功。

(3) 制定适当的策略。企业各项经营活动策略的制定都建立在对市场经营活动环境的全面透彻了解的基础上。不同国家和地区经营活动策略的制定,必须考虑经营活动环境的差异性,有"空间差"也有"文化差",而掌握不同的语言,给人们创造了克服这些差别和障碍的基本条件。尽管国际市场经营活动中,企业利用选择适当的当地经销商与代理商是一种好方法,可以充分发挥他们熟悉语言文化的优势,但不能因此而放弃对本企业经营活动人员的必要的语言方面的培训。

5. 亚文化群

这是企业研究文化环境时应重视的一个概念。所谓亚文化群(也叫次级文化),通常指在较大的社会集团中的较小的团体。这种较小的团体既遵从较大的文化,又同时有自己独特的信仰、态度和生活方式。亚文化群的概念是相对而言的。如相对中国人的概念,北方人可看做是一个亚文化群体,而相对北方人来说,东北、华北、西北等概念又可视作一个个不同的亚文化群体。这是从较大的、地域的角度提出的。

除此之外,还有宗教的、种族的团体,如藏族、蒙古族、维吾尔族、回族等。还可以按年龄、兴趣爱好(如"桥牌迷"、"足球迷")和其他特征划分。这种不同的社会团体对人们有着巨大的影响,其影响力能让一个人声称他看到了根本不存在的东西。

　　研究文化环境要注意不同亚文化群对于各自的价值观、行为规范所形成的对商品和服务的特殊要求和需要。在国际市场经营活动和跨地区经营活动中,许多企业有失败的教训,也有成功的经验。如穆斯林公众对含酒精饮料的禁忌使一些不了解这一习俗的企业的产品受挫,但也正是因为这一禁忌,使可口可乐饮料成了当地市场的畅销品。

　　在国内经营活动中,也应考虑到不同亚文化群的不同需要。我国是个地域广阔、人口众多、多民族的国家。不同地区,不同民族的人们在漫长的历史过程中形成了各具特色的次级文化,由此产生了对商品和服务的不同要求。各民族在婚丧、礼仪、社交、服饰建筑风格、食物及节日庆典等方面有各自的形式与特点,这些不仅直接影响到特定的消费者商品和服务的需求的构成,而且也对企业的促销方式有不同的要求和限制。企业在用亚文化群来分析需求时,可以把每一个亚文化群视为一个细分市场,分别制定不同的经营活动方案。

(四) 科技环境

　　即分析企业所处的科学技术环境对企业经营活动带来的和可能带来的影响。科学技术是社会生产力的新的和最活跃的因素。科技环境不仅直接影响企业内部的生产与经营,还同时与其他环境因素互相依赖、相互作用,特别是与经济环境、文化环境的关系更紧密。企业必须注意了解新技术,学习和掌握新技术,以高度的热情追踪、研究当代科技发展的新动向,以利用这个"加速的推动力"。当前世界范围内的新的技术革命的兴起引起了各国的普遍关注,新技术革命对经济和社会的发展已经开始并将继续产生深刻影响,对此重要意义无论如何估计都不会过分。为了迎接新技术的挑战和防范新技术带来的冲击,有远见的政府和企业,在研究和开发上投入了大量的资金。如雀巢公司在瑞士、美、英、法、德和新加坡等11个国家建有研究中心,年投入4亿美元;台湾一家只有600名员工的生产图像扫描仪和激光打印机的厂家,它的研究开发人员数占员工总数的20%,研究开发投入的费用占其销售总额的10%以上。该厂推出的新产品常常先于同行业中的其他企业至少6个月的时间,因此,成为市场的领先者。科技发展的客观形势对我们这样一个发展中国家,既是挑战,又是机遇。必须迎头赶上,否则将会处于长期落后的状态。

　　具体企业经营科技环境的分析,首先应认识到许多新技术的产生和推广都会给某些行业造成新的市场经营机会,而同时也会给某些行业造成环境威胁,轻者受到冲击,重者直到被淘汰。正因为如此,西方经济学"创新学派"的代表熊比特认为,"技术是一种创造性的毁灭"。如电子技术的进步,西方国家在1948年发明了晶体管,产生了晶体管行业而取代了原有的电子管行业。大规模集成电路发明后,又直接威胁了晶体管的生产与经营。再如,电视机技术出现后,对收音机制造行业的威胁显而易见,同时,对电影院的经营也产生了巨大的冲击。尽管这些毁灭是积极和充满生机的,但对个别企业来讲,不主动认识和预见科技环境可能出现的变化,则蕴藏和潜伏着生存的危机。

企业在进行科技环境分析研究时应注意:

1. 新技术出现的影响力及对本企业的经营活动可能造成的直接和间接的冲击。

2. 了解和学习新技术,掌握新的发展动向,以便采用新技术,开发新产品或转入新行业,以求生存和发展。

3. 利用新技术改善服务,提高企业的服务质量和效率。如眼镜店利用电脑技术验光、服装店使用电子试衣镜、房屋设计装修公司利用电脑技术为顾客提供设计方案等,不仅减少了顾客的等候时间,而且提高了满足消费者需求的程度。

4. 利用新技术,提高管理水平和企业经营活动效率。电子技术的应用和推广,使许多企业提高了企业管理水平,如经营管理、生产管理、财务管理、存货控制等大量使用计算机系统,使企业的经营范围扩展,工作效率提高,尤其是决策支持系统的应用,提高了企业决策的科学化水平。

5. 新技术的出现对人民生活方式带来的变化及其由此对企业经营活动可能造成的影响,如电子计算机的广泛使用,网络销售的发展,将对现今的商业零售形式造成冲击。因此,分析和预测这一变化可能对人们传统生活方式产生的变化,并在此基础上发现新的商机是零售行业的重要任务。

6. 新技术的出现引起商品实体流动的变化。商品的储存和运输等一系列实体分配形式和效率都有了重大的改变。运输速度提高,运输工具多样化,现代企业的实体分配再不是以工厂为出发点,而是以市场为前提,物流分配正作为一个专门的课题出现。

7. 国际经营活动中要对目标市场的技术环境进行考察,以明确其技术上的可接受性。如对一些发展中国家出口,确认境外目标市场的技术水平和可接受性便是重要基础工作之一。如扎伊尔的农民长期使用简陋的工具杀虫,其政府想提高劳动效率,将欧洲一些国家生产的先进的喷药器进口,供当地农民使用。这些器具的使用、维护和保养的复杂程度超出了这个地区使用者的水平,以至于只用了一个月便报废了,当地农民只得重操过去的工具。

(五) 经济环境

这里主要指企业经营活动覆盖市场的社会经济发展状况和社会经济运行情况,包括该市场地区经济发展情况、产业结构、交通运输条件等。这是制约企业生存和发展的重要因素。掌握了这些经济环境信息,就能够使企业在决策中扬长避短,发挥优势。但企业仅对本地区市场经济环境内容进行调查还不全面,还要了解一定时期的国民经济整体的发展水平、发展速度、国民收入增长率,以及经济运行情况、国际贸易和国际收支等情况。这些内容也直接、间接影响企业的经营活动。一般来说,国民经济运行态势好,企业经营条件也好,这时应抓住时机提高经济效益;反之,如果国民经济形势困难、不景气,企业经营环境也会恶化,这时企业就要千方百计地减少经营风险,扭转不利的局面,渡过危机。

(六) 物质环境

企业所处的物质环境状况也会对企业的经营活动产生影响,有时这种影响对企业的生存和发展起决定性作用。企业要避免由物质环境变化带来的威胁、最大限度利用环境变化可能带来的市场经营机会,就要不断地分析和认识物质环境变化的趋势。主要有以下方面:

(1) 全球性的某些自然资源的短缺、国内某些自然资源的匮乏。如水资源的短缺在许多工业城市表现突出,对不同的企业造成威胁的程度有高有低,但也给一些行业以新的机会。如节水用具的开发和制造、循环用水器具的开发前景诱人。

(2) 环境污染程度日益加剧。在发达国家,环境污染问题已经摆到议事日程上,正在下力气解决。我国严重的环境污染问题也日益引起政府和有关企业的重视,尤其是近年来,公众环境保护的意识增强,这种力量将会成为我国战胜环境污染的主力军。这就要求企业一方面采取措施,主动承担治理污染的责任,另一方面还要对污染造成的自然环境的改变给企业经营活动带来的影响进行分析、解决。除此之外,还要看到许多国家和地区政府对自然资源的管理和干预的加强,要了解政府对资源使用的限制和对污染治理的措施。由此可见,企业所处的自然环境状况,也是企业分析市场经营环境时的一个重要因素。

(七) 自然地理环境

自然地理环境 它与企业经营活动密切相关,如气候季节、自然环境、地理位置等因素都制约着企业的生产经营活动。在市场调查中若能及时了解这些信息,就可以因地制宜,掌握经营时机,抓住市场机会,进行科学决策。

(八) 流通结构和竞争对手

1. 流通结构 地区的流通结构及其变化对企业经营活动有重大的影响。不同经济成分、不同规模、不同形式的企业发展趋势,以及市场占有率的变化,都是企业规划未来的发展,选择分销渠道的重要信息。不了解这些内容,就不能充分认识企业的市场地位,也就不能正确选择发展目标和作出正确的经营决策。

2. 竞争对手 它是指市场上从事同类商品生产经营的企业,包括现实的竞争对手和潜在的竞争对手。调查竞争对手的生产经营情况和市场优势,目的是选择正确的竞争策略,或利用本身优势全面压倒竞争对手;或避免与竞争对手正面冲突、重复经营,而在经营品种、档次、目标市场等方面有所区别,与对手形成一种良好的互补经营结构。了解竞争对手的经营优势,还可以取长补短,正确认识自身的长、短处,扬长避短,创造本企业的经营优势。总之,市场竞争对手的调查,实际上是认识本企业的市场地位。这可以用市场占有率来衡量,是指本企业某种商品的市场销售量(或销售额)占市场上同种商品的总销售量(或销售额)的比重。其可表示为:

$$企业商品市场占有率 = \frac{本企业某种商品销量(额)}{同种商品市场总销量(额)} \times 100\%$$

企业还可以在此基础上进一步进行相对市场占有率的分析。相对市场占有率，是将本企业商品的市场占有率与行业中最大竞争对手的市场占有率相比所得的百分比。相对市场占有率为100%时，表明已与最大竞争对手平分秋色；超过100%则表明本企业已居领先的地位；相对市场占有率上升，就意味着本企业比最大竞争对手干得更好，更有成绩。

二、消费者

消费者，是最终产品的购买、使用者。它是最重要的市场调查内容。我国消费者市场有人口13亿多，自21世纪以来，社会商品零售总额超过2万亿人民币。我国是世界上具有最大潜力的消费市场之一。

消费者是市场需求的反映者，满足消费者需求是企业生产和经营的中心任务。同时，消费者又是市场上最积极、最活跃，也是最为复杂多变的群体，其需求多种多样，变化万千，购买活动零星分散。不论是微观还是宏观市场调查，都不可忽视这项重要内容。影响消费者市场购买行为有许多具体因素，具体体现在人口、职业、教育、收入、家庭、购买心理、购买行为特点等方面。

（一）人口

人口，是消费者市场的重要特征之一。它包括人口数量、性别、年龄因素等。根据我国人口普查资料，我国人口已13亿多（不含港、台），而且每年还要增加1千多万。随着人口数量的增长，对商品的需求量也会增加。有人口就要吃饭、穿衣、消耗各类生活用品，这是一种客观的必然要求。即使人均消费量较低，但整个市场汇集起来也会是一个十分可观的数字，形成巨大的市场需求。因此，市场调查中，经常以人口数量说明该市场的规模。

人口中的男女比例和年龄构成，对市场商品需求构成的影响作用很大。由于消费者性别不同、年龄不同，对商品消费需求产生显著差异。在我国这样一个拥有13亿人口的巨大市场中，客观形成和存在着老年人消费者市场、成年人消费者市场、青年人消费者市场、儿童消费者市场、婴幼儿消费者市场和妇女消费者市场。按照人口统计中的年龄区段划分对研究市场十分有利。不同年龄段的人数，对该市场商品需求影响很大。例如，婴幼儿市场调查，要看到随着计划生育政策的贯彻实施，我国一些大中城市、经济发达地区独生子女比例很高，每年出生的婴幼儿数量不是一个庞大的数字。但是也要认识到，虽然人口数量有限，但需求总量有不断增加趋势，并向中高档发展。儿童食品、服装、玩具、图书等的市场需求量不断的上升。根据有关的人口统计资料，目前，我国中小学生总数有2亿多人，他们成为文化用品市场的消费者，对儿童日用品、化妆品的需求总量规模也很大。由于生活水平的提高，人口寿命不断延长，我国老年人口数量和比例在不断增加，许多地区老年人口比例已超过

10%。因此,老年人需要的服装、健身用品、滋补品的市场需求不断地扩大。

调查消费者人口数量,除了看到总的人口数量,还要分析某种商品的消费者数量,因为有些商品只适合某些人消费。另外,有些商品是家庭消费,其市场规模应以后者为准,而不是笼统地以整个人口数量计算。

（二）职业与教育

职业,是指消费者的工作分工,按一般习惯可分为工人、农民、职员、文教科技工作者、军人、离退休人员、家庭妇女、学生等。职业不同,对商品则有不同的消费要求。如通常认为工人、农民购买日用消费品比较注重商品的品质,要求结实耐用;而一般文教科技工作者则注重商品的外观式样,强调商品的艺术性。近年来,随着经济的发展、全民族文化素质的提高,购买消费商品的职业差异在青年人中渐趋缩小,日益接近。但是,应该看到,差异还是存在的。

教育,指文化程度,具体可分为：小学以下、初中毕业、高中毕业、大学毕业、大学以上等。新中国成立以来,特别是党的十一届三中全会以来,我国人民的文化程度、科学知识水平普遍有所提高。文化程度与商品的需求有很大的联系。文化程度较高,会产生一些比较高雅的兴趣爱好,如旅游、书画、摄影、集邮等。因此,文化程度较高的地区,这类商品市场需求也比较大。另外,文化程度不同的消费者,对商品也有不同的选择要求。一般而言,文化程度较高、具有一定的商品知识的消费者,购买时选择比较慎重,要了解各种商品的信息后,才决定购买;文化程度较低者,在选择购买商品时,容易产生一定的主观随意性。

消费者的职业与教育,对于市场商品需求量、商品需求构成的形成有密切的关系。调查这些因素对市场的影响,是作出正确决策的重要条件。

（三）收入

收入,指消费者的货币收入。它是消费者市场需求的一个基本的环节。消费者的货币收入,是形成消费者市场商品购买力的主要部分。改革开放以来,我国居民的消费和收入水平有了明显的提高。随着消费者平均货币收入的增加,整个市场的流通规模、商品需求也随之发生变化。从整体上看,我国绝大多数人口已经解决了温饱的问题,步入了小康水平。调查消费者收入,还要认识下面的一些变化。

1. 市场消费和居民储蓄会随着消费者的货币收入增加而增加。这是说,居民货币收入的增加部分并不完全用于消费,而是一部分用于增加消费,一部分用于增加储蓄。消费者增加的货币收入中,用于增加消费的部分,非商品支出增加的幅度要大于商品支出增加的幅度。也就是说,居民收入增加后,用于文化娱乐、休闲活动方面的支出比例会随之提高。

2. 消费者增加的货币收入中用于增加商品消费的部分,吃的方面支出比例会下降,穿、用方面的支出比例则会上升。

由此可见,掌握消费者货币收入这个因素变量,对于搞好消费者市场调查是非常必要的。

(四) 家庭

家庭是消费需求的基本单位,许多商品是以家庭为单位购买消费使用的。因此,调查消费者家庭组成状况的变化,对于认识市场需求有重要的意义。一些以家庭为使用单位的消费品(如厨房用具、家具、洗衣机、电冰箱等)的市场需求数量直接受家庭户数组成状况的变化影响。

家庭组成状况,可以按人口数细分为不同的家庭规模,如1~2人的家庭、3~4人的家庭、5人以上的大家庭。我国家庭平均人口呈下降趋势,平均人口较少的小家庭代替了人口众多的家庭。因此,一些商品的消费,如炊具、食具、家庭用品日趋小型化、多样化。

家庭作为商品购买的基本单位,它的购买活动同家庭成员的构成有很大的关系。为了认识消费者市场的需求变化,就必须注意调查分析家庭成员的构成变化。一般来讲,家庭成员构成或家庭生命周期,大致要经历四个阶段的变化:开始是新婚阶段,是青年夫妻,无子女;第二阶段为夫妻有六岁以下的子女;第三阶段为夫妻有六岁以上的子女;第四阶段为成年或老年夫妻有能自主生活的子女。这个阶段,也有老年夫妻不与子女合住或者只有单身老人。依据家庭成员构成的四个阶段,可以划分为六个类型的家庭:新婚无子女;青年夫妻有六岁以下子女;中年夫妻有六岁以上子女;中年或老年夫妻有独立生活的子女;中年或老年夫妻独立生活;单身老人等。

家庭成员构成的不同阶段,都会对消费者市场需求带来不同的影响。例如,处于新婚阶段的家庭,是家具、家用电器、服装类商品的购买者,这部分支出占家庭支出比例最大;青年夫妻有六岁以下的子女阶段,是儿童食品、儿童服装及玩具类等商品的购买者;夫妻有六岁以上子女的家庭,由于子女上学,文化用品消费量较大;子女独立生活后,家庭经济条件更好一些,高档电器、旅游用品及休闲商品购买增加。

每一个时期、每一个地区家庭成员的构成不断变化,因而导致市场需求不断地变化,只有调查研究这一因素,才能适应消费需求,开拓目标市场。

在家庭这个基本消费单位中,购买活动同在家庭支出中起支配作用的是男方或是女方有一定的关系。除了家庭正常消费必需品之外,一般来讲,属于女方支配消费支出的家庭,购买化妆品、时装、儿童用品的比例会多一些;反之,属于男方占支配地位的家庭,烟、酒、体育健身用品的消费要多一些。随着家庭收入的增加,文化教育程度的提高,大多数家庭模式逐渐由一方支配型向双方平等协商型转化,这特别表现在购买中高档商品上面。

(五) 购买心理

消费者购买商品,是为了满足需要。但是,需要的满足,存在着一系列心理因素的影响,其中包括生活方式、性格、追求、目标、爱好等心理因素对市场需求的影响。事实上,同一种消费活动中即使年龄、收入、职业等因素相同,但由于心理因素不同,个人的气质类型、性格特性不同,市场需要也存在着很大的差异。

人们的购买活动并不仅仅是由单一的需要动机决定的,其中往往包含着多种组成部分。消费者购买某种商品,既有生理动机,又有心理动机。例如,饥饿产生对食品的需要,口渴产生对饮料的需要,但是,购买什么食品,什么饮料,则有不同的选择。这是由于不同的生理需要与心理需要相结合而产生购买行为的动机。再如,购买时装,一般来说,主要是满足御寒遮体的基本生活需要,但同时也明显存在着满足美观、流行、大方等美的心理需要。进一步考察消费心理,还会发现,有人购买时装要求剪裁合体、面料结实、价格合理;有人则主要考虑流行,追求颜色、新款式;有人则要求名牌,以显示自己的身份和地位。又如,"民以食为天",食品消费是满足生存需要,这是基本的生活要求。按照历史唯物主义观点,自从人类出现以来,社会的存在与发展,首先要解决饥饿、口渴等生理需要和御寒、防热、遮盖、自卫等生存需要,然后才是解决来自社会和自我表现等其他物质和精神生活享受方面的需要。然而,随着生产的发展,社会的进步,生活质量的提高,人们购买食品这种生活本身的需要层次,就呈现出多种形态:有人购买食品以充饥,维持体力;有人购买食品不但要考虑充饥,还重视营养、低脂肪;有人购买食品,追求天然食品、绿色无污染食品,以有利健康。不同的需求层次构成了不同种类的系列食品,满足不同的消费者需求。

同时,我们也要看到,有些商品的使用价值并不是单一的,而是由多种功能组成的。因此,消费者在市场上购买商品时,也十分注意考察商品的性能,希望能够买到满足自己特性需要的商品。如洗发液,有的有洁发、护发的作用,有的有去头皮屑、止痒的作用,有的有染发的功能。消费者在购买商品中,有的需要护发的产品,而有的则倾向于购买廉价的洗发液。

根据以上分析,我们看到,无论是从商品的消费需要方面,还是从商品的使用效能方面,消费者的购买心理对形成市场需求影响作用巨大,产生了市场差别。调查消费者需要,就包括要调查消费者购买心理的变化动向,以此来正确认识消费者市场。

(六)购买行为

消费者的购买活动,除了受心理因素影响外,还要受行为因素的影响,当消费者受生理需要、心理需要而产生购买决定时,这种购买决定通常由五部分组成,即:购买什么种类的商品;购买什么款式、厂牌的商品;购买数量;购买时间;购买地点。这五个部分所组成的每一次购买行为,并不是随意决定的,而要经过不同的阶段。一般讲,消费者的购买行为由购买酝酿、购买决定和买后印象等阶段组成。

1. 购买酝酿阶段 它是购买行为的准备过程。早在做出购买决定之前,已经产生了购买要求。这些购买要求源于生活消费需要,来自消费者自身的生理因素和外在社会因素的影响。当然消费需要是与生产水平相一致的。如果消费对象是日常生活用品(如食物、蔬菜、水果、饮料等),有可能迅速产生购买决定。如果消费对象是价值比较高的耐用品(如家具、高档家用电器、家庭轿车),则要延伸到一定的时期,需要才能得到满足。在这个过程中,商品购买者会广泛了解有关商品的情况,通过个人渠道(消费者之间、新闻媒介报道),寻找商品信息,对比同类商品的不同牌号、质量、价格、功能。经过如此的酝酿准备,加上本人经济状况分析和社会环境影响的考虑,才能进入购买决定阶段。

2. 购买决定阶段　它是消费者进行一系列准备活动的结果。通过酝酿阶段的比较评价,决定购买什么品牌的商品,选择什么款式,购买多少,在什么地方、什么时间购买,谁去购买等。

在实际生活中,消费者购买商品的品牌爱好和款式有一定的规律。例如,有些人属于习惯性的购买者,对某种品牌、商标有一种信任感,需要时自然地购买此种商品;有些人属于经济型的购买者,选择品牌首先考虑经济因素,通过比质、比量、比价决定购买类型;有些人属于理智型的购买者,购买时对品牌、款式货比三家,充分比较,分出优劣再决定选择;有些人则属于冲动型的购买者,对品牌无特殊了解,常常受到商品外观、广告的影响,看到许多人购买使用而产生购买决定。

在什么地方购买商品,一般规律是:食品、日常生活用品,如粮食、蔬菜副食品、日常小商品等,因为购买频繁,为节省时间,消费者通常到住地附近的商店购买。一般周期性购买的商品,如衣着类、洗涤化妆品等,消费者一般是到距离适中、经营品种较多的大中型商店购买。如果购买高档商品、耐用消费品,如高档家电产品、金银饰品等,一般是到信誉好、服务好、商品质量有保证的大中型商店、专业店、老字号商店购买。

3. 买后印象阶段　对于从事市场调查的工作人员来说,调查消费者如何产生购买决定并不意味着工作的结束,更重要的是需要进一步调查了解消费者的买后印象和用后感觉,消费者购买使用一种品牌的商品,对后来的品牌爱好者有着重要的反馈作用。如果已经购买了某种品牌的商品,没有为使用者带来预期效果,或者使用中发现了问题没有及时得到解决,那么,购买者就有可能改变原来的态度,甚至影响到另外的消费者,成为该品牌商品销售的阻力;反之,如果已经购买的商品品牌给购买者带来满意的效果,那就会增强对该品牌爱好的效应,甚至影响到其他购买者进行购买酝酿,成为扩大潜在市场的强有力的推动者。所以这项内容的调查,同样是消费者市场调查不可忽视的重要组成部分。

应该指出,这三个购买行为阶段并非均匀分布。在有的购买行为中,购买酝酿阶段可能较长,也可能很短,购买行为决定阶段也同样如此。在调查消费者时,不能机械地理解这三个阶段的意义。

三、商品生产者

生产是市场商品的根本来源,是市场经营的物质基础。商品生产者调查,从某种意义上说,就是市场商品可供量的调查。此项调查的目的是了解投入市场的商品品种和数量的变化。其主要内容有:

（一）现有产品生产能力

企业应调查与其生产经营活动有关的商品的现有生产企业数量、规模、生产能力以及生产商品数量、品种及近期生产状况，分析市场商品可供量，寻找市场机会及开拓潜力。分析原材料、燃料、电力等物资供应保证程度，制定本企业生产计划。特别是通过市场商品可供量与市场需求的对比，发现市场供求状况，决定是否扩大经营，是占领开发市场空白呢，还是转移市场。农副产品的商品可供量与农副业生产有关，应调查农副产品的种植面积、作物生长收获情况、销售渠道、产品商品率等情况，进而分析商品货源数量，选择决定相应的业务经营目标。

（二）新增生产能力和商品调进调出数量

随着生产的发展，投入市场的商品也会增加。企业要了解短期内计划新增生产能力，新增产品数量等情况。新增生产能力既包括新开工企业，也包括企业通过技术改造增加的生产能力，产品生产能力增加了，投入上市的商品量也会相应增加，不但会打破原有的商品供求状况，而且还会影响商品价格。企业应按照新的市场变化，进行生产经营决策。

在任何一个市场范围内，商品都有相应的流入流出现象，这对商品可供量也直接产生影响。这类商品的流入流出数量也包括进出口商品、国家储备商品的调进调出数量。这是一个经常变化的现象。企业应调查这些市场现象，以确切掌握市场商品可供量，为经营决策服务。

（三）科学技术对商品生产发展的影响

科学技术是第一生产力。一些现代技术成果应用于生产领域，常常使生产面貌发生重大变化，极大地提高了生产效率，增加了产品数量，也为市场提供了日益增多的新产品，满足了人们物质和文化生活的需要。因此，在市场调查中，企业要调查科技成果的应用推广情况，以及提高了多少生产能力，增加了多少产品数量，进而分析商品可供量的增加趋势。

相对而言，商品可供量调查比较简单，容易获得相应的必要信息。但是，在市场经济中，企业之间的竞争意识很强，上述内容常常被一些企业视为商业秘密。其实这样做没有必要。获得市场可供量信息对于各个企业共同面向市场、开发市场空白都是有益的。有条件的话，若干家企业可共同进行此项调查，获得共享的市场信息。

四、商品

商品，是企业市场经营活动的对象物。企业实际上是通过其生产和经营的商品在满足市场的需要。因此，围绕着商品，企业需作出一系列重大决策，而这些决策的主要依据，就来自市场商品调查。商品调查的主要内容包括：

（一）经营商品

企业经营首先要解决的问题就是经营内容和经营范围或者叫企业任务，并且随着市场情况的变化还要不断地重新决策和调整。而这一切的基础就是对所经营商品的调查,要了解它们的性能、形状、重量、包装、颜色、式样,以及品种、规格、型号和商品流转路线等内容。生产企业在此基础上可结合自身资源制定产品决策,充分发挥优势,扬长避短,拾遗补缺,突出本企业产品的特色;商业企业则可以由此考察所经营商品品种型号是否齐全,储存结构是否合理,流转路线是否科学等,并可防止伪劣商品进入市场。

(二)商品市场生命周期

任何一种商品进入市场,都有一个萌生、成长、普及、衰亡的过程,类似生物的生命历程,故而叫做商品的市场生命周期,简称生命周期。它是影响商品销售地位和获利能力的决定性因素。商品生命周期一般可分为四个阶段:导入期,指产品初次从生产领域进入市场,处于试销阶段,生产者利润不高,销量少而且增长慢;成长期,指产品经过市场考验,已经定型,生产能力扩大,利润上升,市场销量迅速增加;成熟期,又叫普及期,产品市场已趋向饱和库存增加,竞争激烈,利润下降,市场销量增长停滞;衰亡期,产品在技术上、经济上已经老化,销量下降,消费者需求已转移至大量上市的新产品。

不同商品的生命周期长短有很大的差别,也不是所有产品都必须一次经过上述四个阶段。调查商品的生命周期,判断其处于哪一阶段,通过销售曲线增长分析和家庭普及率调查。一般认为,导入期商品销售增长缓慢,家庭普及率在5%以下;成长期商品销售直线增长,家庭普及率从5%迅速跃升至70%～80%之间;成熟期的商品销售平缓,无明显增长,家庭普及率在90%以上;衰退期的商品销量直线下降。企业调查商品的生命周期,可以及时调整经营策略,取得经营上的主动权。

(三)商品成本、价格

市场价格反映着多方面的经济关系。价格适当可以刺激需求、扩大销量;否则,不论定价过高还是过低,都会给企业造成不应有的损失。因此,企业在市场调查中,要随时注意市场商品价格及其变动情况,掌握价格变动对销售影响的准确信息,为制定产品价格策略提供依据。目前,我国市场商品价格已按照市场经济原则全面放开,国家只对生活必需品和服务价格实行监审制度。从一定意义上说,这实际上增加了企业定价决策的难度,要求企业具有较高的经营管理水平,更加重视市场商品价格调查。

商品价格直接和商品成本有关,因此,市场商品价格调查也包括本企业和竞争对手成本调查,不仅包括生产成本也包括销售成本以及各流通渠道、各流通环节的成本、费用调查。只有掌握了成本信息,努力降低生产经营成本,使成本低于平均水平,才能有较强的竞争能力和较大的价格策略回旋余地。

(四)新产品发展趋势

由于现代科学技术的飞速发展,市场上新产品不断涌现。据不完全统计,我国每年仅轻工业品和纺织品就推出近3万种新产品,其中不少是采用新技术、新材料制造的,其质量、性能满足了人们更广泛的需要。新产品的开发、研制、投产,为企业开拓市场、提高经济效益创造了良好的物质基础,同时也大大加速了老产品被淘汰的过程。这就要求每个企业都必须积极适应市场变化,加强新产品的开发,加速产品的更新换代。而这一切的基础和前提,是搞好新产品发展情况和发展趋势的调查。只有了解新、老产品在市场上更替的动态信息,才能使企业在激烈的竞争中得到发展。

五、产业市场

产业市场,是初级产品和中间产品的消费市场。其交易对象是生产物资(生产资料),交易主体是生产企业和中间商,购买商品的目的,是满足生产过程需要,生产商品,创造利润。由于这些特点,在市场调查中,不能将产业市场与消费者市场混为一体。当然,上述有些市场调查内容,如市场环境、商品,不仅是消费者市场,也是产业市场的调查内容,或与产业市场有关。但产业市场调查依然有些特点需要在此加以分析说明。

产业市场调查的内容,我们从市场供求两方面来认识。

(一)产业市场的需求

产业市场需求有如下特点:购买者相对少,而购买批量相对大,大、小用户的购买规模差距悬殊;用户地理分布极不平衡,相对集中;需求价格弹性小,但对规格、质量、性能、交货期及其他服务要求较高;受最终产品消费的制约;受经济发展预期和技术发展影响较大;各企业间联系紧密,牵一发而动全身,连锁反应严重;购买属于理性购买、专业购买和组织购买,不易受宣传和推销的影响等等。调查产业市场的需求,一定要抓住以上这些特点进行。

产业市场需求调查的内容主要有以下四个方面:

1. 产品经营状况。产品的消费变化,就会引起销售变化,对企业来说就是经营状况变化。因此,需要定期进行调查。在调查中,可以按销售增长率和产品占有率将产品分类:

第一类是销售增长率和市场占有率都高的产品。处于成长期的产品多属此类,支持其发展需投入大量资金。

第二类是市场占有率高、但销售增长率低的产品。成长期、成熟期的产品有些属此类,可以为企业带来利润,但发展前景不明。

第三类是市场占有率低、但销售增长率高的产品。成长期的产品大多数属此类。要想增加盈利,必须提高市场占有率,为此需大量费用,企业必须最终决策是否值得。

第四类是市场占有率和销售增长率都低的产品。企业应缩减其规模,尽快决策,抽出资金转产。

2. 市场需求潜力。市场需求永远不可能绝对满足,总是存在着一部分未被满足的需求;同时需求又会随时间的推移不断产生出来并不断变化。尤其是产业市场,需求并非最终需求,更会随着千变万化的市场和企业自身资源的变化而不断变化。因此,市场需求潜力是产业市场需求调查的一个重要方面。

3. 产品性能、式样、造型、质量、规格、型号、色彩等技术指标。产品市场的突出特点之一就是,对同一产品不同用户往往有不同的使用目的,期求不同的效益。比如对钢材,有的用户买去造机器,有的用来造船,有的用于建筑,这就必然对产品提出不同的技术性能等方面的要求。因此,在市场调查中,要切实了解掌握多类用户尤其是大用户对产品的特殊要求,如此才能更好地满足市场需求。

4. 新产品需求。产品市场受技术发展的影响程度远甚于消费者市场,因此,新产品市场需求更大。新产品的需求调查,一方面,要注意新产品的主要需求对象;另一方面,要结合企业资源条件进行新产品开发的可行性研究;更重要的是随时掌握各种科技信息。

(二) 产品市场的供给

产品市场供给实际上就是生产资料的供给。这方面调查的首要任务是掌握影响生产资料供给的各种因素的变化。这些因素主要有:

1. 生产发展速度和规模的影响。从工业内部看,发展速度越快,生产规模越大,生产资料的供应能力也就越强,这就是列宁提出的生产资料优先增长的规律。但另一方面,从工农业生产的关系看,工业生产资料的供给又受到农业发展速度和生产规模的制约,尤其以农产品为原料的工业部门,更是如此。

2. 产品结构对生产资料供给结构的影响。社会生产的持续进行或者说再生产,只有在所需的各种生产资料得到保证时才能进行。这实际上把各个企业部门都紧紧联系在一起,提出了结构上的要求。因此,生产资料的供给结构,必须适应生产发展结构变化,尤其在高速发展时期以及产业结构调整改造时期,更需注意这一点,否则必将影响生产的正常进行和发展速度。

3. 企业经营管理因素,如技术水平和劳动生产设备利用率等等的影响。它既影响生产资料的需求(消费)量,也影响产出能力,亦即生产资料的供给。

4. 政府宏观调控政策的影响。如控制信贷、压缩基本建设,某些行业抑制或鼓励政策等等,都会对生产资料的供给产生一定的影响。

生产资料供给调查的核心,是供求是否平衡,包括供给量和需求量以及供给结构和需求结构之间,是否平衡。当然,从企业经营的角度,全面把握总量和结构的信息资料,似乎不必要,但对企业经营范围直接相关的情况调查,却既有必要,也有可能。所以具体而言,生产资料供给调查一般包括:生产资料可供量和生产能力的调查,主要原材料和辅助原材料的调查,以及制成品同零配件的调查,第一项内容侧重于分析供应数量是否平衡,后两项则侧重于供给结构是否合理。

六、流通渠道

流通渠道,也叫分销渠道,是指商品从生产领域向消费领域转移过程所经过的途径。从某种意义上说,可以把市场看作是由多样化的流通渠道所组成。商品从生产者向消费者转移的过程中,生产和消费之间有一定的时间和空间距离,必须经由必要的转售过程才能实现,从而在流通过程中便形成了不同的市场,其中包括批发商品市场、零售商品市场和生产者自销市场、农贸市场等。调查这些市场的情况,充分发挥其作用,是社会再生产顺利发展的必要条件,流通渠道调查的主要内容有:

(一) 批发市场

在一般情况下,商品从生产领域进入消费领域过程中,先由生产企业将商品成批出售给批发商企业,再由批发商企业转售给零售企业,最后由零售企业出售给消费者,经营商品批发业务的商业企业,担负着把商品从生产领域引入流通领域,沟通产销之间、城乡之间、地区之间的经济联系。它是商品流通的起点和中间环节。批发市场的地位十分重要,流通的商品批量大、数量多,为了搞好经营,疏通流通渠道,为经营决策提供依据,必须高度重视这项调查内容。

批发市场调查的主要内容有:

1. 批发市场活动的参加者。在我国,从事商品批发交易活动的有国有企业、集体企业等不同的经济形式;有国有工业、农业、集体工业(乡镇)企业等不同的产销形式。不同的经济形式、产销形式的企业参与批发交易活动,是搞活流通、发展商品经济的重要保证,要调查各类企业经营特点、市场占有率变化,按照市场经济要求,选择产品的分销渠道。

2. 批发市场商品购销形式。在市场经济中,批发体制深化改革的过程中,市场竞争的结果,形成了多种多样的商品购销形式。有商业专营、工业农业兼营、工(农)商联营、农工商联营等。商业专营批发形式,流通渠道长、费用高,但是网点数量多,购销及时、迅速、方便,受批量、时间限制少。农业、工商企业兼营批发,流通渠道短,没有中间环节,但经营品种仅限于企业生产,品种规格少,购销商品受时间、批量限制。各种联营批发形式信息反馈快、生产流通利益分配合理,双方都有经营的积极性,但也存在品种规格少的问题。

不同的商品购销形式,是商品产销矛盾运动的结果,调查这项内容是为了选择科学合理的购销形式,使货畅其流,提高效率,节省流通费用。

3. 批发市场商品流转环节。商品在从生产领域向消费领域的转移过程中,可以由生产者直接出售给消费者,不经任何中间环节;也可以将商品出售给零售商企业,不经过批发商环节。但在大多数情况下,大部分商品还是要经过批发商环节的。这主要是因为商品在生产者和消费者之间存在着时间间隔和空间距离,存在着生产过程结果(批量大、品种单一)与消费要求(数量少、规格多样、便于选择)之间形式上的差别,这就需要批发商企业整批购进、分散经销、合理储存,以适应零售商企业与消费者的需要,形成不同的流转环节。在市场调查中,要调查流转环节形成的原因,分析其影响因素并创造条件,尽可能减少流转环节,以加快商品流通速度,提高经济效益和社会效益。

(二) 零售市场

零售市场业务活动,是为了满足个人生活直接消费和企事业单位非生产性消费而从事的商品交易行为。零售市场是商品流通的最终环节。它使商品从流通领域进入消费领域。零售市场信息是了解消费需求动向的重要依据,对于企业调整经营结构,改进经营管理,提高科学决策水平,具有十分重要的意义。

零售市场调查的内容主要有:

1. 零售商业企业类型、零售商业网点的分布。零售商业企业是零售市场交易活动的主体,调查此项内容,对于工业企业选择商品分销渠道,采取促销活动具有重要的意义。零售企业按经营商品划分,可分为经营日用工业品为主的企业,经营食品副食品为主的企业,混合经营型企业;按专业化程度划分可分为专业商店、综合商店、自选商店;按规模划分,可分为大、中、小型商店。这些商店在城乡有不同的分布特点:在城市适当集中、成群配套、点面结合,形成不同规模的商业群落;在农村是集中与分散相结合,在县城和集镇适当集中,在广大农村分散流动。通过调查,可以了解零售企业的经营特点和经营优势,以选择商品最佳的经销商。对于商业企业来说,通过这项调查,规划商店的类型结构和合理配置。

2. 零售市场交易活动参加者的类型。在零售市场中,既有国有零售商业企业,又有集体、私营、三资企业,以及各个部门开办的劳动服务企业、自销产品门市部等,多种零售商业企业形式在活跃市场、促进商品流通、满足消费需要上发挥了积极作用。通过调查,分析各种形式企业的经营活动范围及市场占有率变化,可以科学地选择商品经销商、代理商。

3. 零售市场商品购销形式。零售商业企业经销的商品多数来自批发企业,也有一部分直接来自生产者,即由生产者直接将商品销售给零售企业。这种形式适用于上市时间集中、品种单一、不易存储的鲜活商品。为了密切产销关系,促进生产者按市场需要组织生产,应该在此项调查中了解产销形式信息,选择适当的销售形式,加快商品流通。

(三) 自销和农贸市场

这里所说的自销和农贸市场,是指生产者将商品直接出售给消费者的产销合一形式。有些工业企业、农业生产者、农村专业户和个体生产者,可以在国家规定的范围内,将产品直接向用户出售。这种商品流通是其他市场的补充,对整个市场流通也会产生影响。调查这个市场的商品销售额、市场比重,可以为企业选择分销渠道提供依据。

以上是企业市场调查的主要内容。为了全面认识市场,还要对市场整体进行调查,其内容可以高度概括为市场总需求与总供给。

七、市场总需求与总供给

(一)市场总需求

市场总需求,是指在一定的支付能力下,市场对最终产品和劳务的需求总和,即对生活消费的需求总和,不包括产业市场需求。市场总需求来源于社会购买力,具体调查的内容有:

1. 市场需求总额及构成。市场需求总额反映着市场容量。需求构成是不同类型的消费资料在市场需求总额中的比例。调查这项内容是为了制定经济社会发展战略,制定产业政策,调整产业结构,确定各部门发展速度和规模,引导调控企业,调节市场供求,满足人民生活需要。市场需求总额可以用价值量反映,也可用实物量衡量。

2. 影响市场需求的各种因素。市场需求受到许多社会经济条件的制约而不断变化,因此,需要对这些影响因素进行调查。这些因素主要包括:

(1) 居民货币收入的变化。这种变化既影响需求总额又影响需求构成。收入少,购买力水平低,市场需求相应较少,只满足最基本的生活需要;收入增加,购买力提高,市场需求增加,需求构成也会发生变化,较高层次需求上升。

(2) 商品价格变化。收入既定、市场商品物价水平与消费水平成反比。一般来说商品价格与需求按相反方向变化。当然,其中生活必需品变动幅度较小,而非生活必需品变动幅度较大。

(3) 社会生产结构。一方面,生产结构必须适应市场需求,面向市场;另一方面,生产又决定消费,因为消费的内容只能是已经生产出来的东西,而新的需要既受现有生产的启发才能生产,又只有在具有相应生产能力时才能得到满足。因此,一定的生产结构决定着一定的市场需求结构。故而在市场需求调查中,也要研究诸如农轻重比例关系、三次产业比例关系、部门结构和产品结构是否合理之类的问题。

此外,人口的数量、构成及分布、一定时期内的政治、法律及自然等因素也是影响市场需求的重要因素,因已在微观调查中述及,故此不赘。

(二)市场总供给

市场总供给,是指在一定时期内市场提供的最终产品和中间产品的总和,这是市场需求的物质基础。市场总供给的调查目的,在于使市场供给与市场需求相适应,更好地满足不断变化着的市场需求。

市场总供给调查的主要内容包括市场供给总额与构成的调查,以及市场商品流通渠道的调查。后者在微观调查部分已述及,这里仅对前者稍加论述。

市场供给总额指进入市场的商品数量的总和,其构成则指各大类商品在其中所占的比重。与市场需求总额一样,市场供给总额和构成也可用价值量和实物量两种尺度来表现。但在市场调查中,以实物表现的市场供给总额和构成比价值总额和价值构成更为重要,因为它显示着对各大类和具体品种需求的实际满足平衡程度,反映着市场商品供应与需求的实际平衡程度,而不受价格波动的干扰。另外,在进行市场总供给调查时,常与市场需求总额及构成的调查进行对比、分析,研究市场供求平衡的状况,以增加有效供给,适应市场总需求的发展。

以上我们概括研究了市场调查的主要内容。实际上,我国的市场调查工作还远远没有达到这样深入的程度,尤其是企业的微观市场调查,相差得更远。但我们相信,随着形势的变化和社会经济的发展,市场调查工作将越来越深入、全面和系统化。

第四节 市场调查的步骤

【案例1.4】卡西欧公司的销售调查卡

日本卡西欧公司自成立之初,便以产品的新、优取胜而闻名世界,其新、优主要得力于市场调查。卡西欧公司的市场调查主要是销售调查卡,该卡只有明信片一般大小,但考虑周密,设计细致,调查栏目中各项内容应有尽有。第1栏是购买者的调查,包括性别、年龄、职业等。第2栏是使用者的调查,包括购买者本人、家庭成员及其他相关人员。每一类人员中,又有年龄和性别之分。第3栏是购买方法的调查,包括个人购买、团体购买及赠送等。第4栏调查购买者是如何知道该产品的,是看见商店橱窗布置、报纸杂志广告、电视台广告,还是朋友告知或看见他人使用等。第5栏调查为什么选中该产品,所拟答案有操作方便、音色优美、功能齐全、价格便宜、商店介绍、朋友推荐、孩子要求等。第6栏调查使用后的感受是非常满意、一般满意、普通满意、不满意。另外几栏还分别对机器性能、购买者所拥有的乐器、学习乐器的方法和时间、所喜爱的音乐、希望有哪些功能等方面做了详尽的设计,为企业提高产品质量、改进经营策略、开拓新市场提供了可靠的依据。

市场调查是一项复杂细致的工作,涉及面广,对象不稳定,为了使整个调查工作高效率地进行,取得良好的预期结果,必须加强组织工作,合理安排调查的程序。由于市场调查是采用科学方法进行,因此必须尊重科学,尊重客观规律。调查按一定的步骤,循序渐进。在调查过程中,注重调查质量,是搞好市场调查的保证。各种类型的市场调查,由于目的、范围和内容不同,其程序也不尽相同。但从基本方面分析,大致都要经过三个典型阶段:调查准备、调查实施、分析和总结。其中每个阶段又分为若干具体步骤。

一、调查准备阶段

调查准备阶段,是调查工作的开端。准备是否充分周到,直接影响到随后几个步骤的实施和整个调查的质量,应予足够重视。良好的开端往往可收到事半功倍之效。

这一阶段的主要工作就是通过对市场的初步分析,掌握一般的市场情况,发现和揭示市场问题,从而明确调查的目的、要求、范围和规模,并制定调查计划。具体步骤大体是:

(一) 发现与揭示问题,确定调查课题

市场调查是为了给宏观管理和企业营销提供决策依据。但市场千变万化,其供求矛盾可以以各种形式反映出来,有些是已经明显存在的问题,有些则尚处于潜伏状态,更有些能否形成问题尚在两可之间。比如,某种商品严重积压、某种商品的质量或价格引起消费者的强烈反响等就是明显存在的问题。而某种商品逐渐滞销或某种服务使消费者不满,就分别是产品生命周期和企业形象的潜伏问题;新产品投放市场能否成功,又属于两可之间的问题。这些问题根据实际需要,都可以成为市场调查的主题。

但是,究竟哪些是明显存在的问题,潜在问题和可能发生的问题又有哪些,哪些是一定时期内必须调查的问题,等等,则必须首先明确。即市场调查首先要解决调查的主题,也就是调查什么。由于市场关系错综复杂,同样的现象可能由极不相同的许多原因所致,涉及面广,所以要确定调查的主题并非易事。比如某种商品的销售额在一段时间内持续下降,其原因可能是消费者购买力下降,消费需求转移,促销不得力,营销渠道选择不当,价格决策失误,新产品的冲击等等,或是其中某几种原因共同所致。但究竟哪些是关键因素或问题的症结所在,在正式调查开始之前一定要明确,不允许模棱两可,更不能无的放矢,漫天撒网。那样的话,不仅会造成人力财力的大量浪费,还会干扰正常的调查,使调查的结果和取得的信息资料不能发挥其应有的作用,导致调查的完全失败。

因此,市场调查必须抓住关键,目标集中,主题明确。为此,首先要收集相关的资料(已掌握的或易于得到的)进行分析研究,以探寻症结所在。必要时还可组织非正式的探测性调查来帮助判断。在问题明确后,还要根据调查的目的确定调查的范围和规模,调查的力量、时间和费用开支,衡量调查的经济效益和社会效益,最后确定调查课题。这一套程序实际就等于对调查活动的可行性研究,对保证调查成功至关重要。

(二) 拟订调查计划或方案

经过上述可行性研究,如认定调查课题可行,就应拟订一个调查计划(或调查方案)。这是对调查工作的设计和预先安排,作用在于保证调查有目的、有计划、有组

织地进行。主要内容包括：明确调查目的；选择调查项目；确定选用调查方法；安排调查人员；进行调查费用预算等。

1. 明确调查目的。这是调查计划中首先要解决的问题。当然，市场调查从总的方面来说，其目的是提供市场信息，研究市场发展和经营决策中的问题，为市场预测和经营决策服务。但是，每一次调查的具体目的又不完全相同。在调查的可行性研究阶段，已经对问题进行了初步探索，在这里需进一步明确：为什么要进行这次调查，调查重点了解哪些信息，哪些部门机构使用这些信息。目的确定以后，还可以邀请有关管理者，听取他们的意见，以便进一步开拓思路，作出科学选择，更好地为预测和决策服务。

2. 选择调查项目。调查项目是调查对象的各项标志，如调查对象是消费者，可供选择的调查项目有姓名、住地、收入、职业、文化程度等内容；如做某一商品调查，项目可有商品质量、销售数量、销售时间等。调查项目可以有多种选择，选择的原则取决于调查目的，也就是依据调查目的选择、安排调查项目，为了取得相应信息资料而设计项目。

调查项目是调查内容的具体化。每次调查项目不宜罗列过多，填写项目要有确切、具体的说明，还要注意项目之间的相互联系。

3. 选择调查方法。调查方法是取得信息资料的方法。它包括：在什么地点调查，调查对象如何选择，用什么方法调查，以及选择样本数目和抽样方法等。

（1）选择调查地点。这要从市场调查的范围出发，计划是在一个地区还是几个地区调查。如果是调查一个城市市场，计划在一个区还是几个区、在几个地点调查，还要考虑调查对象的居住地点，是集中选择还是分散选择。

（2）选择调查对象。选择调查对象，主要是确定调查对象应具备的条件。调查对象，是根据调查目的选定的市场活动参与者。选定调查对象，是从总体中选出被调查的个体，如消费者个人、家庭等。如果是按照典型原则选取调查对象，事先要有年龄、性别、住地、文化程度、职业、收入水平等方面的要求；如果是随机抽样选择，分层分组抽样也要有分层分组的标准。

（3）选择调查对象样本的数量。这要根据市场调查目的、范围、时间等因素综合考虑，也要结合选取调查对象方法而最后确定。

确定调查地点、调查对象条件、调查样本数目，都不能孤立地进行。它们同调查目的、项目有密切关系。例如，调查目的是某种产品的市场需求，因为范围广，调查地点宜分散，样本数目也应尽量多一些。如果是调查企业市场竞争对手情况，选择调查地点可以适当集中，样本数目也可以适当减少。

选择调查样本数目与调查费用、调查时间有关。如果时间紧、费用少，在保证调查结果可信度的前提下，可以适当减少样本数目。相反，时间充足、费用充裕，可以适当增加样本数目。

（4）决定用什么方法调查。要从调查的具体条件出发，以能够广泛收集信息资料为原则。一般讲,如果是直接向消费者作调查,可以考虑选用观察法、实验法、访问法;如果调查内容较多,可以用留置问卷法。各种调查方法有什么特点,适应于什么情况,我们另辟专章讨论。

4. 安排调查人员。由于市场调查对象是社会各阶层的人员,思想水平、文化素养有一定的差异,如果调查人员准备不足,或思想水平、工作能力、业务技能有差距,对调查工作质量将产生不利影响。为此,对参加市场调查的人员应有一定的素质要求:

第一,调查人员要具备一定的文化基础知识。参加市场调查要有记录、计算、汇总情况。因此,调查人员应具备中等以上的文化程度,有良好的文字表达能力和计算能力,有一定的社会文化生活知识。

第二,调查人员要具备一定的经济学、市场学、企业管理、会计统计、财政金融、商品流通等方面的知识。参加市场调查要接触各种经济理论问题,要能够理解调查问题的涵义;还会遇到有关市场营销、企业管理的概念,以及会计统计、财政金融、商品流通的指标,如果不懂或理解不准确,就会导致认识上的偏差,使调查结果口径不统一,调查质量就会没有保证。

第三,调查人员要有严肃、认真、踏实的工作态度。参加市场调查,不但工作任务复杂、繁杂,有时也很单调枯燥,如果缺乏良好的工作态度,工作马虎敷衍,那么,调查资料必然产生较大误差,严重的甚至导致调查工作的失败。

第四,调查人员要有文明的举止,大方、开朗的性格。参加市场调查,广泛接触社会各阶层,应以文明的举止影响调查对象,取得他们的信任和调查工作的配合。调查人员需要经常同陌生人打交道,如果性格腼腆,又怎样开展调查工作呢?

5. 作调查费用预算。每次市场调查活动都需要支出一定的费用,因此,在制订计划时,应作调查费用预算,合理估计调查的各项开支,申请划拨经费。调查费用的细目应包括:印刷费、资料费、交通费、选择样本支出、调查费、上机费、人员开支、杂费等。

编制调查计划除了上述内容外,还要作具体工作日程安排、工作进度监督检查、对调查人员考核等工作方案。

工作日程安排,是对调查活动分步骤分阶段的时间要求。何时做好准备工作,何时开始人员培训,何时开始正式调查,何时完成资料整理,何时完成调查报告等,有了时间要求,可以加强工作人员的责任心和紧迫感,互相配合协调工作,使调查工作有节奏地开展,同时也便于进行工作检查。

工作进度监督检查,是为了掌握情况,及时发现问题,克服困难,加强薄弱环节,从而保证调查活动顺利完成。有工作布置而无监督检查,是放任自流,不利于实现预定的工作目标。

对调查人员的工作考核,也是保证圆满完成工作的重要条件。考核调查人员应提出具体标准,如在一次调查中,入户调查数量、回收表格数量、选定样本拒绝访问数、调查记录、资料整理差错数等。对调查人员的考核,要结合调查工作进程进行,以利于推动工作。

二、调查实施和控制阶段

这一阶段又叫正式调查阶段,主要是组织调查人员,深入调查实际,按照调查计划的要求,全面系统地收集各种有关的资料、信息和数据。这个阶段大体可分为以下几个步骤:

(一)建立市场机构,选配人员,组织学习和培训

市场调查的组织机构可分为组织内部的市场调查机构和独立的专业市场调查机构。组织内部的市场调查机构是经济管理部门或企业内部为完成市场调查的任务而常设或临时组成的机构。

当前,我国除少数经济管理部门和大型企业有常设的市场调查预测机构外,一般都是遇有市场调查的任务才临时组成。机构的大小应根据调查的任务和范围等确定。

独立的专业市场调查机构目前在我国主要有两种形式:

1. 市场研究公司。它是专门从事市场调查、研究和预测的专业企业,接受各种相关委托业务。

2. 咨询服务公司。在它接受委托的咨询课题中,也包括市场调查业务。这样,组织内部如果缺乏市场调查的技术、设备,或者调查的范围广泛,力所难及,都可以委托专业的市场调查机构来进行。

选配调查人员主要的问题就是人员来源与素质。调查人员的来源大致分为组织人员和组织外部的人员,前者包括调查部门的专职人员和从其他部门抽调的人员,后者如请在校师生、退休人员及其他单位的人参加调查。在国外,外请调查人员,按时计酬的方式常被采用。调查人员确定后,在正式调查前还需进行学习和培训,尤其对临时吸收和抽调的调查人员,更不可少。这是保证调查质量的一项十分重要的措施。学习和培训的内容主要包括:调查方案的内容,调查方法和技术,与调查有关的方针、政策、法令和必要的经济知识与业务技术知识。

(二)组织调查人员,收集现成资料

市场调查所需的资料,可分为原始资料和现成资料两大类。原始资料是指需要通过实地调查才能取得的第一手资料。取得这部分资料需要时间较长、费用较大。现成资料是指机关、企业等单位和个人现有的第二手资料,取得这部分资料比较容易,花费较少。在调查中,应根据调查方案所提出的资料范围和内容,尽可能组织调查人员收集现成资料。收集方法不外乎从组织内部、外部现成资料中收集、查找,内部资料可以由有关部门和人员提供,外部资料则要向有关单位和个人索取。这就需要搞清外部资料的来源,以确定向哪些单位和个人收集。比如,各种统计数据和资

料,可向统计部门和各级主管部门收集;各种经济状况和数据资料,可向计委、各级经济管理部门,各类银行、企业收集;有些市场信息资料,可从图书馆、文献报刊等出版物,以及其他大众传播媒介中取得,等等。收集第二手资料,必须保证资料的准确性和可靠性。对于统计资料,应该弄清指标涵义和计算的口径,必要时应调整计算口径,使之符合调查项目的要求。某些估算性的数据,要了解其估算方法和依据及可靠程度,因为收集原始资料费时费力,所以市场调查不能光靠第一手资料,应充分利用现成资料,以补第一手资料之不足。

(三)确定调查单位,收集原始资料

在市场调查中,光收集第二手资料也是不够的,还必须通过实地调查收集掌握原始资料。例如,家用电器需求调查,除收集有关的第二手资料外,必须选择一定数目的城乡居民家庭进行实地调查,以取得居民需求的第一手资料。又如生猪商品货源调查,也必须选择一定数目的农户进行踏栏调查。在实地调查时,应当根据调查方案所确定的调查方式,如普查、局部调查、典型调查或抽样调查等,选择好调查单位。具体的抽样技术,在第三章还要进一步介绍。选定调查单位后,就可运用各种不同的调查方法,取得第一手资料,诸如询问法、观察法、实验法等等,这将在第四章中详细讨论。对原始资料的收集一般安排在收集好第二手资料之后进行,因为第二手资料可以为实地调查提供环境背景,最大限度地缩小实地调查的范围,减少盲目性和不确定性。当然,也可根据具体情况,同时交叉进行原始资料和现成资料的收集。

三、分析和总结阶段

这是调查全过程的最后一个阶段,是得出调查结果的阶段。在这一阶段,调查人员将分头收集到的资料和数据进行加工整理,经过分析,得出调查结论,然后撰写调查报告,汇报调查结果,反映调查内容。报告完成后,还要总结经验教训,追踪调查结果。

这一阶段大致可分为以下几个步骤:

(一)整理分析资料

市场调查所得的信息资料是大量的零散的,还可能有片面的和不真实的,因此,必须系统地加以整理分析,经过去粗取精、去伪存真、由此及彼、由表及里的加工整理,才能客观地反映被调查事物的内在联系,揭示问题的实质和各种市场现象间的因果关系。这一步的内容主要包括:

1. 资料的编校。对调查所得资料,一定要进行编校,目的在剔除不符合实际的资料,补正所需资料。其要点是:检查资料是否齐全,有否重复和遗漏之处,是否有可比性,是否有差错和调查人员自己加入的偏见,是否有相互矛盾和数据口径不一致之处,资料与调查内容是否相符,以及资料的时效性等。一经发现问题,应及时复查核实,予以删改和补充订正。资料的编校,也叫做"先期检验",可以去伪存真,为下一步的分类工作提供条件。

2. 资料的分类汇编。经编校核实的资料,要按照调查提纲的要求进行分类。分类的基本要求是把不同性质的事物区别开来,把相同性质的事物联系起来。分类宜细不宜粗,在条件允许的情况下,详细分类,有利于充分发挥信息资料的作用。分类后的资料还要进行统计汇总,编号归档存贮,以便查找和使用。汇总的技术有手工汇总和计算机汇总。

3. 资料的分析与综合。调查所得的各种资料,只反映了客观事物的外部联系,只说明了现象。为了掌握市场现象发展变化的规律,弄清本质,就需要对调查资料进行分析与综合,从中找出其内在的矛盾及规律,得出合乎实际的调查结论。对调查所得的各种数据,可以运用各种统计方法加以分析,如相关分析、回归分析等。还可以根据需要制成各种统计表和统计图来进行分析。

(三)撰写调查报告

调查报告,是根据调查研究的结果写成的书面报告,是某项调查的最后成果。它要用事实材料对所调查的问题作出系统的分析说明,提出结论性的意见。撰写一份好的调查报告,是市场调查最后阶段最主要的工作。

市场调查报告的基本内容一般包括:调查单位的基本情况,所调查问题的事实材料,对问题的分析说明,调查结论和建议。市场调查报告一般有两种类型:一种是专门性报告(或叫专业性报告),读者对象是市场研究的专业人员。报告要求内容详尽具体,除上述基本内容外,还要说明调查目的、调查步骤,介绍调查的过程,说明采用何种方法,对资料如何进行取舍,怎样得到调查结论;另一种调查报告是一般性报告。读者对象是经济管理部门和职能部门的管理人员,以及企业的领导者。报告要求重点突出,介绍情况客观准确,简明扼要,避免使用调查的专门性术语。这两类报告都可以附有必要的图表,以便直观地说明市场情况。

对调查报告的基本要求,一是反映的情况和问题必须准确无误,二是概括的观点和意见要鲜明,三是文字要简明扼要。为此,撰写市场调查报告时应注意:

1. 坚持实事求是原则,如实反映情况和问题。不能事先定调子,划框框;更不能以偏概全,弄虚作假。对报告中引用的事例和数据资料,要反复核实,确凿可靠。

2. 报告内容要紧扣主题,突出重点。调查报告的主题是根据调查方案要达到的目的要求确定的,必须明确,不能贪多求全,漫无边际,面面俱到。如果使人读后不得要领,就失去了调查报告的意义。语言要准确简练,务必把所说的问题写得明明白白,实实在在。

3. 调查结论要明确,切忌模棱两可,不着边际。要善于发现问题,敢于提出自己的见解和建议,充分发挥调查报告提供决策依据的作用。要避免随声附和,人云亦云,要有自己的独立见解。

4. 结构合理,层次分明。结构是组织材料的方式,直接影响调查报告的质量和效果。在动笔之前要确定调查报告写几部分,各部分间的联系与顺序等。一般来说,调查报告由导语(开头)、正文、结束语三部分组成,但并非固定格式,结构可以多种多样。

(三) 总结经验教训,追踪调查结果

完成调查报告后,并不是调查活动的终结。一方面,要对各个阶段的工作认真回顾和检查,总结经验教训,如调查方案的制订和调查表的调查是否切实可行,调查方法和技术的实践结果如何,还有哪些问题没有真正搞清楚,等等。另一方面,还要对调查结果进行追踪,即再次通过市场活动实践,检验报告所反映的问题是否准确,所提建议是否可行,效果如何,等等,要同原调查单位保持联系,继续了解情况,发现问题,以开始新一轮的市场调查活动。

本章知识点回顾

市场调查是指对企业外部有关市场的信息资料进行系统的收集、记录和分析,以了解商品和服务的现实市场和潜在市场,并提出结论和建议的一种科学方法。市场调查具有:系统性、目的性、科学性三个特点。企业通过市场调查能够掌握全面的市场信息,为经营决策提供依据;通过市场调查能够促进产品的更新换代,促进新产品的开发;通过市场调查可以促进商品销售;市场调查可以提高企业的管理水平和企业市场竞争力。

市场调查可以划分为狭义的市场调查与广义的市场调查。狭义的市场调查,是指对市场消费包括生产型消费和生活性消费的需求进行的市场调查。广义的市场调查,指在狭义市场调查的基础上,加上对产品的分析。根据市场商品消费的目的,市场调查可以分为消费者市场调查和生产者市场调查。根据流通领域的不同环节划分,有批发市场调查和零售市场调查。根据调查的目的划分,有描述性调查、因果性调查和探测性调查。描述性调查主要是对市场历史与现状客观如实地反映,是对市场信息的客观资料进行收集整理分析。因果性调查,是为了发掘市场某一现象的原因和结果之间的变数关系而进行的专题调查。探测性调查,是针对拟定的假设性专题所进行的调查。它分为两种情况:一种是调查者对所要调查的问题(如范围、关键等)尚不明确,心中无数,为了找到具体问题的重点和内容,发现症结而进行的初步调查;另一种是专为了解市场变化的未来发展趋势而进行的调查。宏观市场调查,一般从市场总体出发,调查较大范围的市场情况。微观市场调查,是从局部市场出发,以企业目标市场为范围,开展调查。

企业市场调查的内容十分的广泛。市场环境调查内容主要有:政治环境、法律环境、文化环境、科技环境、经济环境、物质环境、自然地理环境、流通结构和竞争对手等内容。政治环境主要是指国家的体制、制度、政策等;法律环境主要指国家主管部门及省、市、自治区颁布的各项法规、法令、条例等;对文化环境的研究,包括教育状况、宗教信仰、生活方式、风俗习惯、价值观念、审美观念、亚文化群等;科技环境即

分析企业所处的科学技术环境对企业经营活动带来的和可能带来的影响。具体企业经营科技环境的分析,首先应认识到许多新技术的产生和推广都会给某些行业造成新的市场经营机会,而同时也会给某些行业造成环境威胁;经济环境指企业经营活动覆盖市场的社会经济发展状况和社会经济运行情况,包括该市场地区经济发展情况、产业结构、交通运输条件等。企业所处的物质环境状况也会对企业的经营活动产生影响,有时这种影响对企业的生存和发展起决定性作用。自然地理环境,它与企业经营活动密切相关,如气候季节、自然环境、地理位置等因素都制约着企业的生产经营活动。地区的流通结构及其变化对企业经营活动有重大的影响。调查竞争对手的生产经营情况和市场优势,目的是选择正确的竞争策略;或利用本身优势全面压倒竞争对手;或避免与竞争对手正面冲突、重复经营,而在经营品种、档次、目标市场等方面有所区别,与对手形成一种良好的互补经营结构。

消费者是最重要的市场调查内容。影响消费者市场购买行为有许多具体因素,具体体现在人口、职业、教育、收入、家庭、购买心理、购买行为特点等方面。

商品生产者调查,从某种意义上说,就是市场商品可供量的调查。此项调查的目的是了解投入市场的商品品种和数量的变化。其主要内容有:现有产品生产能力;新增生产能力和商品调进调出数量;科学技术对商品生产发展的影响。

商品调查的主要内容包括:经营商品和经营范围;商品市场生命周期;商品成本、价格;新产品发展趋势。

产业市场是初级产品和中间产品的消费市场。产业市场需求有如下特点:购买者相对少,而购买批量相对大,大、小用户的购买规模差距悬殊;用户地理分布极不平衡,相对集中;需求价格弹性小,但对规格、质量、性能、交货期及其他服务要求较高;受最终产品消费的制约;受经济发展预期和技术发展影响较大;各企业间联系紧密,牵一发而动全身,连锁反应严重;购买属于理性购买、专业购买和组织购买,不易受宣传和推销的影响等等。调查产业市场的需求,一定要抓住以上这些特点进行。产业市场需求调查的内容主要有以下四个方面:(1) 产品经营状况;(2) 市场需求潜力;(3) 产品性能、式样、选型、质量、规格、型号、色彩等技术指标;(4) 新产品需求。产品市场供给实际上就是生产资料的供给。这方面调查的任务是掌握影响生产资料供给的各种因素的变化。

流通渠道调查的主要内容包括批发市场、零售市场、自销和农贸市场调查。

市场总需求调查的内容有:市场需求总额及构成;影响市场需求的各种因素。市场总供给调查的主要内容包括市场供给总额与构成的调查,以及市场商品流通渠道的调查。

各种类型的市场调查,由于目的、范围和内容不同,其程序也不尽相同。但从基本方面分析,大致都要经过三个典型阶段:调查准备、调查实施、分析和总结。其中每个阶段又分为若干具体步骤。调查准备阶段的具体步骤大体是:(1) 发现与揭示问题,确定调查课题;(2) 拟订调查计划或方案,主要内容包括:明确调查目的;选择调查项目;确定选用调查方法;安排调查人员;进行调查费用预算等;(3)调查实施和控制阶段;(4)分析和总结阶段。在这一阶段,调查人员将分头收集到的资料和数据进行加工整理,经过分析,得出调查结论,然后撰写调查报告,汇报调查结果,反映调查内容。

练习与实训

一、名词解释
1. 市场调查
2. 描述性调查
3. 因果性调查
4. 探测性调查
5. 亚文化群
6. 产业市场
7. 原始资料
8. 调查报告

二、填空
1. 市场调查具有（　　）、（　　）、（　　）三个重要特点。
2. 狭义的市场调查,是指对市场消费包括（　　）和（　　）的需求进行的市场调查。
3. 根据市场调查的对象与内容不同,可以分为（　　）市场调查与（　　）市场调查。
4. 根据市场商品消费的目的,可以分为（　　）市场调查和（　　）市场调查。
5. 根据市场调查的时间间隔划分,有（　　）市场调查、（　　）市场调查和（　　）市场调查。
6. 一般讲,消费者的购买行为由（　　）、（　　）和（　　）等阶段组成。
7. 产业市场需求调查的内容主要有（　　）、（　　）、（　　）、（　　）四个方面。

三、单选题
1. 市场调查具有系统性、目的性和（　　）三个重要特点。
   A. 科学性　　　B. 实践性　　　C. 群体性　　　D. 多变性
2. 狭义的市场调查包括市场的销售量、消费者爱好的变化、引起市场商品销售额变化的客观因素和（　　）
   A. 市场组织　　　　　　　　B. 市场需求的变化
   C. 市场价格　　　　　　　　D. 竞争者行为
3. 根据流通领域的不同环节划分,有（　　）调查和（　　）调查。

    A. 广义　狭义　　　　　　　　B. 直接　间接
    C. 批发市场　零售市场　　　　D. 全面　重点
4. (　　)调查主要是对市场历史与现状客观如实地反映,是对市场信息的客观资料进行收集整理分析。
    A. 描述性　　　B. 探测性　　　C. 因果性　　　D. 抽样性
5. 国家的体制、制度、政策等属于(　　)环境。
    A. 经济　　　　B. 法律　　　　C. 社会　　　　D. 政治
6. 商品调查的主要内容包括经营商品、商品市场生命周期、商品成本、价格和(　　)等。
    A. 企业经营范围　　　　　　　B. 服务质量
    C. 新产品发展趋势　　　　　　D. 行业组织

四、问答题

1. 商品调查的主要内容有哪些?
2. 简述消费者市场调查内容。
3. 简述文化环境的研究的基本内容。
4. 企业在进行科技环境分析研究时应注意哪些问题?
5. 简述市场调查的基本步骤。

五、实训案例

实训案例一：微波炉与电磁炉的畅销与滞销

    早在十几年前,我国上海的一家大企业决定上马新型电器厨具。他们首先购买了50台家用微波炉和电磁炉,然后在一个基点展销会上进行试销,结果所有产品在3天内全部销售完毕。考虑到展销会的顾客缺乏代表性,于是他们又购买了100台各种款式的微波炉和电磁炉,决定在上海南京路的两个商店进行试销,并且提前3天在《解放日报》、《文汇报》上登了广告。结果半夜就有人排队待购,半天时间全部产品都销售出去了。他们很高兴,但是厂长仍不放心。他让企业内部的有关部门做一个市场调查,据该部门的负责人说,他们走访了近万户居民,据汇报上来的数据统计,有80%的居民有意愿购买电磁炉和微波炉。

    他们想:上海有1000多万户居民,加上各种不方便使用明火的地方、各种边远地区的、不方便做饭的小单位和各种值班人员,总之对于电磁炉和微波炉的需求量应该是巨大的。如果加上辐射的地区江苏、浙江等省份,对微波炉和电磁炉的需求量将是一个令人惊喜的数据。于是,他们下决心引进新型的生产线,立即上马进行生产。

可是,当他们的第二个生产线投产的时候,产品已经滞销,企业全面亏损。厂长很不服气,他亲自到已经访问过的居民家中核对调查情况。结果是:所拜访的居民都承认有人来问过他们关于是否购买微波炉和电磁炉的事,而且他们当时都认为自己想买。但是他们后来却都没有买,问其原因,居民的回答各种各样。有的说,原来指望儿子给钱,可是现在儿子不给钱买了;有的说没有想到现在收入没有那么好了;有的说单位给安装了煤气等。不管厂长如何生气,微波炉和电磁炉生产线只好停产。

案例思考:

1. 你认为上海这家工厂的问题出在什么地方?
2. 如果你来进行这个市场调查活动,你将会怎么做?请进行详细分析和理由列举。

实训案例二:罗佛尔的彩色灯泡套为什么没有打入中国市场

年轻的罗佛尔先生是欧洲某国一家小型公司的总经理。他的公司在生产和销售一种彩色橡胶灯泡套方面很有成就,这种彩色橡胶灯泡套是罗佛尔先生的发明,已经获得了许多国家的专利权。彩色橡胶灯泡套是用一种耐高温、抗老化的透明合成橡胶制成的,具有各种不同的颜色。将它套在普通白炽灯泡或者日光灯管上,普通白炽灯泡或日光灯就成为彩灯了。而且,由于有了彩色橡胶灯泡套的保护,可以防止碰撞和潮湿漏电,能够显著地延长普通白炽灯泡或日光灯管的寿命。因此,彩色橡胶灯泡套适合用于酒店、饭馆、商店等场合。它还特别适合用于公众节日时广场、街道的露天灯光装饰。有了彩色橡胶灯泡套,一个普通灯泡就可以具有多种用途,既可以作普通照明灯泡用,又可以作装饰灯泡用,甚至还可以通过套用不同颜色的彩色橡胶灯泡套,使一个普通灯泡变成多个彩色灯泡。一般来说,彩色灯泡或者灯管的价格是普通白炽灯泡或者日光灯管价格的2~3倍,而彩色橡胶灯泡套的价格却只有普通灯泡的五分之一。所以,彩色橡胶灯泡套在市场上销路不错。

罗佛尔先生也是一位颇有开拓精神的企业家。他认为,作为世界上人口最多的国家,正在实行改革开放政策的中国也许是他的彩色橡胶灯泡套的最理想的市场。他便委托一家与中国有良好的业务关系的咨询公司协助他进行彩色橡胶灯泡套在中国的市场分析。经过与咨询公司信息部职员的多次商议,罗佛尔先生决定研究四个相关问题。第一,彩色橡胶灯泡套在中国的市场潜力;第二,中国市场对彩色橡胶灯泡套在规格、价格以及数量方面的要求;第三,中国民用照明灯具生产厂商的情况;第四,打入中国市场的最佳方式。

初步的市场分析表明,中国是一个民用照明灯具的生产大国。几乎在中国的每一个省市,都有不同规模的灯泡厂或者灯具厂。这些工厂生产各种各样不同系列、不同规格、不同功率、不同电压的通用和特种照明灯具。他们的产品包括各种民用白炽灯泡、日光灯管、彩色灯泡和灯管、汽车灯泡、高压汞灯、卤素灯泡、霓虹灯等等。

中国的灯具不仅可以自给,而且向东南亚等地大量出口。初步的市场分析结果还表明,无论是与欧洲市场的同类商品相比较,还是与普通中国家庭的收入相比较,中国市场上的灯具价格都十分低廉,还不到欧洲市场灯具价格的五分之一。当然了,罗佛尔先生的彩色橡胶灯泡套在中国市场无疑算得上是一个独一无二的产品。如果罗佛尔先生的彩色橡胶灯泡套在中国市场受欢迎的话,哪怕只有百分之零点一的中国灯具用户使用,那也会给罗先生的公司带来相当数额的利润。

初步的市场分析结果给罗佛尔先生和咨询公司带来了巨大的鼓舞,他们对彩色灯泡套在中国的市场前景颇为乐观,决定开展进一步的市场研究。从《中国工商企业名录》,他们得到了几乎所有中国灯具生产厂的通讯地址,并且与中国驻当地总领事馆的贸易官员会见,请他介绍灯具行业的生产经营状况。最后,他们决定挑选50家中国灯具生产厂家,用邮件轰炸(mailshot)的方式进行联系,以求了解中国企业对彩色橡胶灯泡套这一产品的反应。

咨询公司迅速地准备好了一份信函,介绍说有一家厂商要在中国寻求商业伙伴。信中详细地说明了彩色橡胶灯泡套的用途与性能,询问中国企业的合作意向。信中还要求有意合作的中国企业提供他们的职工人数,设备状况和生产能力,产品的品种规格和价格,联系人、地址、电话和电传号码等信息,并且请中方就彩色橡胶灯泡套在中国市场的潜力作出各自的评价。这封信用中英文两种文字寄给了入选的中国灯具生产厂家。此外,咨询公司还与深圳特区一家大公司进行了电话联系,并且收到了这家公司的电传答复,反应是积极的。

两个月后,咨询公司收到了八家中国灯具生产厂家的回信。这八家工厂都是中国有名的大型灯具生产厂家,他们都对与罗佛尔先生合作怀有浓厚的兴趣,并且按照要求回寄了大量的资料,介绍各自企业的情况。有两家省一级的灯具厂显得特别热心。不过,中国方面对经销或者许可证生产等合作方式兴趣不大,希望罗佛尔先生能够进行直接投资或者建立合资企业进行合作生产。他们还要求咨询公司尽快寄去彩色橡胶灯泡套的样品。这是可以理解的。因为光是凭文字描述,实在难以揣摸彩色橡胶灯泡套究竟是一个什么样的产品。当然,中国方面不少厂家还要求了解彩色橡胶灯泡套的成本、价格等情况。看来事情进行得很顺利。罗佛尔先生当然不会拒绝提供样品,也不反对采取直接投资或者开办合资企业的合作方式。几十盒彩色橡胶灯泡套的样品迅速地寄向中国。连同这些样品寄向中国的还有一封进一步介绍彩色橡胶灯泡套的产品性质和价格的信。按照罗佛尔先生的要求,信中还探询在中国设立销售代理的可能性。

六个月过去了,有三家中国灯具厂又回了信,他们都有礼貌地回绝了罗佛尔先生关于合作生产经营彩色橡胶灯泡套的要求。以后,关于彩色橡胶灯泡套一事,罗佛尔先生和咨询公司再也没有从中国方面得到进一步的音讯了。罗佛尔先生和咨询公司的职员都很纳闷。一切看起来都很不错,可是,究竟什么地方不对头呢?

案例思考：
1. 咨询公司的市场分析方法是否适当？
2. 罗佛尔先生的彩色橡胶灯泡套没有能够在中国找到合作者的主要原因何在？

实训案例三：挂锁引发的设想

世界著名管理专家彼得·德鲁克讲述了他经历过的一件事情：

1920年他在一家有着100多年历史的进出口公司实习，这是一家向印度出口小五金制品的公司，他们的产品是一种挂锁。该公司几乎每个月都有一整船的产品运往印度。但是这种挂锁不太牢靠，一枚大头针就能够把它打开，用力一拉也能够把它打开。在1920年以后，印度的生活水平不断上升，而这种锁的销量却在下降。老板认为可能是因为锁的质量问题而影响了销路，于是对锁进行了技术改造，重新设计了挂锁，加强了锁的质量。

但是事与愿违，改良过的锁根本卖不动。4年后该公司破产了，有一个原来规模只有它1/10的小竞争者取代了它的位置。因为小竞争者了解到了这样一个实际情况：原来挂锁向来是印度人神圣的象征，没有任何小偷敢去开启这种挂锁。因此钥匙从来没有被使用过，而且经常丢失，而这家进出口公司却强调挂锁的牢靠性，使消费者感到非常不方便；但是对于新产生的中产阶级来说，挂锁的功能明显不能满足他们的安全需要，于是销量减少了。当小公司了解到这个情况后，生产制造了两种锁：一种是没有锁头和钥匙只有一个拉栓的锁，售价不到原来的1/3；另一种则是相当牢靠，配有3把钥匙，但是售价是原来挂锁的2倍。两种产品都很畅销。

案例思考：
向国际市场推销中国的民族产品，应该进行什么内容的市场调查？

第二章 实用的市场调查方法

📂 **本章结构图**

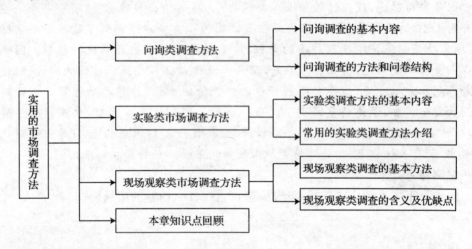

🖱 **任务导入**

近年,由于市场行情的变化,王晓宁所在的公司新开发的保湿护肤化妆品在几乎所有的大城市都遇到销售下降的局面,公司经营部李伟经理召集大家开会,想弄清销售问题的症结,会上大家意见不一,有的人认为是消费者对产品的功效不了解,有的人认为公司产品的包装、造型、图案、色彩等与竞争者产品相比吸引力不够,还有的人认为是销售终端产品摆放不显著,现场宣传示范促销不够等等,为此李伟决定用调查问卷、现场观察记录和召集部分用户座谈等方式来调查并相互印证以便确定产品销售中存在的问题。

第二章 实用的市场调查方法

📖 **学习目的与技能要求**

1. 掌握问询类调查方法的具体形式和优缺点
2. 掌握实验类调查方法
3. 学会现场观察类调查方法
4. 学会设计控制组与实验组的对比实验并能够进行实验分析

第一节 问询类调查方法

【案例 2.1】女伯爵纸巾的市场调查

北方纸品公司为适应市场变化,委托专门从事市场调查的公司对现有纸巾市场进行调查,由丹恩·奥尔负责此次调查工作。

经调查目前市场女伯爵纸巾的市场占有率如表 2-1 所示。

表 2-1 纸巾的市场占有率

纸巾牌子	市场占有率/%	纸巾牌子	市场占有率/%
花束	25	帝王	12
拉迪	22	软巾	9
韦拉	16	女伯爵	6

同时,纸巾行业还出现了将纸巾做成各种色彩柔和的有色纸巾,有的还在上面印上各种装饰性的图案,并且每隔一定长度打上孔洞,便于使用时撕下的发展趋势。这表明业内竞争加剧了,所以奥尔需要增加他们的研究项目,即在"吸水性"和"强度"之外,再加上"颜色"和"经济性"两项内容。

奥尔带领调查人员设计主要针对下列六个方面:
(1) 被调查者能够举出的第一种纸巾牌子(知名度);
(2) 对喜欢的纸巾牌子作出评价(偏好及其理由);
(3) 最近一次购买的纸巾牌子是什么(频率和随意度);
(4) 在选择购买时以纸巾 4 种特性(吸水性、强度、颜色和价格)的重要性来分别判断。

经过调查得到了下面的结果:
选购纸巾 4 种特性之重要性(见表 2-2,满分为 5 分)

表 2-2　纸巾的 4 种特性

特　性	满意度	标准偏差度
吸水性	4.50	0.75
强　度	4.20	0.96
颜　色	2.40	1.34
价　格	4.07	1.03

表 2-3 是 6 种纸巾的上述 4 种特性在顾客中的受欢迎程度。商品名称排列以调查期间(共 18 周)被调查人购买数量多少为序,满分为 5 分,括号中数字为排队顺序。

表 2-3　6 种纸巾的 4 种特性在顾客中的受欢迎程度

纸巾牌子	吸水性	强　度	颜　色	价　格
花　束	4.01(2)	3.84(3)	4.07(1)	3.39(3)
拉　迪	3.92(4)	3.86(2)	3.91(5)	3.46(2)
帝　王	3.78(6)	3.67(5)	3.97(3)	3.31(5)
韦　拉	3.66(7)	3.70(4)	3.73(6)	3.14(8)
软　巾	3.00(9)	2.82(9)	3.46(9)	3.57(1)
女伯爵	3.66(5)	3.66(6)	3.94(4)	3.23(7)

表格"选购纸巾时 4 种特性之重要性",表明了顾客对某一特性越重视,标准偏差就越小。上表则表明顾客对各种牌子的纸巾的满意程度很不一致,但"女伯爵"牌纸巾的 4 种特性分别排在第 5、6、4、7 位,只有颜色还差强人意,而且颜色的重要性在表格"选购纸巾 4 种特性之重要性"中反映出是 4 种特性的最后一位,可见顾客对这一品牌的纸巾接受程度是很低的。

通过以上统计表中数据的对照比较,丹恩·奥尔领导的市场调查结果帮助北方纸品公司发现了一些急需改进的问题。根据调查结果,北方纸品公司调整了公司策略并采取系统的促销计划。这些措施帮助公司的"女伯爵"纸巾迅速提高了市场份额。

一、问询调查的基本内容

问询调查法是最常见也是最普遍采用的一种方法,主要方式是采用访问的方式进行市场调查。它包括面谈调查、电话询问、邮寄调查、留置调查和网络调查等等。这些方法都具有各自的特点,由调查人根据具体情况选择应用。现代通讯技术的发展以及录音机、照相机、多功能手机、计算机网络等工具的运用,使问询调查的技术和效率得到很大提高。

问询类调查方法,是指通过询问的方式向被调查者了解市场情况的一种方法。

如果说观察类和实验类的调查方法是不直接接触调查对象,通过间接的观察实验的形式了解市场信息,那么,问询类调查方法则是直接与调查对象接触,通过问询的形式,了解市场情况。

市场调查活动中,问询的具体形式灵活多样,根据调查人员与被调查者接触方式的不同,可以分为面谈问询调查、邮寄调查、电话调查、留置调查、网络调查。

(一)面谈问询调查

面谈问询调查,是调查人员采取"走出去,请进来"的形式,同被调查者直接面谈,当面了解情况,收集市场反映,询问有关问题的调查方法。调查人员在交谈中,做好记录或事后追记,然后对资料进行整理分析。它是问询调查中最常用的方法之一。

1. 面谈调查的形式

面谈调查的形式,是根据调查的目的、要求,选择若干调查样本(个人、用户等),分别进行交谈。这种交谈既可以采用个人面谈方式,也可以采取小组或集体面谈方式,既可以安排一次面谈,也可以进行多次面谈。

(1)个人面谈。这是调查人员与被调查者面对面的单独谈话。个人面谈灵活方便,谈话问询伸缩性强,彼此可以沟通思想,能够产生激励效果。个人面谈还可能控制问题的次序,谈话主题集中,有针对性,可获得较丰富的信息。但个人面谈受环境影响大,有时难以控制局面,当调查样本选定较多时,分别个人面谈费时较长。

(2)小组面谈。这是将选定的调查样本分成若干个小组进行交谈,调查人员分头听取反映收集资料。每个小组由三至五个调查对象组成,可以按每个人的特点分组或按具体问题分组。这种形式既有个人面谈的优点,又能消除个人面谈的心理压力,还可以节省时间。

(3)集体面谈。这是将选定的调查对象以开座谈会的方式召集起来,听取意见,收集反映,归纳市场信息。它除了具有个人面谈的优点外,还能使参会人员互相启发,节省时间费用。但是,每次座谈会参加人员的选择要视调查者的组织能力而定,要给每个人以发表意见的机会,要注意听取不同意见的反映。

2. 面谈调查的优点与不足

面谈调查主要的优点有:(1)回答的内容可以当场记录下来。反映比较快,也比较详细;(2)被访问人对调查的内容不够理解时,可以当场解释;回答的内容不够明确时,可以当场要求补充,因而可以获得比较确切的资料;(3)通过交谈中的启发和引导,较易获得某些需要回忆或比较秘密的资料,对被调查人的购买意图、态度、意见和生活方式等也容易了解。

面谈调查主要缺点有:(1)由于需要选派比较多的、有一定水平的调查人员,因而成本比较高;(2)被访问人往往由于外出或工作关系不能接见,影响了访问的效率。据美国密执安大学调查研究中心的一次统计,在对三千个被访人的第一次访问中,城市中有46%的人不在家,有29%的人不接待;农村中有31%的人不在家;

(3) 由于访问的态度、语气和技术水平关系,可能会产生偏见和误解。有时由于访问人的工作责任心不强,会发生错误的记录、错误的结论,甚至欺骗等的情况。

3. 面谈调查的询问方式

为了获得良好的面谈调查结果,还特别应注意不同的询问方式。一般讲,面谈调查有自由问答、倾向偏差询问和强制选择等三种方式。

(1) 自由问答。这是调查者与被调查者之间自由交谈,了解所需的市场信息资料。它可以不受时间、地点、场合的束缚。个人面谈可以在业务活动现场、销售现场,以至公关场合进行。小组面谈、集体面谈采用自由问答的形式,气氛活跃,不受束缚。被调查者回答问题有充分发表意见的机会。调查人员也可以根据调查内容,有简有繁,灵活掌握,对于了解不太清楚的问题可以根据谈话进程采取讨论质疑的形式深入调查。实践证明,这种调查方式可以打破隔阂,减轻心理压力,创造出良好的面谈调查气氛。但是,不管在个人面谈、小组面谈或集体面谈中,采取自由问答方式,调查者要注意引导谈话主题,不可海阔天空、没有中心,从而空耗调查时间。

(2) 倾向偏差询问。又称发问式面谈,这是调查人员事先拟订好调查提纲,面谈时按提纲提出询问。这种方式谈话明确,中心突出,也节省时间,便于统计汇总市场资料数据。在个人面谈中可以一问一答形式进行,但是一定要注意消除被调查者的心理压力,避免因机械呆板的"审问式",引起被调查者反感而得不到合作。对于较熟悉的调查对象,应用这种方式效果较好。在小组面谈或集体面谈中,可以事先发下调查提纲,被调查者按提纲要求回答问题。

(3) 强制性选择。又称限定选择,是指面谈调查时同时列出几种回答特征的语句,由被调查者从中挑选接近符合自己看法的语句予以回答询问的方式。例如,在调查询问中,列出关于为什么购买某种牌号商品的几个句子(几条理由),供被调查者从中选择。

(A) ××商品质优价廉;
(B) ××商品是世界知名品牌,气派;
(C) ××商品轻便、实用、坚固。

被调查者可以从问句中按自己的喜爱、偏好程度进行选择,调查人员从选择中进行分析。如果对面谈调查回答问句的数据汇总中,选择(A)句的比重大,说明人们购买是看重这种商品的质量和价格比。如果选择(B)句比重大,说明人们购买是看重这种商品的名牌形象。如果选择(C)句的比重大,说明人们购买着眼于它的实用性。有了这些市场信息,对于开拓市场,改进产品,制定销售策略,进行科学决策具有十分重要的意义。

(二) 邮寄调查

邮寄调查,是调查人员将设计印制好的调查问卷(表格),通过邮政系统寄给根据抽样原则选定的被调查者,由被调查者按要求填写后再寄回来,调查者根据对回答表格的整理分析,得到市场信息。

邮寄调查的优点：
（1）调查成本比较低，只要花少量的邮寄费和印刷费用；
（2）便于管理，调查表寄回来后只要用少数人进行整理；
（3）被调查人有足够的时间考虑问题，回答的问题相对比较慎重。
邮寄调查的缺点：
（1）回收率比较低，有些被调查人接到调查表后往往不予理睬；
（2）由于缺乏个人接触，被调查人往往忽视问题的实质，不能提供确切的答案；
（3）由于邮件往返，所需的时间比较长。
邮寄调查法在我国应用越来越广泛。除了图书、报刊出版单位比较普遍地采用征订单邮寄的方法了解市场信息、推销商品以外，工商企业也开始通过向用户、消费者邮寄问卷、订单、请柬等形式了解市场需求。近年来，一些社会调查机构、研究咨询机构、信息中心等也普遍采用邮寄调查法，作为了解市场、收集市场信息第一手资料的方法。

（三）电话调查

电话调查，是指通过电话向被调查者询问有关调查内容和征询市场反映的一种调查方法。这是为解决简单的带有普遍性的急需问题而采用的一种调查方法。在市场调查实践中，广泛应用于企业用户、事业团体、新老顾客等为调查对象进行电话调查，听取市场情况反映，收集对商品使用的意见，尤其是商品消费结构、商品品牌偏好、潜在购买要求、售后服务的满意度反馈等调查方面。

电话调查的优点有：（1）成本比个人访问低；（2）调查的速度快，很多问题立刻得到回答和得出结论；（3）可以避免个人访问中被调查人不便接待或不愿接待的困难；（4）对问题可以作适当的解释，比邮寄调查灵活。

电话调查的缺点有：（1）成本比邮寄调查高；（2）交谈比较简单，容易产生偏见；（3）某些偏远农村地区并不都是每家每户都装有电话机，而且有的电话号码也不公开，使用受到限制。

（四）留置调查

留置调查，是调查人员将调查表格（问卷）或调查提纲当面交给被调查者，并详细说明调查目的和填写要求，留下问卷，由被调查者自行填写，再由调查人员约定日期收回问卷，进而进行汇总分析的一种市场调查方法。

留置调查的优点是问卷回收率高，被调查者可以当面了解填写问卷的要求，澄清疑问，避免由于误解提问内容而产生误差；填写时间较充裕，便于思考回忆。其主要缺点是调查地域范围小，调查费用高，也不利于对调查人员的管理监督。

就方法本身而言，留置调查是介于邮寄调查和面谈调查之间的一种方法，只不过调查人员与被调查者面谈，内容主要是介绍调查目的、要求，回答疑问，而不是询问调查内容。调查问卷设计与邮寄调查相似，但提问方式可以更灵活更具体，因为有不清楚的地方,填写人可当面澄清疑问。

（五）网络调查

网络调查是指通过互联网方式传递无纸问卷,由调查对象自行点击相关项目,调查人员以此收集市场资料和信息的一种方法。

网络调查的优点:

(1) 成本低、范围广、速度快。互联网传播范围的广泛性,使网络调查可以轻易地实现跨地区甚至跨国界的调查操作,调查成本低,调查范围广。被调查者的回答可以在瞬间传递到调查者手中,问卷的反馈速度快。

(2) 交互性好、能实现问卷的多样化设计。网络调查充分利用计算机辅助调查的优势,设计人员在设计问卷时,可以进行一些随机性设计,包括自动调整问卷顺序和随机安排选项顺序等,同时可以实现各种复杂的跳转关系。

(3) 抽样框丰富。网络站点丰富,每个站点都有自己特殊的访问群,涉及不同的领域,如果能对这些访问群进行调查,就可以成为一个专业领域的抽样框。

网络调查的缺点:

(1) 样本缺乏代表性。这是网络调查最大的缺点。据有关调查,目前有关网民主要集中在中心城市,其中又以年轻人、知识分子为主,愿意在网上提供回答的也以闲散人员为主,这样就造成了样本有偏差,使样本缺乏代表性。

(2) 回答率低。网络调查是一种被动的调查,调查人员无法对受访问者施加直接的影响,因此吸引网上人员回答问卷具有一定的难度。

(3) 不适合开放式问题的调查。由于中文输入的困难,很多人不愿意在网上打字,这样就使开放式问题的回答率很低,所以网络调查应尽量避免设置开放式问题。

(4) 调查较难控制。首先,调查对象的选择较难控制;其次,样本量也较难控制;再次,问卷回答质量难以控制;最后,调查的持续时间难以控制。总之,在整个调查过程中调查者是比较被动的。

二、各种问询调查类型的比较及应用

以上对五种问询调查法及其优缺点进行了阐述,下表就调查范围、调查对象、影响回答的因素等方面进行比较。

表2-4 五种问询调查类型的比较表

项目	调查类型				
	面谈调查	邮寄调查	电话调查	留置调查	网络调查
调查范围	较窄	广	较窄	较广	较广
调查对象	难以控制和选择	难以控制,难以估计代表性	可以控制和选择	难以控制和选择	难以控制、难以估计代表性

续表 2-4

项目	调查类型				
	面谈调查	邮寄调查	电话调查	留置调查	网络调查
影响回答的因素	可以了解、控制和判断	难以了解、控制和判断	无法了解、控制和判断	基本了解、控制和判断	难以了解、控制和判断
回收率	较高	低	较低	较高	低
答卷质量	较高	较低	较高	较高	低
处理复杂问题的能力	很好	差	一般	好	一般
收集大量信息的能力	一般	很好	差	好	差
敏感问题答案的标准性	一般	很好	差	好	差
对调查人员效率的控制	较难	很容易	一般	容易	一般
对样本的控制	很好	差	好	一般	一般
投入人力	多且不易控制	少	较少且易于控制	较少	少
调查成本	高	较低	低	较高	较低
调查时间	较长	时间较长、且不易控制	时间短、且易控制	较长	时间短、但不易控制
灵活程度	好	差	很好	一般	差

由此可见，各类调查方法各有利弊，究竟应在调查中采用哪种方法，要根据每次调查的具体情况而定。一般应考虑以下因素：

(1) 调查项目的伸缩性。调查的内容只要求一般回答即可，宜采用邮寄询问法；需要灵活改变题目，深入探求的内容则以面谈访问或留置调查为好。

(2) 需要调查资料的范围。资料范围广泛，可采用网络调查或邮寄询问调查；调查项目简单的可运用电话询问调查。

(3) 调查表及问卷的复杂程度。较复杂和要求较高的，宜采用留置调查法；一般的和较简单的则可采用网络调查。

(4) 掌握资料的时效性。需要调查的项目急需收集到一定的信息以利迅速决策的，宜采用电话询问法或面谈访问法；时效性不很紧迫的可采用其他几种方法。

(5) 调查成本的大小。这主要取决于调查方案的需要和调查者拥有的人力、物力、财力，应在保证调查质量的前提下，根据自身条件，尽量节约，精打细算，以求事半功倍。

在实际调查中，往往是多种调查方法并用，或是以一种方法为主，辅以其他方法，取长补短，以取得更好的效果。

三、询问调查的问卷结构

从询问类市场调查的问卷结构上看，包括标题、问卷说明、填写说明、被调查者情况、调查主题内容、计算机编码和问卷附注等几个方面内容。

1. 标题

问卷标题一般位于问卷的上端并居中，是对调查主题的高度概括，主要起到两方面作用：一是对调查项目起画龙点睛的作用；二是使被调查者对调查主题和调查内容有一个大致的了解。

标题要简明扼要，能激发被调查者的兴趣，有时为了减少暗示性和消除被调查者的顾虑，标题可以写的笼统些。例如"江苏省移动通信调查问卷"、"大学生消费情况"、"住房消费状况调查"等。但切记采用诸如"问卷调查"这样的标题，它不但不能说明调查的主题，而且容易引起被调查者不必要的怀疑和排斥心理，从而不愿意回答甚至拒绝回答问卷，导致调查不能完成。

2. 问卷说明

问卷说明一般是以信函的形式，向被调查者说明调查者的身份、调查目的、调查意义、调查内容、抽样方法、保密措施和请求被调查者同意合作，有的问卷还说明交表的地点和其他事项等。其主要作用：一是让被调查者了解调查的目的和内容；二是消除被调查者的顾虑，引起被调查者的兴趣，争取被调查者的合作。

问卷说明一般置于问卷的开头，标题的下方，篇幅不宜过大，文字要简洁、准确，用语要谦虚、诚恳。问卷说明在问卷调查中具有特殊的作用，它直接关系到被调查者是否认真地接受调查，进而直接影响问卷调查的成功与否。

在问卷说明中，要说明调查者的身份和联系方法，这样做的目的是为了进一步打消被调查者的疑虑；二是当被调查者有问题时可以随时查询和验证。这里不仅要写清楚调查者所在的单位或组织的名称，还应说明地址、联系人、联系电话及邮政编码，充分体现市场调查的正规性，取得被调查者的信任。一般的市场调查在实施时，都会要求调查人员佩戴胸卡，在胸卡上注明其身份和联系方式。

在问卷说明中，要尽量用简洁、大众化的语言写明本次调查的目的、意义和基本内容等；尽量使用请求、诚恳的语气，以得到被调查者的支持。例如，某高校针对大学生旷课问题向学生家长进行的问卷调查中有这样的一段话："亲爱的学生家长们，为了您的孩子能够更好地完成大学学业，请您就如何降低大学生旷课问题提出您的宝贵意见和看法。"

要用被调查者能够理解的语言简述抽样方法，让被调查者确定抽样框的依据是什么，即"为什么要调查我"的问题，并对调查者说明这次调查的保密措施，如匿名调查、资料保密等，尽量打消被调查者的疑虑，争取其配合。

对被调查者的支持表示感谢。对被调查者接受调查表示感谢是必要的，因为对于被调查者来说，接受市场调查往往是无偿的，被调查者在短期内得不到明显的回报。此外，还可以通过对被调查者的感谢满足其荣誉感，使被调查者更加积极的配合调查。例如，某公司的调查说明中有这样一段话："我们决定采用'专家调查法'进行此次汽车市场的调查与分析，选择一批业务能力强、对市场变化敏感的同志组成'专家组'……您是我们选中的'专家组'的专家之一，我们真诚的希望您能够接受此次调查，提供您宝贵的意见和看法。"

下面以北京大学社会调查中心的一份药品调查的问卷说明为例。

您好！

欢迎您填写这份调查问卷。人的生命的延续同身体健康紧密相连。每一位高脂血症患者都渴望尽快去除或减轻疾病，恢复健康，我们正在筹建的北京大学制药厂基于为人类造福的理念，开发了治疗高脂血症的特效药品。为此北京大学社会调查中心希望通过此次调查，了解您的病情和用药状况，请您把真实的情况和想法提供给我们。本问卷不记姓名，答案无所谓对错。您的回答将按照国家《统计法》予以保密。

占用您的时间，向您表示衷心的感谢！同时送上一个小礼品。

北京大学社会调查中心

3. 填写说明

填写说明又称指导语或填写要求，是对填表的要求、方法、注意事项等的总说明，目的是规范和指导被调查者如何填写问卷、如何将问卷返回到调查者手中等。填写说明既可以集中放在问卷说明之后，也可以分散于某类或某个需要特殊说明的问题前，用括号括起来。特别是对自填式问卷，其填写说明一定要详细清楚，而且格式位置要醒目。否则，即使被调查者理解了题意，也可能错误回答，从而引起数据的偏差或误差。

总之，对问卷中所有可能引起被调查者不理解、不明白、不清楚的地方，所有可能引起被调查者回答受阻的地方，都要加以必要的填写说明。填写说明主要包括以下几个方面的内容：

（1）问卷中涉及年龄、收入、时间等需要填写具体数字的项目，请在横线上填写正确数字。

（2）选择题项目，请在所选答案的序号上打"√"。单项选择题，只能选一个答案；多项选择题可以选多个答案。

（3）开放式问题的答案，请填写在指定的方框中。

（4）填写问卷时，请不要与他人商量。填写过程中如果有什么不明白的地方可以向调查人员询问。

4. 被调查者的基本情况

在问卷的填写说明之后,或问卷的附注部分往往设置题目,对被调查者的背景资料进行调查,这部分内容看似与调查主题没什么关系,但在对调查资料进行分类和分析时,这部分信息往往是必不可少的。例如,对消费行为进行调查时,被调查者的性别、民族、年龄、职业、家庭收入、文化程度、婚姻状况等对于分析消费者的消费倾向和偏好具有参考价值。如果被调查者是单位或组织,还需要填写单位或组织名称、行业类别、地址、负责人、联系方式、主管部门、资产总额(固定资产和流动资产)、所有制形式、职工人数等。在实际调查中,哪些项目应该列入、多少项等,应根据调查目的和要求而定。

例如:

如下资料的目的是为了对调查员调查内容的复核,请您填答:

被访者姓名:

家庭地址:

通信方法:

电话号码:

一般来讲,如果被访者不愿意透露姓名,可以只填写姓氏。

5. 调查主题内容

问卷的主题内容是以一系列提问和备选答案的形式展示给被调查者,这部分内容是问卷的主要部分,也是问卷的核心部分。主题内容主要包括以下几方面:

(1) 对人们的行为进行调查

对被调查者的个人行为,以及对被调查者所了解的其他人的行为所进行的调查,是关于被调查者或他人是什么、做什么或用什么的真实信息。例如,购物、旅游、服务的具体行为活动。常用于调查市场规模、市场份额、知名度和用途等。

(2) 对人们的行为后果进行调查

主要指对被调查者本人某种行为的后果,以及由其所反映其他人的行为后果进行调查。

(3) 主观评价的调查

这类调查询问行为或事件本身,只要求对行为或事件进行评价,如对被调查者或其他人的态度、意见、感觉、偏好、动机等进行调查。常用于商标设计研究和消费者满意度研究。

6. 计算机编码

计算机编码也是调查问卷的一个组成部分。在进行市场调查时,对调查结果的计算工作量一般比较大,尤其是一些大规模的市场调查,因此调查问卷要设计计算机编码,以便使用计算机对调查结果进行分类、汇总、筛选、排序、分析和综合处理。

7. 问卷附注

问卷附注主要包括作业证明的记载和结语,它可以放在问卷的最后,也可以放在问卷说明之后。

作业证明的记载,主要是记录调查员的姓名、访问日期、时间、督导员的姓名、在调查过程中有无特殊的情况发生、被访问者的合作情况等。例如:

(1) 调查员姓名:
(2) 督导员姓名:
(3) 调查过程中有无如下情况发生:
① 在调查过程中有其他人在场(是什么人);
② 在调查过程中有客人来访,但没有打断调查;
③ 在调查过程中有客人来访,中断过调查(多长时间);
④ 在调查过程中被访问者对调查内容或语言有不明白的地方;
⑤ 在调查过程中被访问者的顾虑;
⑥ 其他(情况详细说明)。
(4) 在调查过程中被访问者的合作情况:合作,一般,不合作。

结语通常可以简短的几句话,对被调查者的支持表示感谢;也可以设置开放式问题,征求被调查者对问卷内容和调查过程中有什么意见和想法以及其他补充说明。

第二节 实验类市场调查方法

【案例 2.2】纽约胡珀公司的市场调研

美国纽约胡珀广告咨询公司是一个市场调研和商品咨询机构,他们的工作十分细致。例如,他们为美国勒逊勒食品公司做速冻咖啡选型调查,先设计了多种咖啡瓶型,让五百个家庭主妇进行观摩评选,研究主妇们用干手拿瓶子时,哪种形状好;用湿手拿瓶子时,哪一种不易滑落。调查研究的结果,选用四方长腰果形瓶子。然后对产品名称、图案等,再进行造型调查。结果,这种咖啡投入市场后,与六个月前投入市场的通用食品公司的产品展开激烈竞争,以销售量比对方多两倍的优势取得了胜利。

另外,日本三叶咖啡店,利用各种颜色会使人产生不同感觉的特点,通过调查试验,选择了颜色最适合的咖啡杯子。他们的方法是,首先请了三十多人,让他们每人各喝四杯完全相同浓度的咖啡,但是咖啡杯的颜色,则分别为咖啡色、青色、黄色和红色四种。试饮的结果:使用咖啡色杯子的人认为"太浓了"的占三分之二,使用青色杯子的人异口同声地说"太淡了",使用黄色杯子的人都说"不浓,正好",而使用红色杯子的十个人中,竟有九个说"太浓了"。根据这一调查,三叶咖啡店里的杯子,以后一律改用红色杯子。该店借助于颜色,既可以冲淡咖啡节约原料,又能使绝大多数顾客感到满意。这种选择颜色的方法,在市场调查中引起了各方面的重视。例如,完全同样质量的布料,由于颜色不同,穿起来有的就觉得好像比较温暖,有的则觉得凉快。设计人员就要从多方面进行试验和观察,这就是实验调查的方法。

实验调查目前在我国工商企业得到广泛的应用,很多企业在新产品投入市场或大批量生产某种商品之前,或者为了改进包装和推销方法,先采取小规模的、一定范围的试销,进行市场销售"实验",例如,不少商店,设有新产品试销专柜;有些商店和工厂,设立了新产品陈列室、试销部等以取得有根据的数据和资料。再如有一些企业对某一商品要改变其包装规格,或要调查价格,先在指定商店或柜台进行实验性销售,系统地记录顾客的反应和计算用户的实际购买数量,然后进行分析,加以推广,这都是实验法的一种应用。

一、实验类调查方法的基本内容

实验类调查方法是在给定的条件下,对市场经济现象中某些变量之间的因果关系及其发展变化过程,加以观察分析的一种调查方法。就如同在自然科学的研究中,先在小规模实验成功后,再进行推广应用。比如,一种新产品进入市场,先在一定范围内试销,如果被消费者接受和认可,再大批量生产销售。再比如,某种商品在市场中要改换包装或改变价格,先将新包装(或调整后的价格)与旧包装(原价格)同时销售,观察消费者的反应(或销量),再综合情况,做出决策。实验调查法应用的范围很广泛。一般而言,改变商品的价格、包装、广告、促销方式、销售渠道、商品陈列等,都可以采用实验调查法测试其效果。

实验调查法的优点是:(1)由于预先在小规模的市场环境中进行实际试验,可提高工作的预见性,减少盲目性;另一方面,在管理上也容易控制,能够有效地分析观察市场变量之间的因果关系及其相互影响程度。(2)通过市场实验取得的数据比较客观,可靠性强,可信度高,排除了主观推论的偏差,科学性强。

当然,实验法的优点是相对的,在实践中影响经济现象的因素很多,也可能由于某些非实验因素不可控制,而在一定程度上影响实验效果。实验调查法的缺点是:运用存在一定的局限,费用较高;只适合于对当前市场变量观察分析,无法研究过去的情况,无法收集未来市场变化的信息。

二、常用的实验类调查方法介绍

(一)事前事后对比实验

事前事后对比实验,是最简便的一种调查方法。它是对实验对象(如某个经济变量),在前后不同时期给定不同条件,进行对比观察,以分析因变量与自变量的关系。采用这一方法是在同一市场内,先对正常经营情况进行测量,收集必要的数据;然后,进行市场实验,经过实验一段时间后,再测量实验过程中(或事后)的资料数据;最后,进行事前事后测量数据对比,了解实验变量的市场信息。

【例1】某市糖业公司为扩大食糖的市场占有率,增加销售量,决定改变原有包装,增加防伪标志,打击伪劣假冒商品。但对于新包装设计效果如何,能否增加销量、扩大市场占有率,又没有切实的把握,于是,采用事前事后实验法进行一次调查。

他们以公司五种不同质量包装的食糖作为实验对象,实际测量收集了一个月的市场销售量。接着,改用新包装上市,又测量了一个月的市场销售量。结果,数据收集如表 2-5 所示。

表 2-5

重量(公斤)	事前销售量(袋)Y_1	事后销售量(袋)Y_2	变动 Y_2-Y_1
0.25	1 500	1 700	+200
0.5	1 400	1 500	+100
1	1 900	2 100	+200
2	2 200	2 400	+200
5	1 700	1 900	+200
总计	8 700	9 600	+900

从表 2-5 中实验结果数据可以看出,包装改进后,普遍增加了销售量,说明新包装设计是成功的,占领了市场,于是,增强了信心,一改销售量下降的趋势。

【例2】某市一化妆品公司,生产五个品种的化妆品,其中 A、B 两个品种因价格较高而销售量较小,而 C、D、E 三个品种物美价廉,销量很大。但由于生产成本上升,企业在这三个品种上获利也较少。为此,该公司准备对产品价格进行适当调整,调低 A、B 两品种价格,适当调高 C、D、E 三种品种价格。为避免决策失误,失去市场,对市场产品进行事前事后对比实验调查,了解顾客对价格反应的销售信息。

该化妆品公司,先测量了五种产品一个月的市场占有率;然后,调整价格,降低 A、B 两种产品售价,提高 C、D、E 三种产品的售价;经过市场销售后,再测量一个月产品的市场占有率,数据结果如下表 2-6 所示。

表 2-6

品牌	事前市场占有率(%)Y_1	事后市场占有率(%)Y_2	变动(Y_2-Y_1)
A	11[注]	20	+9
B	9	17	+8
C	25	19	-6
D	23	20	-3
E	32	24	-8
总计	20	20	0

注:该市场占有率为 A 品牌在该档次产品中的市场占有率;同理,B、C、D、E 也是如此。总计市场占有率为该公司所有产品在市场中的销售比例。

从表中数据看出:通过调整价格,A、B品牌产品销量上升,市场占有率上升,C、D、E品牌产品销量下降,市场占有率降低;该化妆品公司总的市场占有率并没有变化,也就是说,调整价格并未从整体上影响产品销售;因此,该措施是可实行的。由于提高了C、D、E产品的售价,解决了这三个品种亏损的问题,有利于企业经济效益的改善和提高。

事前事后对比实验方法简便易行,应用面广,可用于企业采用改变花色、规格、款式、包装、品种,调查产品价格,增减广告及公关费用等措施时的决策依据。但是运用这种方法必须注意因事前与事后不在同一时间,故而市场环境中许多因素都不一样,实验结果不可避免地要受到许多非实验因素变化的影响。就如上述化妆品调价的例子,虽能得出实验期比实验前销售额增加或市场占有率上升的结果,但这种结果却可能是由于其他因素如购买力、价格、消费心理以及季节变化等所致,需要进一步具体分析,才能做出正确判断。如何准确地排除这种影响,目前尚无良策,多是凭经验分析加以区别。

(二) 控制组与实验组对比实验

控制组与实验组对比实验,就是将调查对象分为两组,分别给定不同的条件,在同一时间内进行对比实验。两组中,一组叫实验组,即实验单位(企业),按照实验的条件进行实验;另一组就是控制组,亦即非实验单位(企业),按照原有正常情况组织经营活动。最后将两组结果进行对比,以测定实验效果。这是一种横向的对比实验,如以 Y_2 代表实验组的测量值,以 X_2 代表控制组的测量值,则实验效果 $=Y_2-X_2$。

这种实验方法的优点,主要是可以排除事前事后对比实验因对比时间不同而可能发生的非实验因素的影响。例如,在实验对比时间不相同的条件下,往往由于市场形势发展、商品购买力变化,以及价格、消费心理、季节(包括自然季节和商业季节)变动等,而程度不同地影响实验的效果。如果在同一时间对比,就可以比较正确的反映出实验的效果。这并不是说,两组在同一时间对比就不会有外来因素的影响,而是因为在同一时间,外来变数对控制组和实验组的影响作用大致相同,故而不考虑其影响,也不会妨碍对实验效果做出正确判断。

但是应用控制组与实验组对比的实验调查,也仍有其局限性或难以达到的要求,这就是控制组与实验组之间的可比性,包括两组所处的客观环境和各种主、客观经营能力等。从理论上说,这些条件应完全一样,才能进行对比,起码也应基本相同。例如,组织零售商店进行某种商品的销售性实验时,就要求选定的商店在规模、类型、设备、所处地段、人员素质、商品购销情况等方面尽量接近,才能尽可能排除由于这些因素缺乏可比性而影响实验效果。但是,事实上根本不可能找到两个方面条件和环境完全一样的实验单位,即使大体一样,也是相对的,其伸缩性相当大。这就不可避免地要干扰实验效果的科学性、真实性。

下面,以某食品公司在速冻食品销售中,一组采用现场促销形式(顾客免费品尝、发放广告资料等)进行商品销售,另一组不采用现场促销形式进行商品销售,通过实验组与控制组产品销售量的对比,观察市场反应的事例,来说明这个实验方法的应用过程。

【例3】某地一食品速冻公司为调查了解现场促销对产品销量的影响,决定采用控制组与实验组对比实验法收集信息,进行决策。他们选定了 A、B、C 三家商店为控制组,不进行现场促销活动,商店正常在柜台前销售,另选定 D、E、F 三家商店作为实验组,派出营销员现场促销,让顾客免费品尝,并发放广告材料。注意 A、B、C 一组三个商店与 D、E、F 一组三个商店从经营规模、所处位置等方面大体相似。实验时间为一个月,实验结果如表 2-7 所示。

表 2-7

组别 店名	控制组销量(袋)	组别 店名	实验组销量(袋)	比较
A	1 100	D	1 500	+400
B	1 000	E	1 400	+400
C	1 150	F	1 600	+450
合计	3 250		4 500	1 250

通过上述实验结果可以看到,现场促销的效果是十分明显的,每个对比店销量都大大提高,接着再计算促销成本与销量增加带来的利润,就可以根据实验信息,做出扩大现场促销的决策。

(三) 有控制组的事前事后对比实验

有控制组的事前事后对比实验,是指控制组事前事后同实验组事前事后之间进行对比的一种实验调查方法。这种方法,既不同于事前事后对比实验调查法,也不同于控制组与实验组之间的对比实验调查法,因为前者是实验单位本身实验前后的对比,后者则是控制组同实验组之间的事后对比实验,不包括事前对比,而采取有控制组的事前事后对比实验,必须对实验组和控制组分别进行事前测量和事后测量,进行事前事后对比。可以说,有控制组的事前事后对比实验调查,是前两种实验法的结合。

设:控制组事前和事后测量值分别为 X_1,X_2;实验组事前和事后测量值分别为 Y_1,Y_2;

实验效果为 E,则有:

$$E=(Y_2-Y_1)-(X_2-X_1) \tag{2.1}$$

即实验效果等于实验组的增量(变动值)减去控制组的增量(变动值)。这是以绝对数表示的效果,还可以用相对数表明实验效果:

$$E=\{(Y_2-Y_1)\div Y_1-(X_2-X_1)\div X_1\}\times 100\% \tag{2.2}$$

即实验效果等于实验组的变动幅度(变动百分比)减去控制组的变动幅度(变动

百分比)

现在我们进一步解释上述两个公式的涵义,也是进一步说明这种实验方法。Y_2-Y_1 表示实验组的实验变量,在实验前后不同时期的增加量(或减少量)。这里面包含着实验效果 E,也包含着由其他非实验因素导致的变动量(增加或减少)。X_2-X_1 表示控制组的同一变量在实验前后不同时期的增加量(或减少量),它完全由其他非实验因素引起。由于控制组与实验组各个方面条件大致相同,受各种因素影响的程度也大致相同,因而,可以认为实验组的变动量 Y_2-Y_1 中,非实验因素导致的变动量也是 X_2-X_1,从 Y_2-Y_1 中剔除这一部分,所剩下的就纯粹是实验效果了。

【例4】某公司从1月15日开始进行某种商品的降价实验,实验组和控制组在实验前的月销售额均为 10 000 元,实验一个月后,实验组和控制组的销售额分别为 15 000 元和 12 000 元。单从实验组看,实验后比实验前销售额增长了 5 000 元。但这 5 000 元并非全都是实验变数即降价所造成的,还有其他变数的影响在内,如试验期正当春节期间,节日销售的影响也在这 5 000 元内。为保证实验结果的准确性,所有非实验因素的影响都必须剔除。如何剔除呢? 就要看控制组了。控制组销售额实验后比实验前增长了 2 000 元,这 2 000 元的变化,与降价因素无关,完全是得自变数如节日销售等影响的结果。由于在实验期间控制组也与实验组一样,受到其他因素的同等程度的影响,也就是说,也会因节日销售等增加 2 000 元的商品销售额,即不管降价与否,这 2 000 元都会增加所以它绝不是实验效果 E。从 5 000 元(Y_2-Y_1) 中剔除这一部分 2 000 元(X_2-X_1)后,剩下的才是完全由实验变数——降价造成的变动,即实验效果 $E=5\,000-2\,000=3\,000$(元)。

【例5】某公司在六个商店中进行某种产品广告效果实验,控制组用原招贴广告,实验组采用新设计广告,实验前后对比期各为三个月,结果如表2-8所示。

表2-8

组 别	实验前销售额(元)	实验后销售额(元)	变 动
实验组(三个店)	30 000	40 000	+10 000
控制组(三个店)	29 500	31 500	+2 000

根据表中数据可以计算出实验效果 E:

绝对数:

$$E=(Y_2-Y_1)-(X_2-X_1)$$
$$=(40\,000-30\,000)-(31\,500-29\,500)$$
$$=10\,000-2\,000$$
$$=8\,000(元)$$

相对数:

$$E = \left(\frac{Y_2 - Y_1}{Y_1} - \frac{X_2 - X_1}{X_1}\right) \times 100\%$$

$$= \left(\frac{40\,000 - 30\,000}{30\,000} - \frac{31\,500 - 29\,500}{29\,500}\right) \times 100\%$$

$$= \left(\frac{1}{3} - \frac{4}{59}\right) \times 100\%$$

$$\approx 26.6\%$$

也就是说,该公司这次实验结果表明,广告改进后可以扩大销售26.6%。如果看绝对数,增加销量8 000元,但要注意实验组与控制组实验前就有500元(30 000－29 500)的差额,剔除这一因素后,仍净增值7 500元销售额。

对不同经济变量的实验效果有不同的评价标准。有些经济变量要求不断增加,如销售额、利润额、劳动生产率等等,这时,E值越大,说明效果越好;而有些经济变量如成本、费用额、物资消耗等,却要求不断减少,则E值越少,效果越好。

综合上述,可以看出,采取有控制组的事前事后对比实验,有利于消除非实验因素的影响,从而有效地提高实验的科学性和准确性。而这正是事前事后对比实验调查法和控制组与实验组对比实验调查法所不具备的优点。

上述三种实验调查方法虽各有特点,但却有一点相同,即实验单位的选择都是依据主观经验的判断有意识地选定的。在对调查对象的情况比较熟悉和实验单位数目不多的条件下,采取这种判断分析法选定实验单位,简便易行,也可以取得较好效果。但是实验单位较多,市场情况十分复杂,按主观的判断分析选定实验单位就比较困难。这时可以采用随机对比实验。

(四) 随机对比实验

随机对比实验,是指以随机抽样法选定实验单位所进行的实验调查。当因各种原因不适合采用主观方法选定实验单位时,可以采用随机抽样法选定实验单位,使众多的实验单位都有被选中的可能性,从而保证实验结果的准确性。

随机对比实验有多种形式,其作法与随机抽样相似,有单纯随机抽样、分层随机抽样、整群随机抽样等。采用何种形式选择实验单位进行对比实验调查,必须从实际出发,根据具体情况而定,并以能够获得较准确的实验效果为原则。例如,当市场外界因素对各实验单位影响基本相同时,也就是说调查对象中各实验单位差异不大时,可以采用单纯随机抽样,利用抽签法或随机号码表法,选定实验单位,进行市场变化因素的各种实验调查。如果外部因素对各实验单位影响不同时(像城市交通条件的改善变化,对不同企业生产经营产生不同的甚至相反的影响),则可以采取分层随机抽样法,把情况相同的实验单位分别划为一个层,然后从每个层中随机选定实验单位,进行实验调查,消除外部因素对实验结果的影响。

随机实验调查,也可以和其他实验类调查方法相结合,进行随机选定实验单位的事前事后对比实验、控制组和实验组的对比实验、有控制组的事前事后对比实验等。

随机对比实验的调查方法,优点是不受主观经验判断选择,有助于使实验结果排除人为干扰,可以计算实验误差,与其他实验方法相结合,解决选择实验单位的困难。但是也要看到,这一方法也有缺点,花费时间大,费用高,因而,其实际应用受到限制。

（五）小规模市场试销的实验调查

这个实验方法是在开发新产品或产品新型号,产品进入一个新市场时,选择一个与整个大市场有高度相似条件的小型市场进行产品试销,在客户和使用购买者中听取意见、了解需求,收集市场信息资料。

市场试销法的具体做法是：

(1) 选定一个小型市场。它的条件、特征,要与准备进入的大市场有高度的经济、民族、文化等的相似性。

(2) 将新产品或产品新型号,或从未在这个市场上销售的产品,在这个选定的小规模市场内进行试验销售。

(3) 对销售结果进行分析。根据销售情况信息进行经营管理决策,是投产扩大生产规模,还是放弃或改进产品。通过市场试销法实验,有助于明确生产经营方向,提高决策的科学性。美国伊利诺思州的皮奥利亚市,就是一个"最典型的美国城市"。它的一些政治、经济、文化、社会等特征与美国整个国家有高度的相似性,在该城市进行的市场试销调查往往能代表全美国市场的情况,因此,各国厂商纷纷将在这个城市进行的市场试销结果作为能够打开美国市场的"试金石"。

第三节　现场观察类市场调查方法

【案例 2.3】泰姆士雨衣公司对美国雨衣市场的调查

英国泰姆士雨衣公司关于美国雨衣市场的调查。泰姆士雨衣公司是英国一家规模很大的生产和经销雨衣的公司,在英国雨衣产品中占有较大的市场份额,并积极向西欧出口。然而,它在美国只是通过少数几家专业商店经销,年销售额从未达到过 10 万美元以上。为了扩大美国市场,该公司于 1970 年委托多国商业调查公司(MBA),研究美国雨衣市场,以便制定全面的实施计划。

MBA 接受任务以后,采取了三种调查方式：一是应用公开的、现成的资料,如美国商务部关于美国雨衣销售量的统计,历年雨衣价格资料,雨衣进口资料,各大城市的平均降雨量以及按降雨量分组的雨衣需要量统计等；二是邮寄调查的方式,向消费者发出一万多张抽样调查表,如各种类型的零售商店雨衣销售比重,顾客支付雨衣的价格分类，顾客对雨衣式样的偏爱程度，各种名牌产品的市场占有额比重及价格情况等；三是访问了百货商店和专业商店的进货员，了解各种商店进货员对雨衣式样和类型的要求。通过这样三种方式的调查，他们取得了大量的数据，归纳成 20 张表格。综合起来有下列几种概念：

1. 美国雨衣市场有广阔的前途，预测 1975 年雨衣销售总额可以比调查时增加 20%，达到 2.56 亿美元。如果该产品能占领 10% 的市场，就有 2 560 万美元的销售额。

2. 美国雨衣的最大经销商伦敦·福格公司的产品，占美国市场比重最大，从三年的资料统计，所得的比分远远高于其他任何品牌。但根据向百货商店和专业商店的进货员调查，他们对目前占优势的伦敦·福格公司的品牌深为不满，显然准备欢迎一个强有力的新手进入市场，能够较好地符合他们的经营要求。至于其他公司，如泰姆士公司，完全有实力相匹敌。

3. 从消费者所购买雨衣的价格中观察，无论按收入水平，按年龄分组或按教育水平分组，属于 20～70 元的价格的雨衣购买者最多，而泰姆士公司的产品适中，正好符合美国市场的需要。

4. MBA 还对各种销售渠道进行调查。调查结果认为，泰姆士产品质量较好，这一点正迎合美国消费者的心理，也是争取当地专业商店销售的有利条件。美国许多服装专业商店专门经营优质男女服装，在当地享有较高的信誉，如果把这些专业商店的推销员争取过来，就会立即得到相当大的销售机会。

这个调查，提供了大量的科学依据，并提出了推销战略，对泰姆士公司经理人员做出决策有可靠的依据。因此，对国际市场的调查具有一定的参考价值。

观察法是从侧面观察人们现在和过去的行为以收集市场情况的一种方法。由于被调查人没有意识到自己已受到调查，因而不致产生任何顾虑和拘束，因此有一定的客观性。观察法可为特定的目的专门使用，也可作为调查询问的一种补充。例如，调查人可以从顾客提出的购买单或询问所需要购买的品种、牌号、色泽、包装等要求，来研究商店的备货；从观察不同类型的顾客对不同商品的购买情况和橱窗布置的吸引力，来决定广告的内容；从观察街道行人的穿着和携带商品的情况，来研究产品的设计；用统计乘客人数，进行交通流量调查；统计进商店购买的人次，进行顾客流量调查等。这些手段都是观察法中常见的。为了便于按一定的程序和要求记录观察到的内容并加以归纳，在运用观察法时，就需要预先设计好观察记录表格。在一些工业发达的国家里，还运用电子仪器及机械工具进行这种观察记录的做法。例如，"测录器"是一种特殊设计的附装于家庭电视机上的仪器，可自动将收看的节目记录下来，以分析广告的收看次数；"心理测定器"是测验人们情感的反应；"眼相机"能自动摄下人们的眼部活动和注意力所在，以测定人们对广告的反应。

在美国开展起来并颇为盛行的市场销售稽查是对观察法的一种新发展。例如，美国的一个市场调研公司——尼尔逊公司（A. C. Nielson），每隔六十天为一周期，对选定的商店进行稽查，从侧面深入了解并定期提供尼尔逊零售指数（Neilson Retail

Index)。另一些研究机构,则通过对分销商、零售商的稽查,经常提供关于市场范围、份额、类型、季节性购销以及推销活动的资料。

一、现场观察类调查的含义及优缺点

现场观察类调查方法,是调查人员在市场活动现场对调查对象观察、记录,取得第一手资料的方法。这种方法的特点是调查人员同被调查对象不直接接触,不是向他们提出问题并要求回答,而是利用自身感官(视觉、听觉)和某些器材(录音机、摄像机)对调查对象的活动和现场事实加以考察记录,取得第一手市场资料信息。

这类方法的优点是被调查者的活动不受外在因素的干扰。由于处于自然的活动状态,因而取得的资料真实可靠。采用这种方法,操作简便,成本费用较低。

这种方法也有其不足之处:观察只能看到事物的表面现象,不能深入了解市场内在因素、消费心理变化和市场变化的原因和动机。

观察市场情况,不能走马观花,浅尝辄止,凭一时印象得出结论。只有经过反复观察一段时间,才能得出结果。同时,它要求调查人员必须具有一定的业务技术水平,否则不能看出结果。

在市场调查实践中,采用观察法可以对人(用户、消费者)的行为进行观察,也可以对客观事物进行观察。如在市场活动中,观察行为人的语言、表情、动作、流动情况,从而掌握第一手市场信息。对事物的观察包括对产品生产状况、商品库存情况、销售情况、设备使用情况的了解、判断,得出第一手市场信息。调查人员可以作为一个市场活动的旁观者进行冷静的观察,也可以作为经济活动的一方(订货会业务员、客户、销售人员),身临其境的观察。在观察市场情况中,调查人员要眼看、耳听、手记,要锻炼提高观察能力、判断能力,积累经验,掌握观察法的要领。

二、现场观察类调查的基本方法

(一)直接观察法

直接观察法,是指市场调查人员在商品展销会、订货会、博览会上,在工厂、农田、商店里,在消费者集中的场所或其他场合,直接观察市场活动,取得第一手信息。

直接观察法在市场调查中应用十分广泛。市场调查人员、业务人员、管理人员都可以采用,是了解市场信息、掌握市场动态的简便易行的常用方法。

直接观察法的调查内容可以有:

(1) 商品资源观察

有经验的市场调查员可以在产品生产现场,观察产品生产情况,了解产品生产能力、生产数量,得出产品市场资源的信息。在田间,在畜牧场,通过观察农作物、经济作物生长情况,观察牲畜存栏情况、家禽生长情况,就可以估计出作物产量和肉产品产量、上市量,得出商品资源判断。

(2) 库存观察

这是调查人员通过对工业企业成品库存和商业企业库存场所的观察,了解产品储存条件和储存数量,估计储存成本,进而认识库存商品结构和产销比率等重要的市场信息。

(3) 商品需求调查

在商品需求调查中,可以在商品出售场所,观察购买者的行为特征和在销售现场的活动情况,了解消费者对产品的偏好,对商品的花色、品种、规格、式样、包装、广告的反应,从而认识市场需求的某些外在特征。

(4) 企业经营管理状况调查

这是调查人员通过对厂(店)容、厂(店)貌、商品陈列、宣传、人员流量、员工的工作态度、规章制度、劳动(服务)质量等方面的观察,认识企业的经营管理水平和文化建设信息。

(5) 市场竞争状况调查

这是调查人员通过对参加商品展销会、订货会、展览会的厂家商家展台、活动的观察,了解各厂家产品的质量、品种式样、包装装潢、广告促销活动以及与会人员的业务水平,了解到竞争能力的市场信息。

在直接观察中,市场调查人员要发动业务人员、管理人员,乃至全体人员的积极参与,及时整理、收集、汇总有关信息,并组织大家交流经验,提高观察能力,互相启发,得出对市场信息的科学判断和准确认识。

(二) 现场计数法

在市场中,采用观察法了解市场信息,除了一些对现象的直观认识外,还需要有一些数量的表示。现场计数法就是在市场活动现场,通过一定时间的观察计数,得到定量的市场信息。现场计数主要应用于以下内容:

(1) 商品展销会、博览会、订货会参加人计数

在这些大型的商务活动中,参加人员和到本企业展台停留、问讯、索取资料、洽谈的人数,是市场容量的直观信息。有多少人对本企业产品、劳务服务感兴趣,多少人有深入了解的意愿,多少人有意进一步洽谈,都可以通过现场计数汇总全面信息,从而得到市场需求的第一手资料。

(2) 顾客流量现场计数

为研究商业企业的经营状况和经营潜力,需要观察计数顾客进入商店的总人数、时间分段人数、平日和节假日客流人数,作为企业经营活动的基础信息。

这种顾客流量现场计数,通常选择若干个有代表性的营业日(节假日、平常日、较少客流日),在商店所有出入口布置工作人员,在营业时间全程分时段计数顾客进店人数,然后进行汇总统计,分出日营业高峰时段、低谷时段客流量总数,平常客流量和节假日客流量等内容。这些重要的市场信息,对商业企业改进经营管理,调整劳动组织,合理安排营业时间,进行劳动力调配,具有十分重要的作用。

在市场调查中,采用现场计数工作量较大,工作内容又很单调、枯燥,因此,挑选

安排调查人员时,要选择那些工作态度认真、细致、责任心强的人员承担此项工作,并在劳动报酬、工作的福利安排上予以周到的考虑。

(三)痕迹观察法

这种方法不是观察市场活动本身,而是通过观察市场活动留下的痕迹来收集市场信息。

在商品销售场所、商品展销会以及订货会上,放有留言簿,请用户提出意见;在商品使用说明书或订货会请柬(邀请函)上附有回执单;或在报刊上登载广告附有优惠卡。通过顾客在留言簿的留言,通过收集回执单优惠卡,了解用户反应的市场信息,比较广告宣传效果如何。

近年来,国内外还流行一种调查形式:食品橱观察。调查人员访问居民家庭,要求看一看食品橱,记录食品存放数量、品种、时间,从而得到食品消费的市场信息。这也是痕迹观察法的一种。与此类似的还有,梳妆台化妆品观察,某牌号食品袋、包装袋观察,以此收集化妆品信息和食品消费信息。

还有调查人员从居民垃圾中收集信息。将城市各处生活垃圾抽样收集,清点分类,得到生活消费的市场信息。

此外,现场观察类方法还可以用来了解城市人员流量信息,以此认识市场发展前景。批发市场交易、物流中心活动也可以通过市场观察法了解必要的市场信息。

为减少观察失误,在应用此类方法调查时,要注意以下几点:

(1) 在同一时间内,最好集中精力只观察一种现象,避免干扰;

(2) 观察结果要及时记录、整理,互相核实检查,减少失误;

(3) 在调查中要尽量不影响被调查者活动,使其保持自然的活动状态。

本章知识点回顾

问询类调查方法,是指通过询问的方式向被调查者了解市场情况的一种方法。可以分为面谈问询调查、邮寄调查、电话调查和留置调查。面谈问询调查,是调查人员采取"走出去,请进来"的形式,同被调查者直接面谈,当面了解情况,收集市场反映,询问有关问题的调查方法。调查人员在交谈中,做好记录或事后追记,然后对资料进行整理分析。它是问询调查中最常用的方法之一。面谈调查既可以采用个人面谈方式,也可以采取小组或集体面谈方式,既可以安排一次面谈,也可以进行多次面谈。面谈调查有自由问答、倾向偏差询问和强制选择等三种方式。邮寄调查,是调查人员将设计印制好的调查问卷(表格)通过邮政系统寄给根据抽样原则选定的被调查者,由被调查者按要求填写后再寄回来,调查者根据对回答表格的整理分析,得到市场信息。电话调查,是指通过电话向被调查者询问有关调查内容和征询市场反应的一种调查方法。这是为解决简单的带有普遍性的急需问题而采用的一种调查方法。留置调查,是调查人员将调查表格(问卷)或调查提纲当面交给被调查者,并详细说明调查目的和填写要求,留下问卷,由被调查者自行填写,再由调查人员约定日期收回问卷,进而进行汇总分析的一种市场调查方法。上述各类调查方法是市场调查中常用的,各有利弊,无所谓好坏优劣。究竟应在调查中采用哪种方法,要根据每次调查的具体情况而定。一般应考虑以下因素:调查项目的伸缩性、需要调查资料的范围、调查表及问卷的复杂程度、掌握资料的时效性、调查成本的大小。这主要取决于调查方案的需要和调查者拥有的人力、物力、财力,应在保证调查质量的前提下,根据自身条件,尽量节约,精打细算,以求事半功倍。在实际调查中,往往是多种调查方法并用,或是以一种方法为主,辅以其他方法,取长补短,以取得更好的效果。

实验法就是在新产品投入市场或大批量生产某种商品之前,或者为了改进包装和推销方法,先采取小规模的数据和资料的一种方法。实验调查法应用的范围很广泛。一般而言,改变商品的价格、包装、广告、促销方式、销售渠道、商品陈列等,都可以采用实验调查法测试其效果。常用的实验类调查方法包括:(1)事前事后对比实验,它是对实验对象(如某个经济变量)在前后不同时期给定不同条件,进行对比观察,以分析因变量与自变量的关系。(2)控制组与实验组对比试验,就是将调查对象分为两组,分别给定不同的条件,在同一时间内进行对比实验。两组中,一组叫实验组,即实验单位(企业),按照实验的条件进行实验,另一组就是控制组,亦即非实验单位(企业),按照原有正常情况组织经营活动。最后将两组结果进行对比,以测定实验效果。(3)有控制组的事前事后对比实验,是前两种实验法的结合,它是指控制组事前事后同实验组事前事后之间进行对比的一种实验调查方法。(4)随机对比实验,是指以随机抽样法选定实验单位所进行的实验调查。(5)小规模市场试销的实验调查。是在开发新产品或产品新型号,产品进入一个新市场时,选择一个与整个大市场有高度相似条件的小型市场进行产品试销,在客户和使用购买者中听取意见、了解需求,收集市场信息资料。

现场观察类调查方法,是调查人员在市场活动现场对调查对象观察、记录,取得第一手资料的方法。这种方法的特点是调查人员同被调查对象不直接接触,不是向他们提出问题并要求回答,而是利用自身感官(视觉、听觉)和某些器材(录音机、摄像机等)对调查对象的活动和现场事实加以考察记录,取得第一手市场资料信息。现场观察类调查的基本方法有直接观察法、现场计数法、痕迹观察法。直接观察法,是指市场调查人员在商品展销会、订货会、博览会上,在工厂、农田、商店里,在消费者集中的场所或其他场合,直接观察活动,取得第一手信息。直接观察法的调查内容可以有:商品资源观察、库存观察、商品需求调查、企业经营管理状况调查、市场竞争状况调查等。现场计数主要应用于以下内容:商品展销会、博览会、订货会参加人计数;顾客流量现场计数。痕迹观察法是通过观察市场活动留下的痕迹来收集市场信息。

练习与实训

一、名词解释
1. 问询类调查
2. 邮寄调查
3. 电话调查
4. 留置调查
5. 实验类调查
6. 实验组、控制组
7. 随机对比实验
8. 现场观察类调查

二、填空
1. 问询的具体形式灵活多样,根据调查人员与被调查者接触方式的不同,可以分为(　　)、(　　)、(　　)和留置调查。
2. 一般讲,面谈调查有(　　)、(　　)、(　　)等三种方式。
3. 留置调查是介于(　　)和(　　)之间的一种方法。
4. 常用的实验类调查方法有:(　　)、(　　)、(　　)、(　　)、(　　)。
5. 直接观察法的观察内容包括:(　　)、(　　)、(　　)、(　　)。

三、单选题
1. 一般讲,面谈调查有自由问答、倾向偏差询问和(　　)等三种方式。
   A. 强制选择　　B. 有限选择　　C. 自由选择　　D. 多项选择
2. 留置调查属于(　　)调查。
   A. 询问　　B. 实验　　C. 观察　　D. 现场
3. 投影技术,这是一种(　　)探测被调查人态度的方法。
   A. 直接　　B. 间接　　C. 全面　　D. 重点
4. 一般而言,改变商品的价格、包装、广告、促销方式、销售渠道、商品陈列等,都可以采用(　　)测试其结果。
   A. 询问调查　　　　　　B. 观察调查
   C. 心理调查　　　　　　D. 实验调查
5. (　　)对实验对象(如某个经济变量),在前后不同时期给定不同条件,进行对比观察,以分析因变量与自变量的关系。
   A. 控制组与实验组对比实验
   B. 有控制组的事前事后对比实验
   C. 事前事后对比实验

D. 随机对比实验
6. （　　）调查方法，是调查人员在市场活动现场对调查对象观察、记录，取得一手资料的方法。
   A. 询问　　　　　B. 现场观察　　　　C. 心理　　　　D. 实验

四、问答题

1. 简述面谈调查的形式和优点与不足。
2. 简述面谈调查的询问方式。
3. 简述邮寄调查的优点与不足。
4. 简述电话询问的优点与不足。
5. 简述网络调查的优点与不足。
6. 问卷的基本结构有哪些？
7. 简述市场试销法的具体做法。
8. 简述现场观察类调查的含义及优缺点。
9. 试述直接观察法在市场调查中应用。

五、实训案例

实训案例一：大学生化妆品消费调查问卷（范例）

问卷编号_____
您好！
我是××职业学院市场营销专业大二的学生，为了了解大学生化妆品消费的情况，专门进行此次市场调查。请您给予支持和配合，谢谢！

1. 被调查者的性别是（　　）。
   A. 男　　　　　　　　　　　　B. 女
2. 您是大（　　）的学生。
   A. 一　　　　　B. 二　　　　　C. 三
3. 您家在（　　）。
   A. 城镇　　　　　　　　　　　B. 乡村
4. 您认为大学生需要使用化妆品吗？（　　）
   A. 需要　　　　　　　　　　　B. 不需要
5. 不需要使用是因为（　　）。
   A. 不习惯　　　　　　　　　　B. 没必要
   C. 怕人说　　　　　　　　　　D. 太花钱（谢谢！终止调查）
6. 您认为使用护肤品的主要目的是（　　）。

    A. 健康 B. 美丽 C. 礼貌 D. 适应社会
7. 您的皮肤类型是( )。
    A. 中性 B. 干性 C. 油性 D. 不知道
8. 您每月都要购买化妆品吗?( )
    A. 是 B. 不是
9. 影响您购买化妆品的主要因素是( )。
    A. 质量 B. 功能 C. 价格 D. 广告宣传
10. 请问您平时使用的护肤霜是什么品牌?(限选两项)( )
    A. 丁家宜 B. 小护士 C. 雅芳 D. 大宝
    E. 隆力奇 F. 美加净 G. 佳雪 H. 李医生
    I. 东洋之花 J. 其他
11. 在选用化妆品时,你喜欢的种类有( )。
    A. 中草药 B. 纯天然
    C. 香薰配方 D. 婴幼儿专用(强生)
12. 您认为买护肤霜是为了( )。
    A. 保护皮肤 B. 抗衰老 C. 防紫外线 D. 保湿
    E. 其他
13. 假如您去购买护肤霜,您主要考虑的因素有(限选三项)( )。
    A. 适合皮肤 B. 质量好 C. 价格合适 D. 包装吸引人
    E. 时尚 F. 广告促销 G. 品牌知名度 H. 上档次
    I. 其他
14. 请问您购买的护肤霜价格一般为( )。
    A. 20元以下 B. 20~50元 C. 50~100元 D. 100元以上
15. 您平均每月用于化妆品的花费大约为____元。
16. 您购买护肤品的渠道是( )。
    A. 品牌点店购买 B. 超市购买
    C. 网上订购 D. 上门推销
17. 您选用化妆品时,首先想知道的信息是( )。
    A. 产品功效 B. 是否安全
    C. 价格 D. 进口还是国产 E. 其他
18. 您选的化妆品店吸引您的特点是( )。
    A. 化妆品种类多质量好 B. 购买环境好
    C. 服务周到 D. 价格合理
19. 对于进口化妆品您比较喜欢什么品牌?( )
    A. 玉兰油 B. 雅芳 C. 资生堂 D. 兰蔻
    E. 欧莱雅 F. 美宝莲 G. 其他 H. 没使用过

20. 请您谈谈对大学生化妆品消费的看法。

再次感谢您！祝您健康美丽，青春永驻！

实训案例二："谷一茶饮"的市场调查报告（范例）

一、调查目的

"谷一茶饮"作为一种绿色天然饮料将要大规模地进军竞争本已十分激烈的饮料市场。但是，茶叶作为一种饮料被人们所接受的程度究竟如何呢？长期以来形成的泡热茶的消费心理在人们心中已经根深蒂固，"谷一茶饮"作为冷茶饮料，将向这种传统的消费心理挑战，并在竞争激烈的饮料市场中争得一席之地。通过此次调查，我们将了解消费者对冷茶饮料特别是"谷一茶饮"的喜好程度，对"谷一茶饮"的包装、价格的接受程度和意见，并据此预测"谷一茶饮"的市场前景及准确判定目标消费者，为"谷一茶饮"大规模进军市场的总体营销及广告策划提供依据和参考意见。

二、调查贡献

本次调查共发出调查问卷1 350份，收回有效问卷798份。它对消费者的消费心理、习惯、场合、依据、产品的知名度、质量以及竞争对手情况等进行了调查了解，取得了可靠的第一手资料，为"谷一茶饮"大规模进军市场提供了事实依据和理论依据。

1. 产品知名度的调查。"谷一茶饮"在湖南市场已投入前期广告经费20万元，并已试销。但它的效果如何？是不是为"谷一茶饮"大规模占领湖南市场扫除了人们的认识障碍？为此，我们设计了产品知名度一题，对762人进行调查。在四个备选答案中，"没听说过"的占42.73%；"喝过"的占12.37%；"只听说过"的占19.5%；选"想买来试一试"的占38.14%。由此可见前期的广告策略不是最好的，产品的知名度还有待进一步提高。

2. 消费者消费心理的调查。冷茶能否长期保质是人们普遍关心的问题。经过调查，认为"也许能"的占43.84%；认为"不能"的占20.7%；认为"能"的占35.39%。

3. 消费者消费习惯的调查。消费习惯对消费者的消费行为有着决定性的影响作用，有63.88%的消费者对饮料的购买属随意购买，但看重品牌的也占一定比例。

4. 消费场合的调查。流动人口多的地方是产品的主要消费场合。

5. 消费者消费依据的调查。把"口味"作为依据的占11.09%；选"品牌"的占6.95%；把饮料的"解渴"功能作为选择依据的占42.63%；选"洁净卫生"的占39.31%。

6. "谷一茶饮"产品本身的调查。我们带着样品对部分消费者进行了访谈，对"谷一茶饮"的质量、外观、价格等进行了调查。

（1）"谷一茶饮"作为新一代绿色保健饮料，欣赏它的洁净卫生占22.9%；欣赏它携带方便的占38.19％；欣赏它的品味的占12.13％；欣赏它的保健功能的占26.87％。从数据上分析，人们把"谷一茶饮"还是划入了大众饮料的行列，人们对"谷一茶饮"的了解还是不够的。同时，我们也要重视那26.87％的比例，尽管它比38.1％少了近11个百分点，但它代表了消费者消费饮料的趋势。

(2)"谷一茶饮"外观造型的好坏对产品的销售有着直接的影响。调查结果表明，产品的外观造型还不尽如人意。

(3)"谷一茶饮"作为新产品投入市场，适宜的价格有助于它迅速占领市场份额，而作为饮料，又属于敏感价格产品，价格的微小变动都会对销量产生巨大的影响。调查结果表明，对照市场上其他饮料的价格，消费者对"谷一茶饮"价格的理解还是比较合理、公正的。

7. 消费者基本情况调查（略）

三、对调查问题的解答

1. 产品本身存在的问题。部分消费者使用样品后，对"谷一茶饮"的包装、质量、价格等方面提出了他们的意见。

现销产品的包装不尽如人意，还要做很大的改进。首先，密封不严，甚至漏水，这样将会影响产品的保质期和质量；其次泡沫太多，这跟密封问题不能说没有关系，由于泡沫太多，在调查中许多消费者都不敢品尝，在现实销售中这样将会使销售量大幅度降低。

现销产品的外观造型，特别是外围那层薄膜，可以说是粗制滥造，从而降低了"谷一茶饮"的档次。

质量是产品的生命，优质才有优价。作为新产品，并且是对即开即食与消费者健康密切相关的饮料来说，质量显得更为重要。从样品来看，现销"谷一茶饮"的质量还亟待提高，沉淀物应尽量减少。

由于"谷一茶饮"是即开即食且能多次冲泡的饮料，因此在调查中许多人提到了防伪标志。对此建议公司应引起高度重视。

在对消费者消费饮料的依据调查中，42.63％的人选择的是"解渴"。可见，实惠是消费者消费饮料的根本依据。在这方面，消费者对"谷一茶饮"也颇有微词，好的质量还没有得到消费者的认同。

2. 市场前景的分析。茶叶被称为21世纪的"世界饮料之王"，它含有多种人体所必需的营养成分和药效成分。

(1) 消费者消费习惯和产品本身的分析

消费依据：42.63％的消费者认为，他购买饮料的目的是为解渴。可见实惠是人们对饮料消费的依据。

消费场合：接受调查者中，67.75％的人选择在火车上或游逛公园时，可见，外出是消费者购买饮料的主要场合。

消费习惯：调查中63.88％的人购买饮料有很大的随意性。

消费心理：有26.87%的人欣赏"谷一茶饮"的保健功能，这是"谷一茶饮"的一个优势，可以利用这个优势从心理上占领消费市场。

消费趋势：由于人们生活水平的提高，对饮料的消费越来越趋向多功能，特别是保健功能备受人们的喜爱，而这又恰恰是"谷一茶饮"目前为止在饮料界所独有的。

综上所述，可得出结论："谷一茶饮"具有其他饮料所没有的保健功能，适应饮料消费的发展趋势，市场前景比较理想。

(2) 从市场需求预测产品的市场前景。

市场需求是各种条件结合起来的一个变量。任何有用产品，在不支出任何刺激需求的费用时，仍会有一个基本市场需求量，即市场下限。但在现代广告社会中推出一种产品，不支出营销费用是不可能的。随着市场营销费用支出额的增加，市场需求水平也应相应提高，提高的速度最初为递增，后降为递减，最后达到某一点。在这一点上，无论怎样增加营销投入，需求量也不会再增加，即市场上限。

"谷一茶饮"现在的年生产能力是36万瓶。月销售量为2.5万瓶左右，现销地区为湖南、江苏、上海二省一市。由此可以知道，产品的市场下限量是很低的。但人们对新事物的承认有一个认知的过程。在投入期，营销投入额大，但市场需求量增长缓慢，公司在投入营销支出后的短期内不会收到很明显的效果。真正好的产品，当它的营销支出达到一定的程度，人们对它有了足够的认识后，只要再增加小部分的营销支出，市场需求就会大幅度增加。从市场需求预测可以得知，"谷一茶饮"的市场潜力是巨大的，市场前景是广阔的。

3. 目标消费者的定位

(1) 产品的档次定位

"谷一茶饮"属技术密集型高科技产品，因此它的档次不应定得太低。但是，它同时又属于大众消费品，广大消费者对大众饮料的购买标准是实惠、卫生、方便，饮料又属敏感价格类产品，因此"谷一茶饮"的档次又不宜定得太高。综合各方面的因素，"谷一茶饮"的档次定位为中档或中档偏上类型新型饮料为好。

(2) 目标消费层次

在判断目标消费时，应着重考虑如下因素：

消费场所：应定位为家庭以外的所有公众场所，既包括宾馆、酒店、写字楼、夜总会等高档场所，又包括车站、码头、列车上等非高档场所。

消费年龄：适用于所有需要它的消费者。

消费者收入水平：主要应是具有中等收入水平以上的消费者。

据此，可以判定目标消费者应是出入公众场所且具有一定收入水平的消费者。

四、可行性建议

1. 产品开发建议。"谷一茶饮"正处于投入期——成长期前期。"谷一茶饮"要想迅速进入成长期和成熟期，产品开发方面应着重考虑下面几点：

(1) 集中技术力量克服新产品质量不稳定的弊病。

(2) 现销产品的包装陈旧落后，与它"中档"以上产品定位不相符合。在正式进入市场前，必须紧急研制出一种新的受大众认可的包装。

(3) 不同消费者对喝茶有不同的爱好。公司目前还只开发出一种茶饮。为满足不同消费者的需求，公司应在巩固完善现有的品种的基础上，开发生产不同的品种、不同口味的茶饮，形成系列化，有效地占领市场份额。

(4) 在产品的包装设计上，应采用异类型包装策略和等级包装策略，用不同的包装风格和色调，满足不同消费心理的消费者。

(5) 采用名人品牌策略。由于李谷一女士是国内外的知名人士，公司可以采用名人效应，进行有效地策划宣传，以创名牌为目标，把其广告投入额最大限度地变成无形资产，巩固和提高品牌形象。

2. 产品定价建议。"谷一茶饮"虽属国内首创产品，但非垄断产品，国内几家茶饮开发企业也在积极努力。因此，"谷一茶饮"的近期定价应以树立企业形象为目标。

根据"谷一茶饮"的产品定位和产品特征，我们认为采用需求导向定价法为好。从调查结果看，3~4元是消费者比较乐意接受的价格，产品的试销价为3.5元。但我们认为，在产品的投入期和成长期前期，作为新产品，款新，量小，需求弹性大，又属于中档以上饮料。它成本相对过高，因此它的价格也不宜定得太低，否则将会失去调价的主动权。参照公司在这个时期的生产能力和调查结果，我们认为，近期内"谷一茶饮"的市场价应为4~5元之间为宜。但随着公司生产的规模化和生产能力的增大，单位成本下降，价格也要做相应的调整，那时的价格应回到3~4元之间。也就是说，产品的价格策略是分段进行的，这样的定价策略有利于建立名牌形象和掌握调价的主动权。

3. 营销建议

(1) 营销策略。根据产品的其他策略，"谷一茶饮"的营销策略应把握如下重点：

在产品初创时期即近期内的营销应以扩大企业及产品知名度为目标，营销过程中应贯彻创名牌饮料的思想。进入成长期后，应随市场变化修改营销计划，重新制定产品价格，营销中心以扩大市场占有率为目标。营销的起点和终点都是产品，企业应在产品的质量方面做出保证。目前，最重要的是产品的包装，须立即改进。在资金允许的情况下，可以考虑引入CI策划。

(2) 营销渠道。根据"谷一茶饮"产品的特征和企业的生产能力、人员能力以及对市场的分析，我们认为企业应分地区拍卖总经销权。这样，一可以回收一部分资金；二可以减少公司的营销人员和营销支出；三是新产品的问世目前一般都采取总经销制，以迅速打开产品的销路。

(3) 营销促进。"谷一茶饮"作为新产品投放市场，消费者对它还没有足够的了解，因此必须实行必要的促销手段。如今的饮料市场品牌繁多，竞争激烈，促销手段的运用更是重要。"谷一茶饮"是一种销售范围广、消费者分散的产品，它的营销促进组合应采用内引为主的拉式策略,即以广告、宣传和公共关系为主,人员推销和营业推广为辅的策略,营销促进中企业要特别注重广告、宣传的作用。

营销促进中应有这几个内容:① 利用李谷一的名人效应;② 突出"谷一茶饮"的独特功能;③ 可以采用幸运中奖这一策略;④ 以创名牌为目标就有个品牌形象的问题,公司应充分参与社会的活动,树立良好的社会形象。

(4) 营销地区选择。根据公司的实际情况,"谷一茶饮"促销目标在近期内应选取一、二个主要地区作为首攻方向,也就是集中优势兵力先攻重点阵地的作战方针。产品现销地区为湖南、江苏、上海。我们认为,公司应先在这中间选取目标作为重点营销促进地区,先占领地区性市场,再辐射全国。另外,公司也可考虑广东及珠江三角洲这个全国开放的窗口。这个地区的一举一动对全国都有示范作用,且经济发达,购买力强,流动人口多。更重要的是,这个地区对世界也有影响作用,每年的广交会规模大,影响深远,公司可以利用这个地区把产品迅速打入国际市场。

实训案例三:大学生对 MP4 需求情况市场调查方案

1. 前言

MP4 是一种集娱乐性和学习性于一体的小型电器,因其方便使用而在大学校园内广为流行。为了解 MP4 产品的市场占有率、评估 MP4 行销环境并制定相应的营销策略,预先进行 MP4 市场调查大有必要。

本次市场调查将围绕市场环境、消费者和竞争者为中心来进行。

2. 调查目的

要求详细了解 MP4 市场各方面的情况,为该产品制定科学合理的营销方案提供依据,特撰写此市场调查计划书。

全面摸清企业品牌在消费者中的知名度、渗透率、美誉度和忠诚度。

全面了解本品牌及主要竞争品牌在市场的销售现状。

全面了解目前主要竞争品牌的价格、广告和促销等营销策略。

了解消费者对 MP4 消费的观点和习惯。

了解在校学生的人口统计资料,预测 MP4 的市场容量及潜力。

3. 调查内容

市场调查的内容要根据市场调查的目的来确定。市场调查分为内、外调查两个部分,此次 MP4 市场调查主要运用外部调查,其主要内容有以下几个方面。

(1) 行业市场环境调查

主要的调查内容有:

① MP4 市场的容量及发展潜力;

② MP4 行业的营销特点及行业竞争状况;

③ 学校教学和生活环境对该行业发展的影响;

④ 当前 MP4 种类、品牌及销售状况;
⑤ 该行业各产品的经销网络状态。
(2) 消费者调查
主要的调查内容有:
① 消费者对 MP4 的购买形态(购买过什么品牌、购买地点、选购标准等)与消费心理(必需品、偏爱、经济、便利、时尚等);
② 消费者对 MP4 各品牌的了解程度(包括功能、特点、价格、包装等);
③ 消费者对品牌的意识、对本品牌及竞争品牌的观念及品牌忠诚度;
④ 消费者月平均开支及消费比例的统计;
⑤ 消费者理想 MP4 的描述。
(3) 竞争者调查
主要的调查内容有:
① 主要竞争者的产品与品牌的优势和劣势;
② 主要竞争者的营销方式和营销策略;
③ 主要竞争者的市场概况;
④ 本产品主要竞争者的经销网络状态。
(4) 调查对象及抽样

因为 MP4 在高校的普遍性,全体在校学生都是调查对象,但因为家庭经济背景的差异,全校学生月生活支出还是存在较大的差距,导致消费购买习惯的差异性,因此他们在选择 MP4 的品牌、档次、价格上都会有所不同。为了准确、快速地得出调查结果,此次调查决定采用分层随机抽样法:先按其住宿条件的不同分为两层(住宿条件基本上能反映各学生的家庭经济条件)——公寓学生与普通宿舍学生,然后再进行随机抽样。此外,分布在校内外的各经销商、专卖店也是本次调查的对象,因其规模、档次的差异性,决定采用判断抽样法。

具体调查情况如下:
消费者(学生):300 名,其中住公寓的学生占 50%;
经销商:10 家,其中校外 5 家;
大型综合商场:1 家;
中型综合商场:2 家;
专卖店:2 家。
消费者样本要求:
家庭成员中没有人在 MP4 生产单位或经销单位工作;
家庭成员中没有人在市场调查公司或广告公司工作;
消费者没有在最近半年中接受过类似产品的市场调查测试;
消费者所学专业不能为市场营销、调查或广告类。
4. 调查员的规定与培训

(1) 规定

① 仪表端正、大方。

② 举止谈吐得体,态度亲切、热情。

③ 具有认真负责、积极地工作精神及职业热情。

④ 访员要具有把握谈话气氛的能力。

⑤ 访员要经过专门的市场调查培训,专业素质好。

(2) 培训

培训必须以实效为导向,本次调查人员的培训决定采用举办培训班、集中讲授的方法,针对本次活动聘请经验丰富的调查人员面授调查技巧和经验,并对他们进行思想道德方面的教育,使之充分认识到市场调查的重要意义,培养他们强烈的事业心和责任感,端正工作态度和作风,激发他们对调查工作的积极性。

5. 人员安排

根据调查方案,在某大学及市区进行本次调查需要的人员有3种:调查督导、调查人员和复核员。具体配置如下。

调查督导:1 名。

调查人员:20 名(其中 15 名对消费者进行问卷调查、5 名对经销商进行深度访谈)

复核员:1~2 名(可由督导兼职,也可另外招聘)。

如有必要,还将配备辅导督导(1 名),协助进行访谈、收发和检查问卷与礼品。问卷的复核比例为全部问卷数量的 30%,全部采用电话复核方式,复核时间为问卷回收的 24 小时内。

6. 市场调查方法及具体实施

(1) 对消费者以问卷调查为主。具体实施方法如下:在完成市场调查问卷的设计与制作及调查人员的培训等相关工作后,就可以开展具体的问卷调查了。把调查问卷平均分发给各调查人员,统一选择中餐或晚餐后这段时间开始调查(因为此时学生们多待在宿舍里,便于集中调查,能够给本次调查节约时间和成本)。调查员在进入各宿舍时说明来意,并特别声明在调查结束后将赠送被调查者精美礼物一份,以吸引被调查者的积极参与,得到正确有效地调查结果。调查过程中,调查员应耐心等待,切不可督促。记住一定要求其在调查问卷上写明学生姓名、所在班级、寝室和电话号码,以便以后的问卷复核。调查员可以在当时收回问卷,也可以第二天收回(这有利于被调查者充分考虑,得出更真实有效地结果)。

(2) 对经销商以深度访谈为主。由于调查形式不同,对调查者所提出的要求也有所差异。与经销商进行深度访谈的调查者(访员)相对于实施问卷调查的调查者而言,其专业水平要求更高一些。因为时间较长,调查员对经销商进行深度访谈以前,一般要预约好时间并承诺付予一定报酬。访谈前调查员要做好充分的准备,列出调查要了解的所有问题。调查者在访谈过程中应占据主导地位,把握整个谈话的方向,能够准确选择谈话内容,快速做好笔记,以得到真实有效地调查结果。

7. 调查程序及时间安排

市场调查大致来说可分为准备、实施和结果处理3个阶段。

准备阶段:它一般分为界定调查问题、设计调查方案、设计调查问卷或调查提纲3个部分。

实施阶段:根据调查要求,采用多种形式,由调查人员广泛收集与调查活动有关的信息。

结果处理阶段:将收集的信息进行汇总、归纳、整理和分类,并将调查结果以书面的形式——调查报告表述出来。

在客户确认项目后,有计划地安排调查工作的各项日程,以规范和保证调查工作的顺利实施。按调查的实施程序,可分七个小项来对时间进行具体安排:

调查方案、问卷的设计:3个工作日;

调查方案、问卷的修改、确认:1个工作日;

项目准备阶段(人员培训、安排):1个工作日;

实地访问阶段:4个工作日;

数据预处理阶段:2个工作日;

数据统计分析阶段:3个工作日;

调查报告撰写阶段:2个工作日;

论证阶段:2个工作日。

8. 经费预算

(1) 策划费:1 500元;

(2) 交通费:500元;

(3) 调查人员培训费:500元;

(4) 公关费:1 000元;

(5) 访谈费:1 000元;

(6) 问卷调查费:1 000元;

(7) 统计费:1 000元;

(8) 报告费:500元。

总计7 000元。

实训案例四:是梦境?还是现实?

约翰·史密斯和吉姆·布朗,两个高级中学的教员,已对教学工作十分厌倦。每当约翰和吉姆在一起吃午饭时,总是讨论着如何经商的问题,但是因为他们每个人只有2 000加元的积蓄,始终未能形成一个合理的投资方案。一场小型高尔夫球赛实况转播唤起了他们的联想。"约翰,我似乎踩着了一个蕴藏丰富的金矿!我们为何不能在温泽建个小型高尔夫球场?""嗯……对,吉姆,后天是周末,咱们去调查"。

温泽是加拿大第十大城市。要在这超过20万人的重工业城市进行调查不是件容易事。于是,他们进行了周密的策划之后,开始了市场调查。调查和分析情况如下:

1. 竞争情况

温泽现有两个小型高尔夫球场,但球场的质量很差。因此,新的高尔夫球场如果根据普通规格比赛的要求,以优质材料建成,就会把所有的顾客都吸引过来。

2. 备选场所

丹德文希尔购物中心是温泽地区最大的商业中心,它拥有月顾客量在80万~90万之间,且有巨大的停车场,是非常理想的场所。该购物中心的总经理是英国剑桥公司的副总裁罗伯特先生。约翰和吉姆拜见了罗伯特,罗伯特对此事十分感兴趣,建议他们把高尔夫球场建在停车场的入口处。罗伯特不打算亲自介入,但要取得全部球场收入的15%作为土地租用费。罗伯特希望约翰和吉姆先回去,完成了详细的财务估算后,再进行磋商。

3. 顾客分析

约翰和吉姆调查了顾客可能光顾小型高尔夫球场的动机,情况见下表。

顾客光顾未来高尔夫球场的动机

原　因	少年儿童(人数)	成年男子(人数)	成年女子(人数)
个人娱乐	6	6	5
家庭娱乐	12	10	8
社交和邀请赛	5	10	8
地点方便	6	7	10
时间方便	7	3	5
总人数	36	36	36

初步调查分析表明,顾客光顾的动机主要是:家庭娱乐、社交及地点方便。在此基础上,他们进行了两项更深层次的顾客调查。

首先,他们对自己学校的学生进行了调查。下面是调查得出的一些具体数据(年龄14~18岁,人数300):

Ⅰ. 性别

男　144人　　　　　女　156人　　　　总数　300人

Ⅱ. 你夏天去丹德文希尔购物中心吗?

是　253人　　　　　否　47人　　　　　总数　300人

A. 如果去,你会在那里玩高尔夫球吗?

	是	否	可能
男	99	12	7
女	97	24	14

B. 如果不去是否愿意专程到丹德文希尔购物中心去打高尔夫球?

	是	否	可能
男	4	11	11
女	4	10	7

Ⅲ. 你的家人是否愿意与你一起去玩高尔夫球?

	是	否	可能
A. 比你年长的	85	61	154
B. 比你年小的	126	33	141

Ⅳ. 你愿与你的异性朋友一起玩高尔夫球吗?

	没回答	是	否	可能
男	24	80	14	26
女	32	82	10	32

Ⅴ. 你认为每盘球75分钱是一个低价、合理价还是高价?

	过低	合理	过高
男	14	96	34
女	4	134	18

以上第一项调查表明:大部分学生愿意打高尔夫球;300人中有204人愿意去,其中约有50%的学生借此来约会;约76%的学生认为每盘75分钱(加元)是一个比较合理的价格,仅有17%的学生认为这一价格太贵。

第二项调查则访问了200名社会上的成年人。结果是:顾客愿意在购物时顺便玩玩的有42人,约占25%。

4. 环境调查

温泽市人均月工资为784加元,高于全国工资人均数638元;每天来丹德文希尔购物中心的顾客为2.7万至3万,愿意玩高尔夫球的每天有6、7千人,假期间由于学生们参加人数会剧增;丹德文希尔购物中心对温泽市大部分居民来说,不超过15分钟的汽车路程。另一个重要的信息是,从5月至9月的5个月中,温泽平均有104天是无雨的。

5. 规模与成本估算

(1) 收入。场地有限,只能设置18个洞。每4人1洞,1小时4盘,1天可营业12小时,这样就有:4×1×18×12=864,球场每天可打864盘,需要有3456人参加,每天毛收入为648元,扣除土地租用费97元,还剩551元。附设一个小商店每天利润104元。

(2) 建设成本。修建18个洞、一个附带商店、围栏和其他各种开支在内的总成本为7 260加元(场地借用购物中心的巨大停车场东南角)。总共才拥有4 000加元的约翰和吉姆想到了他们工艺班的学生,他们请学生们来帮助修造,因而只需花费1 260加元。

(3) 运营开支。租借购物中心的球和棍,每月仅需200加元,按月付租金。就雇佣人员而言,如果每小时1.50元工资,每天12小时,5个月104个无雨天,只需雇佣1个人,工资按周付出。他们决定从上午10点到下午10点开放,这样,$1.50 \times 12 \times 104 = 1\,872$元,则共需支付给雇员工资为1 872元。

"必须让顾客们事先知道这个高尔夫球场"吉姆说。当地的《温泽星报》拥有58 000订户,在该报上做一个全页的、半页的、1/4和1/8页的广告分别需1 292元、646元、320元和160元。而地方摇滚乐电台CKLW的广告每30秒钟收费从一般时间的28元到黄金时间的100元不等。"对,我们要做一个全页的广告,还要在黄金时间播放一周!"约翰说。

6. 决策

"我们仅有4 000加元,必须再盘算盘算。"约翰和吉姆将创业总费用见下表。

"看来,我们将工资填入一部分就够了!"约翰和吉姆很兴奋,立即向购物中心的罗伯特先生出示了费用估算清单和存款单。罗伯特赞同了他们的计划。几个月后他们的小型高尔夫球场开业了。

创业费用成本表

建设费	1 260元
租 金	200元
押 金	1 000元
雇员工资	374元
报纸广告费	1 292元
电视广告费	700元
总 计	4 826元

7. 尾声

许多年过去了,记者来到了这里。丹德文希尔购物中心依然是加拿大温泽市最大的商业中心。在购物中心巨大停车场的东南角,依然是一个小型的高尔夫球场,但它只是免费供人们娱乐的场所。"它只不过是我和约翰的纪念品,是我们创业的标志,我们要让它永远留在这儿供顾客们开心"丹德文希尔购物中心的老板吉姆·布朗说。

市场调查真有如此大的魔力?约翰和吉姆的成功已给了肯定的回答。我们应更多地考虑的则是在决策前,如何进行客观的、科学的调查,同时应当看到,决策的成功还取决于天时、地利、人和等多种因素。

案例思考：
1. 约翰和吉姆的成功，当时取决于哪些条件？最主要的因素是什么？
2. 对于约翰和吉姆的 4 000 加元创业，你有何感受？

第三章 市场调查技术

📂 **本章结构图**

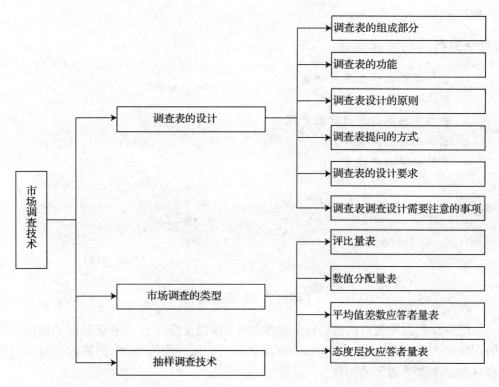

任务导入

百货店的调研

杰罗姆的客户是中等或中等以上收入的群体,商店以经营质量上乘、耐穿而不太时尚的服装著称。该商店同时也出售流行的化妆品,像所有声誉良好的百货店一样,该商店有各种各样的商品,如瓷器、珠宝的软家具与陈列品等。该商店还曾一度销售过主要的家用电器,但是由于竞争太激烈,最后决定从该市场撤离出来。

在过去的 12 个月中,该商店经历了服装销售的缓慢下滑。管理层感到也许是由于该店所提供的服装对潮流不是很敏感,于是该店决定进行市场调查,以确定是否应该在男士、女士、儿童服装部多储备一些服装。该商店计划在消费者家中进行调查访谈,调查将持续一个半小时左右。杰罗姆计划向调查对象展示所能增加的许多潜在产品线,包括服装设计师的服装样板及相关信息。调查成本是管理层关心的问题,因此,管理层特别关注应该进行的调查数量,因为这将显著影响调查的整体成本。

阅读材料,回答以下问题:杰罗姆如何着手进行市场调查?该公司可以采用哪种抽样方法?

学习目的与技能要求

1. 了解调查表的含义及功能
2. 理解调查表设计的原则
3. 熟悉掌握调查表设计的步骤
4. 掌握态度测量表法
5. 掌握抽样调查技术

第一节 调查表设计

【案例 3.1】调查问卷

您好!我们是北京信息科技大学的学生,我们正在进行一项有关运动休闲服饰的市场调查,现在打扰您一些时间,麻烦您帮我们做一份问卷,您的答案将对我们很有帮助。非常感谢您的配合!

一、问答题

1. 您在最近是否购买过休闲服饰?
   A. 是   B. 否

2. 您比较能接受的运动服装价格是?
   A. 100 以内   B. 100~200   C. 200~300   D. 400 以上
3. 在购买休闲服饰时,您是否会受产品品牌的影响?
   A. 完全没有影响   B. 有一定影响
   C. 有较大影响   D. 完全由品牌影响
4. 您购买休闲服饰的主要原因是?
   A. 赠送礼品   B. 追求潮流
   C. 一时冲动   D. 生活要求   E. 其他
5. 请问您一般选择在什么时候购买休闲服饰?
   A. 新品上市   B. 促销打折   C. 换季打折   D. 节假日
   E. 随意(无所谓)
6. 在选择品牌休闲服饰时,你最重视哪些因素?(多选)
   A. 品质   B. 价格   C. 服务   D. 款式
   E. 推广方式   F. 舒适合体   G. 体现个性   H. 品牌形象
   I. 流行性   J. 服务功能性 K. 店铺装修与陈设
   L. 颜色搭配及面料   M. 其他
7. 您购买该类运动服装的频率是?
   A. 不固定   B. 平均一月购买一次
   C. 平均一季度购买一次   D. 平均一年购买一次
   E. 其他
8. 您购买前的信息来源主要是?(多选)
   A. 亲友建议   B. 媒介广告宣传   C. 网络资料
   D. 现场销售人员的介绍   E. 以前自己使用的经验
   F. 逛街偶尔发现   G. 其他
9. 您最喜欢哪种风格的休闲服饰设计?
   A. 凸显个性   B. 清新自然   C. 传统雅致
   D. 时尚动感   E. 其他
10. 您最经常购买的运动休闲服装品牌是?
    A. ADIDAS   B. 真维斯   C. NIKE   D. 李宁
    E. 森马   F. 其他
11. 您最喜欢以下哪种促销推广方式?(多选)
    A. 折扣促销   B. 赠品促销   C. 特价促销
    D. 累计消费反现 E. 有奖销售 F. 贵宾卡促销
    G. 其他
12. 请问您认为选择以下哪种人士作休闲服饰的品牌代言人比较合适
    A. 影视明星   B. 歌星   C. 模特

D. 成功人士　　　　　E. 体育明星　　　　　F. 其他

13. 您认为最易令你留下深刻印象的广告是什么？（多选）
    A. 电视广告　　　　B. 户外广告　　　　C. 车身广告
    D. 报刊杂志广告　　E. 广播　　　　　　F. 服装展览会
    G. 互联网广告、店铺广告　　　　　　　H. 其他（请注明）

14. 对于以下销售场所特点符合要求请画"√"相对较差请画"×"。

特点 场所	价格便宜	环境优雅	服务热情	款式新颖	质量优异	售后服务
物美大卖场						
商贸城						
各品牌的专卖店						
外贸休闲店						
大学生活区						

15. 请问您通常在以下哪些场所购买休闲服饰？
    A. 中心商业街的专卖店　　　　B. 一般街道的临街店铺
    C. 百货商店/大型综合超市　　　D. 服装批发市场
    E. 其他

16. 请问您选择购买地点的主要原因是什么？（多选）（　　）
    A. 周边环境好　　B. 购物方便　　C. 从众心理　　D. 店铺装潢好
    E. 服务水平高　　F. 个人习惯或喜好　　G. 其他

二、基本资料

1. 您的性别？（　　）
    A. 男　　　　　B. 女

2. 您每月用于购买休闲服饰的资金大概是？（　　）
    A. 500 以内　　B. 501～1 000　　C. 1 001～2 000　　D. 2 001 以上

3. 您的职业（　　）
    A. 学生　　　　B. 蓝领　　　　C. 白领　　　　D. 退休
    E. 待业

4. 您的月收入范围（　　）
    A. 1 000 以下　　B. 1 001～3 000　　C. 3 001～5 000　　D. 5 001 以上

再次感谢您的配合！

　　调查表又称调查问卷或询问表，它是社会调查的一种重要工具，用以记载和反映调查内容和调查项目的表式。

一、调查表的组成部分

一份正式的调查表一般包括以下三个组成部分：

第一部分：前言。主要说明调查的主题、调查的目的、调查的意义，以及向被调查者表示感谢。

第二部分：正文。这是调查表的主体部分，一般设计若干问题要求被调查者回答。

第三部分：附录。这一部分可以将被调查者的有关情况加以登记，为进一步的统计分析收集资料。

二、调查表的功能

① 能正确反映调查目的，具体问题，突出重点，能使被调查者乐意合作，协助达到调查目的。

② 能正确记录和反映被调查者回答的事实，提供正确的情报。

③ 统一的问卷还便于资料的统计和整理。

调查表的设计是市场调查的重要一环。要得到对你有益的信息，需要提问确切的问题。最好通过提问来确定一个问题的价值：你将如何使用调查结果？这样做可使你避免把时间浪费在无用或不恰当的问题上。要设计一份完美的调查表，不能闭门造车，而应事先做一些访问，拟订一个初稿，经过事前实验性调查，再修改成正式调查表。

三、调查表设计的原则

调查表设计时应注意如下原则：

① 调查表上所列问题应该都是必要的，可要可不要的问题不要列入。

② 所问问题是被调查者所了解的。

所问问题不应是被调查者不了解或难以答复的问题。使人感到困惑的问题会让你得到的是"我不知道"的答案。在"是"或"否"的答案后应有一个"为什么"？回答问题所用时间最多不超过半小时。

③ 在询问问题时不要转弯抹角。

如果想知道顾客为什么选择你的店铺买东西，就不要问："你为什么不去张三的店铺购买？"你这时得到的答案是他们为什么不喜欢张三的店铺，但你想了解的是他们为什么喜欢你的店铺。根据顾客对张三店铺的看法来了解顾客为什么喜欢你的店铺可能会导致错误的推测。

④ 注意询问语句的措辞和语气。在语句的措辞和语气方面，一般应注意以下几点：

问题要提得清楚、明确、具体。

要明确问题的界限与范围，问句的字义（词义）要清楚，否则容易误解，影响调查结果。

避免用引导性问题或带有暗示性的问题。诱导人们按某种方式回答问题使你得到的是你自己提供的答案。

避免提问使人尴尬的问题。

对调查的目的要有真实的说明,不要说假话。

需要理解他们所说的一切。利用调查表做面对面访问时,要注意给回答问题的人足够的时间,让人们讲完他们要讲的话。为了保证答案的准确性,将答案向调查对象重念一遍。

不要对任何答案作出负面反应。如果答案使你不高兴,不要显露出来。如果别人回答,从未听说过你的产品,那说明他们一定没听说过。这正是你为什么要做调查的原因。

四、调查表提问的方式

调查表提问的方式可以分为以下两种形式:

(1) 封闭式提问

也就是在每个问题后面给出若干个选择答案,被调查者只能在这些被选答案中选择自己的答案。

(2) 开放式提问

就是允许被调查者用自己的话来回答问题。由于采取这种方式提问会得到各种不同的答案,不利于资料统计分析,因此在调查表中不宜设置过多。

五、调查表的设计要求

在设计调查表时,设计者应该注意遵循以下基本要求:

① 调查表不宜过长,问题不能过多,一般控制在 20 分钟左右回答完毕。

② 能够得到被调查者的密切合作,充分考虑被调查者的身份背景,不要提出对方不感兴趣的问题。

③ 要有利于使被调查者作出真实的选择,因此答案切忌模棱两可,使对方难以选择。

④ 不能使用专业术语,也不能将两个问题合并为一个,以至于得不到明确的答案。

⑤ 问题的排列顺序要合理,一般先提出概括性的问题,逐步启发被调查者,做到循序渐进。

⑥ 将比较难回答的问题和涉及被调查者个人隐私的问题放在最后。

⑦ 提问不能有任何暗示,措词要恰当。

⑧ 为了有利于数据统计和处理,调查表最好能直接被计算机读入,以节省时间,提高统计的准确性。

六、调查表调查设计需要注意事项

1. 调查表必须与调查主题紧密相关。违背了这一点,再漂亮或精美的调查表都是无益的。而所谓调查表体现调查主题其实质是在调查表设计之初要找出与"调查主题相关的要素"!

如:"调查某化妆品的用户消费感受"——这里并没有一个现成的选择要素的法则。但从问题出发,特别是结合一定的行业经验与商业知识,要素是能够被寻找出来的:一是使用者(可认定为购买者)。包括她(他)的基本情况(自然状况:如性别、年龄、皮肤性质等);使用化妆品的情况(是否使用过该化妆品、周期、使用化妆品的日常习惯等);二是购买力和购买欲。包括她(他)的社会状况、收入水平、受教育程度、职业等;化妆品消费特点(品牌、包装、价位、产品外观等);使用该化妆品的效果(评价问题应具有一定的多样性、但又限制在某个范围内,如:① 价格;② 使用效果;③ 心理满足,等);三是产品本身。包括对包装与商标的评价、广告等促销手段的影响力、与市场上同类产品的横向比较等。应该说,具有了这样几个要素对于调查主题的结果是有直接帮助的。被访问者也相对容易了解调查员的意图,从而予以配合。

2. 问题的设置是否具有普遍意义。这是调查表设计的一个基本要求,但我们仍然能够在调查表中发现这类带有一定常识性的错误。这一错误不仅不利于调查成果的整理分析,而且会使调查委托方轻视调查者的水平。如搞一个"居民广告接受度"的调查:

问题:你通常选择哪一种广告媒体(　　　)
答案:A. 报纸;B. 电视;C. 杂志;D. 广播;E. 其他
而如果答案是另一种形式(　　　)
A. 报纸;B. 车票;C. 电视;D. 墙幕广告;E. 气球;F. 大巴士;
H. 广告衫;I. ……
如果我们的统计指标没有那么细(或根本没必要),那我们就犯了一个"特殊性"的错误,从而导致某些问题的回答实际上是对调查无助的!

在一般性的调查表技巧中,需要注意的是:不能犯问题内容上的错误。如:

问题:你拥有哪一种信用卡?(　　　)
答案:A. 长城卡;B. 牡丹卡;C. 龙卡;D. 维萨卡;E. 金穗卡
其中"D"的设置是错误的,应该避免。

3. 调查表的设计要有整体感。这种整体感即是问题与问题之间要具有逻辑性,独立的问题本身也不能出现逻辑上的谬误。从而使调查表成为一个相对完善的小系统。如:

问题:

1. 你通常每日读几份报纸?(　　　)
A. 不读报;B. 1 份;C. 2 份;D. 3 份以上
2. 你通常用多长时间读报?(　　　)
A. 10 分钟以内;B. 半小时左右;C. 1 小时;D. 1 小时以上
3. 你经常读的是下面哪类(或几类)报纸?(　　　)
A. ×市晚报;B. ×省日报;C. 人民日报;D. 参考消息;E. 中央广播电视报;
F. 足球……

在以上的几个问题中,由于问题设置紧密相关,因而能够获得比较完整的信息。调查对象也会感到问题集中、提问有章法。相反,假如问题是发散的、带有意识流痕迹的,调查表就会给人以随意性而不是严谨性的感觉。那么,将市场调查作为经营决策的一个科学过程的企业就会对调查失去信心!

因此,逻辑性的要求即是与调查表的条理性、程序性分不开的。已经看到,在一个综合性的调查表中,调查者将差异较大的调查表分块设置,从而保证了每个"分块"的问题都密切相关。

4. 所问问题要清晰明确、便于回答。

如上文问题中"10 分钟"、"半小时"、"1 小时"等设计即是十分明确的。统计后会告诉我们:用时极短(浏览)的概率为多少;用时一般(粗阅)的概率为多少;用时较长(详阅)的概率为多少。反之,答案若设置为"10~60 分",或"1 小时以内"等,则不仅不明确、难以说明问题,而且令被访问者也很难作答。

再则,调查表中常有"是"或"否"一类的是非式命题。如:

问题:您的婚姻状况(　　)

答案:A. 已婚;B. 未婚

显而易见,此题还有第三种答案(离婚/丧偶/分居)。如按照以上方式设置则不可避免地会发生选择上的困难和有效信息的流失!其症结即在于调查表违背了"明确性"的原则。

5. 问题要设置在中性位置、不参与提示或主观臆断,完全将被访问者的独立性与客观性摆在调查表操作的限制条件的位置上。如:

问题:你认为这种化妆品对你的吸引力在哪里?(　　)

答案:A. 色泽;B. 气味;C. 使用效果;D. 包装;E. 价格;F. ……

这种设置是客观的。若换一种答案设置:(　　)

A. 迷人的色泽;B. 芳香的气味;C. 满意的效果;D. 精美的包装……

这样一种设置则具有了诱导和提示性,从而在不自觉中掩盖了事物的真实性。

6. 便于整理、分析。成功的调查表设计除了考虑到紧密结合调查主题与方便信息收集外,还要考虑到调查结果的容易得出和调查结果的说服力。这就需要考虑到调查表在调查后的整理与分析工作。

调查表设计举例:

新农村建设调查表

亲爱的同志:

您好!我们组织这次"建设社会主义新农村调查活动"的目的是准确了解当地社会主义新农村建设的真实状况,并及时掌握广大农民群众对社会主义新农村建设的心声和期盼,从而为党和政府制定社会主义新农村建设的相关政策提供决策依据。

填写本表是不记名的,希望您在填表时不要有任何顾虑,实事求是地在_____

内填写和在□内酌情打√。

谢谢您真诚的合作!

您的年龄:_____,性别:_____,民族:_____,文化程度:_____,

政治面貌:_____,居住地:_____

家庭经济收入:较好 □　　　　中等 □　　　　困难 □

1. 党中央提出建设社会主义新农村,对这一举措,您是:

　A. 已知道,非常关心 □　　　B. 听说过,不太清楚 □

　C. 还不知道 □

　如果知道,从什么渠道知道?

　A. 领导讲话中 □　　　　　B. 上级文件中 □

　C. 广播电视新闻媒体中 □　D. 其他途径 □

2. 您认为新农村建设重要吗?

　A. 重要 □　　B. 不重要 □　　C. 无所谓 □

3. 您认为新农村建设过程中需要突出解决的首要问题是:

　A. 资金的保证 □　　　　　B. 乡风民俗的改善 □

　C. 规划的制定 □　　　　　D. 其他(请填写您的意见)

4. 您认为社会主义新农村应该"新"在哪里?

　A. 新的思想观念 □　　　　B. 新的村容村貌 □

　C. 新的生产设施 □　　　　D. 新的生活习惯 □

5. 在新农村建设中您最担心出现哪些问题?

　A. 自筹资金比例过高 □　　B. 有人从中以权谋私 □

　C. 出现豆腐渣工程 □　　　D. 生活没有得到改善 □

　E. 成为政绩或形象工程 □　F. 其他(请填写您的意见)

6. 对于建设社会主义新农村,您认为目前最大的困难是:

　A. 缺少资金 □　　　　　　B. 缺少技术 □

　C. 信息不畅,农产品产销难 □　D. 其他(请填写您的意见)

7. 如果建设社会主义新农村需要您出工出力,您是否支持?

　A. 支持 □　　B. 视情况而定 □　　C. 不支持 □

8. 如果以村为单位,村民以山林、土地等入股组建股份制开发公司,您的想法是:

　A. 愿意参加 □　　B. 需要加以考虑 □　C. 不愿意参加 □

9. 您认为以村为单位组织农业生产资料和家用大件商品集体团购招标:

　A. 可行 □　　B. 很难说可行与否 □　　C. 不可行 □

10. 为改善投资环境和生活条件,组织农民义务兴修基础设施,您的想法是:

　A. 乐意参加 □　　　　　　B. 不想参加 □

　C. 给一定补贴才参加 □

11. 发展农村经济,如果政府提供技术培训,您最希望得到哪项培训?
    A. 农业种养知识培训 □   B. 外出打工技能培训 □
    C. 其他(请填写您的意见)
12. 您对目前的家庭生活质量:
    A. 比较满意 □   B. 感觉一般 □   C. 感到生活压力很大 □
13. 您认为自己收入不高的影响因素是:
    A. 本地经济不发达,收入渠道不多 □
    B. 农产品价格较低,从事农业生产效益相对较低 □
    C. 自身素质和科技文化水平不高 □
14. 您收入增加,有了剩余资金时会选择:
    A. 利用剩余资金再投资以发展生产 □
    B. 购置大件商品、建房等改善生活条件
    C. 存进银行以备用
15. 您认为现在农民的税费负担:
    A. 还比较重 □   B. 一般 □   C. 比较低 □
16. 孩子上学的费用您能够承受吗?
    A. 可以 □   B. 勉强可以 □   C. 承受不了 □
17. 您对参加农村合作医疗的态度是:
    A. 愿意积极参加 □   B. 随大流 □   C. 不想参加 □
18. 您获取各类信息的最主要渠道是:
    A. 报纸、电视、网络等媒体 □   B. 与人交谈 □
    C. 阅读公告、通知、广告等 □
19. 您是否受到过地痞流氓的威胁或侵害:
    A. 受到过 □   B. 间接受到影响 □
    C. 没有受到过 □
20. 您认为办红白喜事应当:
    A. 从简,移风易俗,将有限的资金用于发展生产 □
    B. 量力而行 □   C. 赶上潮流,不落后于人 □
21. 您对目前的居住环境:
    A. 比较满意 □   B. 感觉一般 □   C. 感到不满意 □
22. 如果村组召开建设社会主义新农村经济工作大会,您将:
    A. 积极参加,并提出意见与建议 □
    B. 只参加,不发言 □   C. 不参加 □
23. 您对村领导班子:
    A. 非常满意 □   B. 基本满意 □   C. 不满意 □
24. 您对村务公开状况:

A. 很满意 □　　B. 比较满意 □　　C. 不满意 □
25. 您认为加强农村基层组织建设当务之急是什么？
    A. 选好村党支部班子和村委会 □
    B. 推进政务公开和民主管理 □
    C. 积极推进村级组织活动场所建设 □
    D. 加强农村基层干部队伍建设 □
26. 您对新农村建设工作有哪些意见和要求？

第二节　态度测量表法

【案例 3.2】北京市超市业态度顾客满意度研究

超市是都市百姓经常要打交道的流通渠道，对超市是否满意将会影响到每一个居民的生活幸福感。有鉴于此，迪纳市场研究院在 2005 年初针对北京市城八区的大中型超市进行了一次满意度调查，以了解整个北京市居民对超市这一零售业态的满意程度。本次调查在北京市共采集有效样本 615 个。调查通过电话访谈完成。分析框架采用迪纳市场研究院专门开发的超市满意度测量结构方程模型，并采用 PLS 算法计算得到满意度、忠诚度和影响满意度的各要素的用户评价分值以及这些要素对满意度影响的大小。调查涉及的超市主要有家乐福、美廉美、京客隆、物美、超市发、华普、北京华联等。本次调查分析的主要结论包括：大中型超市整体顾客满意度得分与中国用户满意指数（CCSI）生活服务类中其他服务的平均得分相比较高；对大中型超市满意度影响最大的是经营的商品；顾客满意度对顾客忠诚度影响很大，顾客满意度提高 1 分，顾客忠诚度将提高 0.930 分；为了改善顾客满意度，从结构变量层次看，超市首先要关注促销，其次需要关注超市形象和超市政策；从操作层面看，在影响超市消费者满意度的 37 个具体要素中，需要重点提升的满意度驱动要素包括重视资源回收与环保、灵活调整收银台、积分卡、优惠卡等。报告还对不同细分人群、主要超市的顾客满意度状况进行了分析。本次调查为超市如何改进服务质量、提高顾客满意度提供了数据支持和理论依据。

市场调查的内容有很多，其中重要的内容之一，就是要调查了解消费者的购买心理和购买行为。消费者的购买心理具体表现为态度、意见、观念、思想倾向、行为倾向等等。为了更准确、更可靠的调查到这些内容，产生了一些精密化的调查手段和方法。

消费者在市场上选购哪种消费品，不选购哪种消费品，受到其购买心理的支配，及消费者的内心有一定的尺度。表现为态度、意见、观念、思想倾向、行为倾向等。

购买心理本来并不是用一定数量表示的,但人们在研究这类问题时,特别需要将不同态度、意见、观念、思想倾向、行为倾向等心理的差异表现出来,采用量表可以达到这个目的。

量表是精确地调查消费者主观态度的测量工具,它可以用来测量不同消费者的购买心理的差异。

测量的量表可分为不同的种类,如类别量表、顺序量表、差距量表、等比量表、总加量表等。不同种类的量表可用来测量不同的内容,解决不同的需要。在长期的社会经济调查研究实践中,人们已经将一些量表设计成标准化测量工具,用统一的指标来测量某些社会经济现象的表现。但在市场调查中,由于市场现象的复杂多变,一般还是很少有统一设计的标准化量表,而必须由市场调查研究者,根据研究问题的目的和市场现象的特点自行设计量表。量表在市场调查过程中起到测量工具的作用,所以在市场调查设计中的基本原则等也适合于量表设计的过程。下面介绍说明几种常见的量表。

一、评比量表

测量消费者对某种商品的态度、意见,经常采用评比量表。评比量表是对提出的问题,以两种对立的态度为两端点,在两端点中间按程度顺序排列不同的态度,由被调查者从中选择一种适合自己的态度表现。对态度、意见的排列顺序,可按 10 或 5 种排列。

若将态度意见划分为 10 种,其排列方法见表 3-1。

表 3-1

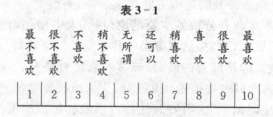

若将态度意见划分为 5 种,其排列方法见表 3-2。

表 3-2

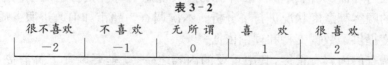

在表 3-1 中,将消费者的态度划分为 10 种,其最高分为 10 分,最低分为 1 分。在表 3-2 中,将消费者态度划分为 5 种,其分数的给法可以用 1、2、3、4、5 表示,也可以用 -2、-1、0、1、2 表示。设计好的评比量表,由市场调查人员向被调查者进行调查,再将所有填写后的量表加以整理,得到某个消费者总体的态度测量结果。

应当看到,这种测量态度的量表,用不同的数值来代表某种态度,目的是将非数量化的问题加以量化,而不是用抽象的数值随意排列。应用这种量表调查时必须注意两个方面的问题:一方面,应注意设计量表时的定量基础,并将调查得到的态度测量结果在定量基础上进行分析,判断其高低。如在 10 种态度评比量表中,原设计的最高分是 10,最低分是 1。那么若某个消费者的态度测量结果是 2,就认为他的态度测量结果较低。其态度是倾向于否定。对另一个消费者的态度测量结果是 8,就认为他的态度测量结果较高,其态度倾向与肯定;再如在 5 种态度评比量表中,原设计的最高分是 2,最低分是 -2。若对某个消费者的态度测量结果是 2,就认为他的分数很高。对另一个消费者的态度测量结果是 -1,就认为他的分数较低,其态度倾向与否定。另一方面,应注意量表所测定的数量,只说明态度的不同,并不说明其他。如应用 10 种态度评比量表对不同的消费者进行调查,甲消费者的测量结果是 8,乙消费者的测量结果是 4,则说明甲消费者对某商品喜欢,乙消费者对某商品不太喜欢。而不能说甲消费者对某商品的喜欢程度是乙消费者的 2 倍。若将量表用于对不同商品的态度测量,如对 A 商品的态度是 9,对 B 商品的态度是 3,说明消费者对 A 商品很喜欢,对 B 商品不喜欢;而不能说明对 A 商品的需求量是对 B 商品需求量的 3 倍。

在市场调查实践中,评比量表可用于对某一商品的多个消费者的态度测量,也可用于对多种商品的多个消费者的态度测量。

二、数值分配量表

数值分配量表,是指由调查者规定总数值,由被调查者将数值进行分配,通过分配数值的不同来表明不同态度的测量表。

在市场调查中,数值分配量表常用于对某种商品不同规格、牌号的消费者态度调查,即采用对比的方法,由被调查者给出的分配数值,来判定对不同商品规格、牌号的态度差异。在设计数值分配量表时,一般是采取 1、10、100 为固定总值,由被调查者将总值分配到不同商品上,其所分配的数值之和应等于固定总值。

例如,对市场上销售的某种商品的 A、B、C、D 四种不同牌号,做消费者态度市场调查,以 100 为固定总值,请消费者做数值分配。若某个消费者对该商品 A 牌号给出数值为 40,对 B、C、D 三种牌号给出数值分别为 30、20、10,则说明该消费者认为 A 牌号商品好于 B、C、D;B 牌号好于 C、D 牌号;C 牌号又稍好于 D 牌号。

又如,对某种商品的 A、B、C 三种不同消费规格做消费者态度调查,以 100 为固定总值,由消费者作数值分配。若某个消费者对 A 规格给予 60,而对 B、C 规格分别给予 30、10,则说明消费者态度明显倾向于该商品的 A 规格;但并不说明他认为 A 规格商品是 B 规格商品质量的 2 倍,是 C 规格商品的 6 倍,也不说明 A 规格商品的销售量与 B、C 规格商品销售量的关系。

在应用数值分配量表时,应当注意的是,由调查者规定的总数值,是数值分配量表的基础标准,并不是随意给出的数。之所以经常采用 1、10、100 等数作为总数值,是因为这些数在被分配后比较容易检验其总和。也比较易于计算其百分数。同时被调查者在填写量表时,必须使被分配的各数值之和等于总数值,而不能大于或小于总数值。即被调查者必须在总数值基础上来考虑数值分配,这样才能客观的反映消费者对不同商品态度的差异。如不遵守这样的规定,则达不到通过数值分配来反映态度差异的目的。这种定量分析方法是依据统计学中的比重相对指标、概率的有关理论来考虑问题的。

数值分配量表在用于多种商品规格、牌号,多个被调查者的态度测量中,便于汇总,也便于计算其百分数。若对某种商品的 5 个不同牌号,随机选择十位消费者进行数值分配量表调查,将 10 名消费者的态度进行整理汇总,并加以分析,见表3-3。

表3-3 数值分配量表汇总表

商品 消费者	A	B	C	D	E	合计
1	5	10	15	20	50	100
2	5	5	10	20	60	100
3	5	5	5	30	55	100
4	10	10	15	25	40	100
5	5	5	10	20	60	100
6	5	5	10	30	50	100
7	5	5	10	25	55	100
8	5	5	10	20	60	100
9	5	5	10	35	45	100
10	5	10	15	20	50	100
合　计	55	65	110	245	525	1 000
百分数(%)	5.5	6.5	11.0	24.5	52.5	100

根据表3-3对10名消费者分配量表的汇总情况,消费者对E牌号商品的态度,明显好于其他牌号,其分配数值在40～60之间,10名消费者共分配了525,占总数值合计数1 000的52.5%;对D牌号商品的态度又高于A、B、C三种牌号,共分配了245,占总数值合计数的24.5%,不过它不足E牌号分配数值的1/2;消费者对A、B、C三牌号的商品态度名次较低,其百分数只占5.5%～11.0%。

为说明问题方便起见,上例只汇总了10名消费者的数值分配,在实际市场调查中被调查者人数会远远超过于此。不过，汇总整理和分析的方法是大致相同的，只是消费者的总分数会发生变化。上面对 10 名消费者态度的测量，可以看出众消费者对 5 种牌号商品的态度是同方向的，即都认为 E 牌号商品好于其他牌号。在实际市场调查中，由于消费者在各方面存在的差异，如不同的文化程度、年龄、收入水平等等，并不一定表现为态度比较集中于某一牌号商品，而是表现得比较分散，有的消费者明显倾向于某一牌号，有的明显倾向于另一牌号，因此在整理分析过程中要更为深入具体的分析研究。

三、平均值差数应答者量表

平均值差数应答者量表是一种由应答者（被调查者）决定询问的问题和选择语句的态度量表。这种态度量表与前面评比量表和数值分配量表的不同在于，前两种量表向被调查者询问的问题和询问语句的选择，是由调查人员事先设计好的，被调查者只能根据询问的问题和可供选择的询问语句作出回答，以此表明自己的态度。调查者向被调查者提什么问题，询问语句的选择是否恰当，对被调查者态度测量的准确程度有着很紧密地联系。如果调查者提出的问题和询问的语句能够充分表明被调查者的态度，通过态度测量表测量的结果就比较好，反之测量的结果就比较差。在市场调查的实践中，人们看到如果能由被调查者自行决定提问的问题和选择语句，就能够更准确的反映其态度。平均值差数应答者量表就是这样一种态度测量表。

应用平均值差数应答者量表，大致步骤如下：

1. 由调查者拟定好一定数量的正负态度语句，正负态度语句数量相等，其总数量必然是偶数

如 50 条语句，正负态度各为 25 条；60 条语句，正负态度各为 30 条；80 条语句，正负态度各为 40 条；100 条语句，正负态度各 50 条等等，对每条语句的回答，可以根据态度的不同，设计为三种或五种类型。如果是三种类型，可分为赞同、未定、不赞同；如果是五种类型，可分为很赞同、赞同、未定、不赞同、很不赞同。

2. 将拟定好的语句分为正态度语句和负态度语句两大类，并结合回答语句的不同类型，分别判定评分办法，待被调查者根据自己的实际态度评定

评分办法与评比量表一样，可以采取正数序号法和正负对称法两种，假定称其为 A 评分法和 B 评分法。若采用三种类型，起正负态度语句的评分办法应确定为 A、B 两种，见表 3-4。

表 3-4 三种类型正负态度语句表

类别	正态度语句		负态度语句	
	A	B	A	B
赞同	3	+1	1	−1
未定	2	0	2	0
不赞同	1	−1	3	+1

若采用五种类型,其正负态度语句的评分办法也可确定为 A、B 两种,见表 3-5。

表 3-5 五种类型正负态度语句表

类别	正态度语句		负态度语句	
	A	B	A	B
很赞同	5	+2	1	−2
赞同	4	+1	2	−1
未定	3	0	3	0
不赞同	2	−1	4	+1
很不赞同	1	−2	5	+2

若有 10 条语句由某被调查者来评定,评定办法按规定的表 3-5A 的要求。评定后情况见表 3-6。

表 3-6 五种类型正负态度语句汇总表

语句	语句类别	很赞同	赞同	未定	不赞同	很不赞同	分数
1	负				✓		4
2	正					✓	1
3	负			✓			3
4	正		✓				4
5	正	✓					5
6	负		✓				2
7	正	✓					5
8	负		✓				2
9	负				✓		4
10	正		✓				4
合计	—	—	—	—	—	—	34

表 3-6 中的合计数表明,该被调查者对 10 条语句的选评,其总分数值为 34 分。那么,这 34 分如何说明其态度呢？根据表 3-5A 的要求可知,10 条语句的最高分、最低分和平均分分别应为：

最高分＝10×5＝50 分
最低分＝10×1＝10 分
平均分＝10×[(5+4+3+2+1)]/5＝30 分

某被调查者对十条语句的态度值为 34 分,略高于平均值 30 分,说明其态度稍倾向于肯定;如果被调查者的态度总分低于平均值,则说明其态度倾向于肯定或否定的程度越大。

上面的问题,若按照表 3-5 中 B 的要求评定,则该被调查者对 10 条语句的评分应计为:1、－2、0、1、2、－1、2、－1、1、1,其 10 条语句的态度总分为 4 分。若按 B 评分标准,10 条语句的最高分、最低分和平均分分别应为：

最高分＝10×2＝20 分
最低分＝10×(－2)＝－20 分
平均分＝10×[(－2)+(－1)+0+1+2]/5＝0

该被调查者对 10 条语句的评分为 4 分、比平均分 0 略高,说明其态度倾向于肯定。这与 A 评分方法的结果是一致的。显然,应用 B 评分法,被调查者的态度总分偏离平均值 0 越远,说明其态度倾向于肯定或否定的程度越大,最大偏离幅度不超过±20 分。

3. 确定选用的语句

确定选用语句是应用平均值差数应答者量表的重要步骤,也就是用平均值差数选用的语句的过程。具体做法是,将各被调查者对每条语句的评分,按高低顺序排列,并从最高分和最低分的两端,各抽取 25% 的分数,分别组成高分组和低分组;对高分组和低分组分别计算平均值,并根据所计算的平均值,确定平均值差数。例如,若按表 7-8A 的评分标准,计算出高分组的平均值为 4.5,低分组的平均值为 105,其高低组之间的平均值差数应为 4.5－1.5＝3。

平均值差数是判断选择语句的重要数量根据,它是反映语句态度的判别能力的标准。平均值差数大,表明某语句辨别正负态度的能力强;平均值差数小,则表明某语句辨别正负态度的能力差。对于辨别能力强的语句应保留,对辨别能力差的语句则应剔除。

四、态度层次应答者量表

态度层次应答者量表,是根据被调查者的答案资料制成的一种态度量表,他可以用来选定语句,也便于对应答者的态度进行分析。

应用态度层次应答者量表选定语句或提出问题,一般有以下几个步骤：

1. 提出若干个问题或语句,由被调查者对这些语句或问题表示"是"、"否"两种

不同的态度

调查者根据被调查者的回答,排列出回答"是"的答案,以决定是否建立应答者量表。例如,提出的问题或语句为10条,由12个被调查者回答,根据回答的结果,将其排列为表3-7。

表3-7

问题 应答者	1	2	3	4	5	6	7	8	9	10	分数
1	—	—	—	是	—	是	—	—	是	—	3
2	是	是	是	—	是	是	是	—	—	—	6
3	—	是	是	是	—	是	—	—	—	—	4
4	是	是	是	是	是	—	—	—	—	—	5
5	—	是	是	是	—	是	—	—	是	是	7
6	—	是	是	是	—	是	—	—	—	—	5
7	—	是	—	—	—	—	—	—	—	—	5
8	是	是	是	—	—	—	—	是	是	—	7
9	—	—	是	—	—	—	是	是	是	—	6
10	是	是	是	是	是	是	是	是	是	—	9
11	—	—	—	—	—	是	—	—	—	—	1
12	是	是	—	—	—	—	—	—	—	—	2

表3-7中,分数栏是由被调查者对问题回答"是"的多少决定的。如第一位应答者对问题4、6、9的回答为"是",因此得3分;第6位应答者对问题1、2、3、4、6回答为"是",因此得5分;第12位应答者仅对问题1、2回答"是",因此得2分。

2. 应答者对提出的问题或语句的态度,按其分数高低排列,观察其分数的层次

根据表3-8,对10个问题回答分数最高的被调查者为9分,最低为1分。对于回答分数高的问题,说明它被多数被调查者接受;回答分数低的问题,说明它只被少数被调查者接受。表3-7和表3-8所显示的是每个被调查者的得分,而不是每个问题或语句的得分,它是分析问题的基础。

表 3-8

应答者＼问题	1	2	3	4	5	6	7	8	9	10	分数
10	是	是	是	是	是	是	是	是	是	—	9
8	是	是	是	是	—	是	—	是	是	—	7
5	是	是	是	是	—	是	—	—	是	是	7
9	—	—	是	是	—	是	是	是	是	—	6
2	是	是	是	—	是	是	是	—	—	—	6
4	是	是	是	—	—	是	—	—	是	—	5
7	—	—	是	是	—	是	—	—	是	—	5
6	是	是	是	是	—	—	—	—	—	—	5
3	—	是	是	—	—	是	—	—	—	—	4
1	—	—	—	—	是	—	是	—	是	—	3
12	是	是	—	—	—	—	—	—	—	—	2
11	—	—	—	—	—	是	—	—	—	—	1

3. 选择提出的问题和语句

选择的标准主要是根据被调查者对问题或语句回答"是"的积分高低。为了研究问题的方便，必须将每个问题或语句的得分整理出来，按得分高低排列为表 3-9。

表 3-9

问题＼应答者	10	8	5	9	2	4	7	6	3	1	12	11	得分
6	是	是	是	是	是	是	是	是	是	—	—	是	11
4	是	是	是	是	—	是	是	是	—	—	—	—	9
2	是	是	是	—	是	是	—	—	—	—	是	—	9
3	是	是	是	是	是	是	是	是	是	—	—	—	9
1	是	是	是	—	是	是	—	是	—	—	是	—	7
9	是	是	是	是	—	是	—	—	—	是	—	—	6
7	是	—	—	是	是	—	—	—	—	—	—	—	3
8	是	是	—	是	—	—	—	—	—	—	—	—	3
5	是	—	—	—	是	—	—	—	—	—	—	—	2
10	—	—	是	—	—	—	—	—	—	—	—	—	1

根据表 3-9 的整理结果,得分最高的问题 6 为 11 分;问题 4、2、3 得分都是 6 分;问题 1、9 的得分分别为 7、6;对于这些问题,可以认为必须选入量表,因为他们得到大多数被调查者的接受。问题 7、8、5、10 的得分分别为 3、3、2、1,对这几个问题是否被选入量表,应进行具体分析,对这种问题一般认为不应选入态度量表,因为这几个问题的接受者很少。

态度测量表经常应用于问卷中,也可单独使用,是一种很好的测量方法。随着市场调查定量化程度的提高,随着定量精密化要求的发展,态度量表的作用将会更为重要。

第三节　抽样调查技术

1. 抽样调查的概念。市场调研的资料,如能从全面的调查中取得,结果当然较为准确。但普查多非工商企业力所能及的事,即便是政府机关,也不可能频繁地进行很多项目的全面调查。因此,非全面调查,特别是抽样调查,在市场调研中占有非常重要的位置。它可以节省人力财力,缩短调查时间,及时提供资料,以便加强市场调研和市场预测。

抽样调查是非全面调查中一种最重要、也是合乎科学原理的调查方法。抽样调查中的随机抽样,是依照同等可能性原则,在所研究对象的全部单位中,抽取一部分作为样本,对样本进行调查,然后根据调查分析结果来推论全体。

所谓同等可能性原则,就是在抽取样本时,每一个单位都有同等被抽选的机会,不受任何人主观愿望的影响。抽样调查的特点主要在于调查样本的选择,不是由人们有意识地确定的,而是按随机原则抽选,体现同等可能性原则。

抽样调查的任务,就是根据由全部总体中任意抽取出的一部分样本的综合指标,推算全部总体的综合指标。例如,根据对一部分钢铁厂的能源消耗水平及需要量,推算全国钢铁行业的能源消耗水平及需要量。

在抽样调查中,通常把所要研究的全部总体叫做全及总体,把由全及总体中抽选出来作为样本的部分,叫抽样总体。这里说的总体,是统计学中的一个基本概念,它是作为统计研究对象的、客观存在的并在某一共同特征上结合起来的许多事物的整体。

研究抽样调查,应先弄清全及总体与抽样总体的平均数和成数的概念。全及总体的平均数,即全及平均数,用 X 表示;抽样总体的平均数,叫抽样平均数,用 x 表示;全及总体的成数,即所研究标志的单位在全部总体单位中所占的比重,叫做全及成数,用 P 表示;抽样总体的成数,叫抽样成数,简称频率,用 p 表示。

如以 N 表示全及总体的单位数,n 表示抽样总体的单位数,M 表示全及总体中具有某种标志的单位数，m 表示抽样总体中具有某种标志的单位数。

则：

$$全及总体中某种标志的成数(P) = \frac{M}{N} \tag{3.1}$$

$$抽样总体中某种标志的成数(p) = \frac{m}{n} \tag{3.2}$$

所以，抽样调查的具体任务就是：根据抽样总体所得到的综合指标来推算全及总体的综合指标，即根据抽样平均数 x 来推断全及平均数 X；根据抽样成数 p 来推断全及成数 P。

2. 抽样调查的组织形式。市场调查一般采用抽样调查的方法，它可以在较短的时间内，用较少的费用和人力，获得比较准确的资料。

按照采用什么方式组织抽样调查以取得样本，抽样调查可分为随机抽样和非随机抽样两大类，每类又各有多种方法。

随机抽样常用的方法有：

(1) 纯随机抽样法，亦称单纯随机抽样法，它是随机抽样中最简便的一种方法。抽样者不作任何有目的的选择，用纯粹偶然的方法从全体中抽取若干个个体为样本。如抽签法、乱数表法、等距抽样法。

抽签法就是将全体中的每一个逐一编上号码，然后掺合起来，从中抽出一定的签数，被抽出的签号即为被调查单位。这种抽样方式，只有在单位不多、单位之间标志的变动程度不很悬殊的情况下才适合采用。否则，单位过多，安排签号有困难，标志变动度大，抽样总体代表性就小。

乱数表法，亦称随机号码表法。它是将全部总体单位分别编号，然后从乱数表上任意点一个数、一行、一列或按隔字、隔行、隔列的方式抽选出所需的样本。

纯随机抽样法是随机抽样中最简单的一种，也是随机抽样的基本方法。由于市场调查的总体分布极广，总体内部各单位之间差异程度较大，一般不直接采用此法抽样，而是同其他方法综合使用。只有在调查对象情况不明，难以分组、分类，或者调查总体内各单位之间差异小时，才直接采用纯随机抽样法。

(2) 分层随机抽样法，亦称分类抽样法。它是将总体中所有单位，按其属性、特征分为若干类型(组、层)，然后在各类型(组、层)中再用纯随机抽样方式抽取样本单位，而不是从总体中直接抽取样本单位。

分层抽样可以避免纯随机抽样过分集中某一地区、某种特性或遗漏掉某种特性的缺点。

(3) 机械随机抽样法，亦称等距抽样法。在总体单位中，先按一定标志顺序排列，并根据总体单位总数和样本单位数，计算出抽样距离(即同等的间隔)，然后按相等的距离或间隔抽取样本单位。排列顺序可以用与调查项目无关的标志为依据，如按户口册、姓名笔画、地名、地理位置等排列；也可用与调查项目直接或间接有关的标志为依据,如职工家计调查中,按平均工资由低到高排队,农副产品资源调查中按平均亩产由低到高排队等。

(4)分群随机抽样法,亦称整群抽样法。分群随机抽样不同于其他抽样法,它不是从总体中抽取个别单位,而是整群或整组地抽取样本,对被选中的群或组所包含的所有单位,均无例外地作为样本进行调查。它的做法是根据市场调查的任务和被调查对象的特点,预先将总体按时间、地点或其他人为标志分为若干群(组),然后成群成组地抽选。分群抽样的优点:抽选工作比较省事,抽中的单位集中,调查方便,可节省人力和费用。缺点在于:样本在总体中分布不均匀,如果群与群之间差异程度大,抽样误差就会大。

分层抽样与分群抽样,都要把总体分为若干群、组,但两者的目的要求不同。分层抽样是要区分各类型之间的差异,而同类型内部的单位具有共同性,差异较小,目的是为了增加样本的代表性;分群抽样则要求各群之间差异较小,而各群内部的单位差异却较大,其目的是为了便于抽选样本和组织调查工作。

分群随机抽样法的特点是抽出的样本集中在几个区域,调查费用较低。而纯随机抽样法和分层随机抽样法所抽出的样本可能在各个区域都有,比较分散,调查费用也较高。因此,市场调查人员经常采用分群随机抽样法来抽取调查对象的样本。

非随机抽样常用的方法有:

(1)配额抽样法:此法与分层抽样有类似之处,都是按一定的标志对总体进行分层排列。所不同的是,分层抽样在分层之后,每层的抽样是按随机原则确定的,而配额抽样则是在分层的同时,按预定的配额,在配额内的抽样,由调查人员根据一定标准自由选取。

采用配额抽样通常有以下四个步骤:

第一步,选定控制特征或标志。即先决定从哪些方面去划分或表述市场。

第二步,确定总体中的特征比例。

第三步,确定按各个特征划分层次的抽样数目。

第四步,确定调查单位。由调查人员在配额限度内,自行选定调查单位。

(2)任意抽样法。样本的抽选,完全根据调查人员的方便而定。其基本假定是母体中的每一个单位基本相同。例如,调查人员为了解用户对本企业产品的意见和要求,随便到一户经销商办公室,碰到选购本企业产品的用户,便当作调查对象,即属于任意抽样法。此法固然比较方便,花费较少,但抽样方法不科学,样本偏差大则结果不可靠。在市场研究中,多用之于探测性调查,正式调查中较少采用。

(3)判断抽样法:根据专家或调查人员的主观判断来挑选调查对象。此法能较好地适合特殊需要,但易受选样者偏见的影响。采用此法,要求负责选样者对母体的有关特征有较深入的了解,选样时极力避免挑选极端的类型,尽量选用多数型或平均型,以便通过典型样本的研究,观察全体的情况。

📖 本章知识点回顾

调查表又称调查问卷或询问表,它是社会调查的一种重要工具,用以记载和反映调查内容和调查项目的表式。

一份正式的调查表一般包括以下三个组成部分:

第一部分:前言。主要说明调查的主题、调查的目的、调查的意义,以及向被调查者表示感谢。

第二部分:正文。这是调查表的主体部分,一般设计若干问题要求被调查者回答。

第三部分:附录。这一部分可以将被调查者的有关情况加以登记,为进一步的统计分析收集资料。

市场调查的内容有很多,其中重要的内容之一,就是要调查了解消费者的购买心理和购买行为。消费者的购买心理具体表现为态度、意见、观念、思想倾向、行为倾向等等。为了更准确、更可靠的调查到这些内容,产生了一些精密化的调查手段和方法。

消费者在市场上选购哪种消费品,不选购哪种消费品,受到其购买心理的支配,及消费者的内心有一定的尺度。表现为态度、意见、观念、思想倾向、行为倾向等。购买心理本来并不是用一定数量表示的,但人们在研究这类问题是,又特别需要将不同态度、意见、观念、思想倾向、行为倾向等的差异表现出来,采用量表可以达到这个目的。

测量的量表可分为不同的种类,如类别量表、顺序量表、差距量表、等比量表、总加量表等。不同种类的量表可用来测量不同的内容,解决不同的需要。在长期的社会经济调查研究实践中,人们已经将一些量表设计成标准化测量工具,用统一的指标来测量某些社会经济现象的表现。但在市场调查中,由于市场现象的复杂多变,一般还是很少有统一设计的标准化量表,而必须由市场调查研究者,根据研究问题的目的和市场现象的特点自行设计量表。量表在市场调查过程中起到测量工具的作用,所以在市场调查设计中的基本原则等也适合于量表设计的过程。

抽样调查是非全面调查中一种最重要、也是合乎科学原理的调查方法。抽样调查中的随机抽样,是依照同等可能性原则,在所研究对象的全部单位中,抽取一部分作为样本,对样本进行调查,然后根据调查分析结果来推论全体。

所谓同等可能性原则,就是在抽取样本时,每一个单位都有同等被抽选的机会,不受任何人主观愿望的影响。抽样调查的特点主要在于调查样本的选择,不是由人们有意识地确定的,而是按随机原则抽选,体现同等可能性原则。

练习与实训

一、名词解释
1. 调查表
2. 态度测量表法
3. 评比量表
4. 数值分配量表
5. 抽样调查
6. 同等可能性原则
7. 纯随机抽样法
8. 分层随机抽样法
9. 机械随机抽样法

二、填空
1. 一份完善的调查表通常由（　　）、（　　）、（　　）组成。
2. 调查表提问的方式（　　）和（　　）。
3. 随机抽样的四种基本抽样方法是：（　　）、（　　）、（　　）、（　　）。
4. 非随机抽样通常可以分为（　　）抽样，（　　）抽样和（　　）抽样三种组织方式。
5. 非随机抽样的方法主要有：（　　）、（　　）、（　　）。

三、问答题
1. 调查表设计的原则？
2. 简述调查表的设计要求。
3. 简述调查表提问的方式。
4. 什么是态度测量表法？
5. 随机抽样常用的方法有哪些？

四、计算题
1. 烟台调查商业企业销售情况,该地区有商店 20 000 个,按企业规模分层有大型商店 1 500 个,中型商店 8 500 个,小型商店 10 000 个,计划抽样取样本 200 个,采用分层比例抽样法,应从各层中选多少样本？

2. 全市有各类型书店 500 家,其中大型 50 家、中型 150 家、小型 300 家。为了调查该市图书销售情况,拟抽取 30 家书店进行调查。如果采用分层比例抽样法,应从各类型书店中各抽取几家书店进行调查？

五、实训案例

实训案例一：服装调查问卷

你好！我是平面专业的学生，现在要做一个关于休闲服装"×××"的标志，为了了解你对服装标志的想法，同时便于我进行设计，感谢你帮助我完成这项调查。

1. 你的性别是？
   ○男　　　○女
2. 你经常穿？
   ○职业装　　　○休闲装　　　○运动装
3. 你平均每个月会花多少钱在衣服上？
   ○100元及以下　　○100～300元　　○300～500元　　○500元以上
4. 你平时购买衣服的地点或途径是？（可多选）
   ○商场　　　○小店　　　○网络　　　○服装市场
   ○其他，请注明
5. 你购买服装时，首先考虑的因素是？（单选）
   ○款式好搭，配我的其他衣服，与我平时穿衣风格匹配
   ○颜色喜欢，正需要这样一件衣服
   ○图案个性，穿上与众不同
   ○标志特色，一眼就能看出我穿的是哪个牌子的
   ○质量不错，衣服不褪色，能穿几年
   ○价格便宜，可能还会多买几件
   ○价格不菲，满足我的虚荣心
   ○其他，请注明：
6. 最终购买衣服时，决定因素是？（单选）
   ○款式好搭配我的其他衣服，与我平时穿衣风格匹配
   ○颜色喜欢，正需要这样一件衣服
   ○图案个性，穿上与众不同
   ○标志特色，一眼就能看出我穿的是哪个牌子的
   ○质量不错，衣服不褪色，能穿几年
   ○价格便宜，可能还会多买几件
   ○价格不菲，满足我的虚荣心
   ○其他，请注明：
7. 你会留意新的服装品牌，主要是通过？（可多选）
   ○电视　　　○网络　　　○户外广告　　　○身边人穿着
   ○朋友推荐

8. 你平时喜欢购买衣服的颜色是？
    ○浅色鲜艳   ○深色低调   ○各占一半
9. 你认为服装的标志或图案,应该采用哪种？
    ○人物   ○动物   ○植物   ○其他实物
    ○抽象图案
10. 你喜欢的衣服标志或图案的风格是？（可多选）
    ○可爱   ○夸张   ○低调   ○张扬
    ○淑女(绅士)
11. 你经常购买的服装品牌有？（可多选）
    （男选）
    ○CLOT   ○Subcrew   ○bape   ○devil nut
    ○timberland   ○ESPRIT   ○UNIQLO   ○VANS
    ○JACK J   ○NES   ○SELECTED   ○NIKE
    ○ADIDAS   ○REEBOK   ○metersbonwe ○Levi's
    ○LEE   ○其他,请注明
    （女选）
    ○ELAND   ○TEENIE WEENIE ○UNIQLO   ○淑女屋
    ○AZONA   ○ebase   ○ETAM   ○HONEYS
    ○BEAR TWO   ○ONLY   ○VERO MODA   ○Levi's
    ○LEE   ○NIKE   ○ADIDAS   ○REEBOK
    ○metersbonwe
    ○其他,请注明
12. 你比较喜欢的服装标志的品牌有？
13. 你希望服装的标志是？
    ○突出名称为主的文字标
    ○突出图形的图形标
    ○图文结合标
14. 对于标志名称"×××"的字体,你倾向于？
    ○易推广的印刷字体
    ○突出个性的设计字体
    ○书法字体
15. 你能接受以舌头,牙齿为创作元素的标志吗？
    ○会喜欢   ○能接受,好看就行
    ○不会喜欢,原因请注明：不好看
16. 你觉得"×××"这个名字可以和舌头、牙齿结合到一起,做成标志吗？
    ○可以   ○难,很牵强   ○不太关注

17. 你更倾向于服装的标志的形状是?
    ○方形　　　　　○圆形　　　　　○三角形　　　　　○不规则图形
18. 你喜欢的标志色彩色系是?
    ○冷色　　　　　○暖色　　　　　○中性色
    ○冷暖色搭配　　○没有色彩限制
19. 你更倾向于哪种风格的标志?
    ○复古　　　　　○时尚　　　　　○潮　　　　　　○国际化
    ○其他,请注明
20. 你会追随现在的潮人吗?
    ○喜欢,会模仿他们的装扮　　　　○喜欢但不会模仿
    ○不喜欢,我有自己的风格
21. 你对现在的潮牌有什么看法?
    ○很喜欢,但价格高,不会买或者去买仿的
    ○喜欢,要是价格低一些肯定会买
    ○一般,可能会买
    ○不喜欢,原因请注明
22. 你关注过国内原创的潮牌吗?
    ○关注过,正在关注　　　　　　　○没有,不了解
    ○以后会关注
23. 你对国内原创的潮牌看法是?
    ○很有潜力　　　○有一定困难　　○前途渺茫
24. 你认为这些原创的潮牌的价格?
    ○价格偏高,除非有特别喜欢的衣服,否则不会买
    ○价格适中,支持国货,会买
    ○价格偏低,跟国外的潮牌比已经很便宜了
25. 你最高能接受的短袖T恤价格是?
    ○50元以下　　　○50～100元　　○100～150元
    ○150～200元　　○200元以上
26. 你能推荐几个你喜欢的,以上没有涉及的品牌吗?

实训案例二:帕克·昂得西尔

　　昂得西尔是著名的商业密探,他所在的公司叫恩维罗塞尔市场调查公司。他通常的做法是坐在商店的对面,悄悄观察来往的行人。而此时,在商店里他的属下正努力工作,跟踪在商品架前徘徊顾客他们的目的是找出商店生意好坏的原因,了解顾客走进商店以后如何行动,以及为什么许多顾客在对商品进行长时间挑选后还是

失望地离开。通过他们的工作给商店提出了许多实际改进意见。例如：一家主要青少年光顾的音像店，通过调查发现这家商店把磁带放置过高，孩子们往往拿不到。昂得西尔指出应把商品降低放置，结果销售量大大增加。

案例思考：
这是采用了什么调查方法？

下篇 市场预测

第四章 市场预测的基本原理

📂 **本章结构图**

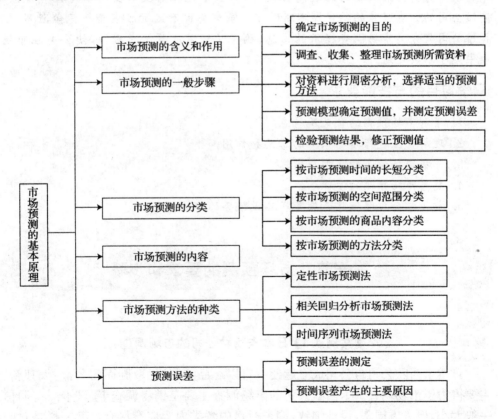

任务导入

美国礼维公司是以生产牛仔裤而闻名世界的。20世纪30年代末期的销售额仅为800万美元,但到20世纪80年代销售额达到20亿美元,40年间增长了250倍。这主要得益于他们的分类市场调查。该公司设有专门负责市场调查的机构,调查时应用统计学、行为学、心理学、市场学等知识和手段,按不同国别,分析研究消费者的心理差异和需求差别,分析研究不同国别的经济情况的变化、环境的影响、市场竞争和时尚趋势等等,并据此制订公司的服装生产和销售计划。例如,1974年公司对联邦德国市场的调查表明,大多数顾客认为服装合身是首选条件,为此,礼维公司随即派人在该国各大学和工厂进行服装合身测验。一种颜色的裤子就定出了45种尺寸,因而扩大了销售。礼维公司根据美国市场调查,了解到美国青年喜欢合身、耐穿、价廉、时髦,为此将这四个要素作为产品的主要目标,因而该公司的产品在美国青年市场中长期占有较大的份额。近几年,礼维公司通过市场调查,了解到许多美国女青年喜欢穿男裤,为此,公司经过精心设计,推出了适合妇女需要的牛仔裤和便装裤,使该公司的妇女服装的销售额不断增长。虽然美国及国际服装市场竞争激烈,但是礼维公司靠分类市场调查提供的信息,确保了经营决策的正确性,使公司在市场竞争中处于不败之地。

学习目的与技能要求

1. 了解市场预测的含义及特点
2. 理解企业进行市场预测的意义和作用
3. 掌握市场预测的类型与内容
4. 熟悉市场预测的步骤
5. 初步学会按照程序开展某产品或服务的市场预测工作

第一节 市场预测的要求和步骤

【案例4.1】日本卡西欧公司的市场调查

日本卡西欧公司自公司成立起便一直以产品的新、优取胜而闻名世界,其新、优主要得力于市场调查。卡西欧公司的市场调查主要是销售调查卡,其卡只有明信片一般大小,但考虑周密,设计细致,调查栏目中各类内容应有尽有。第一栏是对购买者的调查,其中包括性别、年龄、职业,分类十分细致。第二栏是对使用者的调查,使用者是购买者本人、家庭成员,还是其他人。每一类人员中,又分年龄、性别。第三栏是购买方法的调查,是个人购买、团体购买、还是赠送。第四栏是调查如何知道该产品的,是看见商店橱窗布置、报纸杂志广告、电视台广告,还是朋友告知、看见他人使用等等。第五栏是调查为什么选中了该产品,所拟答案有:操作方便、音色优美、功能齐全、价格便宜、商店的介绍、朋友的推荐、孩子的要求等。第六栏是调查使用后的感受,是非常满意、一般满意、普通、还是不满意,另外几栏还分别对机器的性能、购买者所拥有的乐器、学习乐器的方法和时间、所喜爱的音乐、希望有哪些功能等方面作了详尽的设计。为企业提高产品质量、改进经营策略、开拓新的市场提供了可靠依据。

一、市场预测的含义和作用

(一)市场预测的含义

所谓预测,概括地说,是指对未来不确定事件的一种预计和推测。它是人们对客观世界各种各样事物未来发展变化的趋势以及对人类实践活动的后果,事先所作的分析和估计。预测是研究未来的,人们称它为"探索未来之窗"。人们之所以要研究未来,就是为了能更好地指导自己当前的行动。如果未来的事情变化是确定的,在时间上和数量上可以肯定,那就用不着预测了。然而,客观世界许多事情的未来变化都具有不确定性,人们在行动之前,往往又需要知道同目前行动有关的未来事件的演变趋势,以便据此做出正确的决策。预测的意义在于使未来事件的不确定性减小,使人们的认识能基本接近未来的客观实际,以减少不确定性对其行为的影响。所以,预测活动所要解决的就是客观上未来事件不确定与主观要求未来事件确定这个矛盾,整个预测过程就是一个力求解决这对矛盾的分析判断过程。

预测的研究范围很广,几乎涉及自然界和人类社会的各个领域,如社会发展预测、科学技术预测、经济预测等等。其中每个领域的预测又可细化为许多分支。以经济预测为例,可按部门分成工业经济、农业经济、商业、财政、金融、交通运输等的预测。也可按行业分为机械行业预测、食品行业预测、纺织品行业的预测等等。对于每一个分支还可再细化为若干专题预测。如需求预测、资源预测、价格预测等。各经济专题预测还可以再行细分。

市场预测是经济预测的一个分支。所谓市场预测就是根据市场调查所获得的信息资料、用科学的理论进行分析研究,从而对未来市场供求关系的发展趋势及其他相关因素所作出的具有根据性的判断。

市场预测是商品经济发展的必然产物。商品生产者和经营者总希望自己的生产经营活动在未来能取得成功。由于未来因素是不确定的,这就需要预测。预测结果的准确程度,取决于人们认识客观事物的能力。人们能否把握客观事物内在的、本质的和必然的联系,即能否认识事物发展变化的规律性,是预测能否接近未来实际的关键。所以,预测绝不是凭空猜测,而是根据以往的统计资料,运用科学的理论和方法,探求事物的演变规律,在此基础上所做出的接近实际的分析和推测。

(二) 市场预测的意义

随着社会化大生产的商品经济的迅速发展，市场不断扩大，商品的供求和价格变化多端，经济关系日趋复杂。企业为了在激烈的市场竞争中求得生存和发展，迫切需要及时了解市场信息，掌握市场供求矛盾运动的变化趋势，作为经营决策的依据。自20世纪60年代以来，由于经济统计资料有了较多的积累，预测的理论、方法和技巧也有了进一步的发展，特别是在定量计算方面发展较快，电子计算机在预测领域中得到了广泛的应用，使预测的效果较为显著，预测的准确程度有所提高，预测在经济活动中更加受到重视。

我国的社会主义市场经济，是在国家宏观调控的前提下根据市场需要来配置资源的一种经济模式。为了提高宏观调控的科学性，迫切需要在搞好市场调查和信息反馈的基础上，加强市场的预测工作。市场预测在宏观经济调控和微观经济管理中具有十分重要的作用。

1. **市场预测在宏观经济管理中的作用**

(1) 通过市场预测，预见未来一定时期内国内市场总供给与总需求的变动趋势，为调整国民收入的积累和消费的比例，为控制货币发行，为调整利率和汇率提供决策依据。

(2) 通过市场预测，可以掌握未来一定时期内各部门主要商品的供求变化趋势，为国家制定产业政策，有针对性的调整税收、信贷等经济杠杆提供决策依据，以求实现国民经济各部门之间按比例协调发展。

(3) 通过预测，掌握未来一定时间内的社会分配状况，国家据此制定相应的政策，调整社会的利益格局，建立社会保障机制，防止贫富两极分化，实现社会的基本公平。

2. **市场预测在企业经营管理中的作用**

(1) 通过市场预测，为企业确定经营方向和制定经营计划提供客观依据。在科学技术日新月异，市场供求变化多端，竞争日趋激烈的情况下，企业必须依据市场调查和市场预测提供的数据和方案，才能做出正确的决策，制定出切实可行的经营计划。例如，工业企业确定投资方向和开发新产品，商业企业确定商品经营范围和发展规模，金融企业开展信贷业务，都必须以未来市场的供求趋势为依据，从而做出相应的抉择。不然的话，就会因经营的盲目性而导致经营的失败。

(2) 通过市场预测，可以摸清消费者的潜在需求，有利于企业开发社会所需要的产品，提高竞争能力。

(3) 加强市场预测，有利于企业根据市场的变化、改善经营管理，提高企业适应市场环境的能力，提高经济效益。

预测的关键是精确性。可以说，谁预测的精确度高，谁成功的概率也就高。

市场预测的一般步骤

为了成功完成市场预测，预测者必须对预测的过程加强组织，按照预测工作的客观规律,有计划、按顺序、认真地完成市场预测各环节的具体任务。不同的预测方法可能在各步骤的具体操作上有所不同,但一般步骤是相同的。市场预测的一般步骤大致可以分为以下几个方面:

(一)确定市场预测的目的

目的是进行市场预测的首要问题。确定市场预测的目的就是明确市场预测所要解决的问题是什么,即为什么进行某种市场预测。在市场预测中,只有确定了预测的目的,才能进一步落实预测的对象和内容,选择适当的预测方法,调查或搜集必要的资料;也才能决定预测的水平和所能达到的目标。否则市场预测就是盲目的,也是根本无法展开的。

确定市场预测的目的,主要是根据商品生产和营销决策的要求,针对不同的需要进行不同的市场预测。在社会主义市场经济发展过程中,还需要为制定社会经济发展规划做各种市场预测。市场预测的目的通过市场预测工作计划来表现。在确定了预测目的之后,还应根据预测目的,在预测工作计划中具体明确预测对象,明确预测所采用的方法,落实市场预测中的人力、物力、财力需要,安排好各项工作量和工作进度。

确定市场预测目的,特别要做到具体明确。因为市场现象具有各种不同的表现和多种影响因素,出于不同的研究问题需要,可以从各个不同方面进行市场预测;市场的各种表现和多种影响因素,又是处在不断变化之中,在不同的时间、地点、条件下它们有明显不同。所以市场预测目的要具体明确,才不至于背离市场预测的实际需要。

(二)调查、收集、整理市场预测所需资料

市场预测不论采用定性预测法还是定量预测法,都不是无根据的或任意的主观设想。市场预测必须以充分的历史和现实资料为依据。在市场预测中,其预测过程是否能顺利完成,预测结果准确程度的高低,预测是否符合市场现象的客观实际表现等,在很大程度上取决于预测者是否占有充分的、可靠的历史和现实的市场资料。市场预测所需资料的调查、收集、整理是市场预测的一个非常重要的步骤。

1. 历史资料

市场预测所需的资料有历史资料和现实资料两大类。历史资料是指预测期以前各观察期的各种有关的市场资料,这些资料是反映市场或影响市场的各种重要因素的历史状况和发展变化规律的。如:全国或各地区历年人口数量及其增长量、增长速度,人口构成情况及其发展变化情况;全国或各地区的城乡劳动者就业状况及其发展变化情况;全国各地区居民家庭户数量及其发展变化情况,平均家庭人口数状况及其发展变化情况,家庭收入及支出水平、构成及其发展变化情况;全国或各地区历年货币流通数量,购买力数量及构成,城乡居民储蓄存款数量及发展变化情况;全国或各地区生产部门各类产品的产值、产量、成本、利润资料;全国或各地区的社会商品零售额数量、构成及发展变化情况；全国或各地区主要商品的供给和需求数量资料等等。市场及影响市场各种因素的历史资料，是进行市场预测的基本依据。因为事物的发展从时间上看都是有联系的，事物过去的发展水平、规模、速度、比例等，必然要影响到事物的现在，而事物过去和现在的表现又必然影响到它的未来状况和变化规律，市场现象与众多的社会经济现象一样，也具有这种时间上的连续性。分析和研究市场及各种影响因素的历史资料，充分运用其历史资料，是保证市场预测客观地对市场未来状况和发展变化趋势作出估计的基本条件。

2. 现实资料

市场预测的现实资料是指进行预测时或预测期内市场及各种影响因素的资料。市场预测所需的现实资料，一般是预测者根据需要对市场进行调查的结果，也可以是各种调查机构的已有资料。市场预测必须搜集有关现实资料，才能使市场预测的结果既不脱离市场现象的长期发展规律，又能对市场的现实变化做出及时地反应，使市场预测结果更加符合客观实际。市场现实资料在其内容上，主要包括市场及影响市场各因素的最近表现。如全国或各地区在市场预测时及预测期内的人口数量及构成和发展变化趋势；全国或各地区在市场预测时或预测期内居民购买力数量及其发展趋势；全国或各地区在市场预测时和预测期内生产数量及结构的状况和变动趋势等。此外，现实资料还特别注重从较小的市场范围内，对很具体的商品的生产、技术发展情况、质量、规格、需求状况等的资料进行调查，并对调查结果进行分析研究，为企业的生产、营销预测提供资料。通常这种调查的组织者就是预测者，所作的市场调查常见的有：社会经济调查，市场动态调查，消费者意见调查等。

在取得市场预测所需的历史和现实资料后，还必须对这些资料进行加工整理。对资料进行加工整理，主要是对反映市场现象总体特征的资料，根据研究问题即进行预测的目的，根据市场现象自身的特点，进行分组、分类，使这些资料系统化、条理化，使之成为反映市场现象总体特征的资料。经过加工整理的资料才能满足市场预测的需要。一般来说，对于历史资料是进行再整理的过程，因为人们积累下来的市场及各种影响因素的历史资料，是已经经过整理的，在市场预测前再进行整理，主要是为了进一步满足预测者研究问题的需要。有相当一部分现实资料也是这种情况。对于由预测者组织的各种调查所得到的那一部分现实资料，则是初次加工整理，直接将整理后的资料用于市场预测。

（三）对资料进行周密分析，选择适当的预测方法

市场预测者对经过整理的市场预测资料，还必须进行周密的分析，然后才能选择适当的具体预测方法进行市场预测。对市场预测的资料进行周密分析，主要是分析研究市场现象及各种影响因素是否存在相关关系，其相关的紧密程度、方向、形式等如何；还要对市场现象及各种影响因素的发展变化规律和特点进行分析。如分析研究全国或各地区市场需求量与相应的生产部门发展之间的经济联系；分析研究全国或各地区市场需求量与居民收入水平之间的相关联系；分析国内市场与进出口贸

易之间的经济联系和制约关系;分析研究全国或各地区社会商品零售额及其构成的发展变化规律;分析研究各种主要商品销售量在全国或各地区的发展变化规律等等。在分析研究中可以看到,各种市场现象及影响因素的资料所反映出的变化规律都不尽相同,有的呈现上升的趋势,有的呈现下降的趋势,有的呈现波动趋势,有的呈现平稳发展的趋势;其变动的幅度也有高有低。存在相关关系的市场现象及各种影响因素的表现也不尽相同,有的呈负相关,有的呈正相关;有的呈现直线相关,有的呈现曲线相关等等。根据市场现象及各种影响因素的具体特点,才能选择适当的预测方法。市场预测的方法很多,各种方法不论是简单还是复杂,都有其特定的适用对象。在市场预测中,只有根据对资料的周密分析选择适当的方法,才能正确地描述市场现象的客观发展规律,才能发挥各种预测方法的特点和优势,对市场现象的未来表现做出可靠的预测。

(四)建立预测模型,确定预测值,并测定预测误差

在市场预测中,根据市场现象及各种影响因素的规律,建立起适当的预测模型。运用所建立的预测模型,就可以计算某预测期的预测值了。值得注意的是,在计算预测值时除了要根据数学模型的运算规律以外,还必须结合预测者对未来市场的估计,而不能机械的运用规律模型。这是因为预测模型只是市场预测中的一种方法或者工具,并不具有任何特殊功能,决不能过于迷信它而忽视了对客观事实的分析。

在市场预测中,不论预测者选择多么适合的预测模型,也不论在计算预测值时多么认真,预测值与实际值之间都会有一定的误差。这是因为预测值是一种估计值,而不是实际观察结果,出现误差是必然的。但是,预测者可以通过各种努力使预测误差尽可能小。各种类型的市场预测方法,在计算预测值的同时,还必须测定预测值与实际值之间的误差。若预测误差大于研究问题所允许的范围,则预测结果不能被采纳;若预测误差小于研究问题所允许的误差范围,则可采纳市场预测值或在一定区间估计预测值。

(五)检验预测结果,修正预测值

由于市场现象和各种影响因素都会随时间、地点、条件的变化而变动,市场预测值和市场预测所应用的方法不是一成不变的。市场预测者必须根据市场现实情况的变化,适当地对预测值加以修正,使之更加符合市场发展变化的实际。在对市场现象或各种影响因素的连续观察和预测中,有时不但要对预测值加以适当修正,在市场现象和各种影响因素发生较大变化时,甚至必须改换预测方法,重新建立适当的预测模型,才能提高市场预测的精确度。总之,不论是宏观市场预测还是微观市场预测,都不能在建立了一个预测模型后,就不顾客观实际的发展变化盲目的连续下去,必须根据市场现象和各种影响因素的变化经常地修正预测值,在必要时必须更换预测模型。

上述市场预测各步骤是紧密连续的,其中任何一个环节都是必不可少的和必须

认真对待的。任何一个步骤出现疏忽都会影响到整个市场预测结果的质量。在进行市场预测中,预测者必须把握各步骤的要点及其他们之间的相互关系,有步骤地具体实施预测计划,提高市场预测的精确度。

第二节 市场预测的分类与基本内容

一、市场预测的分类

社会生产是为了满足人民不断增长的物质和文化生活需要。社会生产力水平不断提高,促进了经济和社会的发展,也促进了社会需求的增长。我国的市场需求总量处在不断增长当中,同时随着社会发展和人民生活水平的提高,市场商品需求结构也在逐步发生变化。在市场需求总量不断增长的同时,对商品种类的需求结构,对具体商品的品种、花色、规格、牌号的需求会不尽相同。市场预测工作必须面对这些具体情况,采用不同的预测方法,对市场进行预测。为了使市场营销活动适应不断变化的市场需求,必须做出满足各种市场营销决策需要的预测。由此可见,要使市场预测及时地反映市场发展变化的实际,就必须进行各种类型的市场预测。

市场预测的种类很多,它可以按各种标志加以区分。常用的几种市场预测分类标志有:按市场预测时间的长短进行分类;按市场预测的空间范围进行分类;按市场预测的商品内容进行分类;按市场预测采用的方法进行分类等。

(一) 按市场预测时间的长短分类

按市场预测时间的长短不同分类,市场预测可以分为短期市场预测、近期市场预测、中期市场预测、长期市场预测。

1. 短期市场预测

短期市场预测,一般是以周、旬为时间单位,根据市场变化的观察期资料,结合市场当前和未来变化的实际情况,对市场未来一个季度内的发展变化情况做出估计。短期市场预测的结果可以用来编制月份或季度的各种生产或营销计划。短期市场预测结果一般必须做到及时、准确,对市场的各种变化要有敏感的反应,使商品生产和营销企业能够及时地了解市场的发展变化,以便适当安排商品生产数量和组织市场营销。

2. 近期市场预测

近期市场预测一般是以月为时间单位,根据对市场变化的实际观察资料,结合当前市场变化的情况,对市场未来一年内的发展变化情况做出预测。通常是对年度的市场情况做出预测。近期市场预测的结果可以用来编制生产企业购进原材料计划及生产计划,编制营销企业组织货源和销售的计划等,它是企业编制各种年度计划的重要依据之一。

3. 中期市场预测

中期市场预测一般是指3～5年之内的市场预测。中期市场预测的结果可以为生产和营销企业编制3～5年的经济发展计划提供重要依据。同时，中期市场预测还经常用于长期影响市场的各种因素的预测，如对影响市场的经济、技术、政治、社会等重要因素的预测，用来分析研究市场未来的发展趋势，研究市场发展变化的规律。

4. 长期市场预测

长期市场预测一般是指5年以上的市场预测，是为制定社会和国民经济发展的长期规划，而专门进行的市场预测。长期市场预测主要是对市场未来的发展变化趋势进行预测，使社会和国民经济按客观规律健康地发展，为统筹安排国民经济长期的生产、分配、交换、消费提供重要依据。

不同时间的各种市场预测之间，不是互相孤立的，而是相互联系的。如长期预测可以参照中期预测的结果。

（二）按市场预测的空间范围分类

按市场预测的空间范围进行分类，市场预测可分为宏观市场预测、中观市场预测、微观市场预测。

1. 宏观市场预测

宏观市场预测是统观市场需求的发展变化及趋势，其内容是涉及国民经济全局的市场预测，其空间范围往往是全国性市场预测。宏观市场预测，以安排国民经济综合平衡中各种合理的比例关系，合理配置各种资源等为主要目的，为国民经济宏观决策提供必要的、可靠的依据。

2. 中观市场预测

中观市场预测是涉及国民经济各行业的市场预测，从空间范围来看，是以省、直辖市、自治区或经济区为总体的市场预测。如预测国民经济中某一行业可向市场提供的产品总量、某类产品数量或某种商品的数量，与其需求量进行对比分析，研究供给与需求之间是否适应；预测某省、直辖市、自治区的购买力总量的发展变化情况等等。这些都可看做是中观市场预测，它主要是用以满足地区或行业组织生产与市场营销决策的需要。

3. 微观市场预测

微观市场预测一般是指企业所进行的市场预测，从空间范围上看，表现为当地市场或企业产品所涉及地区市场的预测。微观市场预测的范围比较小，其预测的过程及其内容可以比较具体、细致，它可以具体地预测市场商品需求的数量、品种、规格、质量等，为企业根据市场变化合理安排生产和营销活动提供准确、具体的市场信息。

不同空间的市场预测之间不是孤立的，而是互相联系的。微观预测与宏观预测的结论应是一致的。

（三）按市场预测的商品内容分类

按市场预测的商品内容分类，市场预测可分为单项商品预测、分类别商品预测、商品总量预测。

1. 单项商品市场预测

单项商品市场预测是指对某种具体商品生产或需求数量的预测，甚至对这种商品中具体规格、牌号、质量的生产量或需求量进行预测。单项商品市场预测的特点在于预测内容的具体化，有极强的针对性。

2. 分类别商品市场预测

分类别商品市场预测是按商品类别预测其需求量或生产量等。如对食品类商品、日用品类商品、文娱用品类商品、医疗保健类、衣着类、通讯类等做生产量或需求量的预测。分类别商品市场预测，主要是为了分析研究商品需求的结构，以合理地组织各类商品生产和营销活动。除了按产品本身的类别分别进行市场预测外，还可按商品消费对象不同分类进行市场预测。因为不同的消费者对商品的消费数量和结构是不同的，即使是对同一商品，不同的消费者也会在其规格、牌号、品种、花色上有不同的要求。消费者可按年龄、性别分类进行市场需求的预测，如儿童商品市场预测、妇女商品市场预测、中老年人商品市场预测等等；消费者还可按地区分类进行市场需求预测，如城镇市场预测、乡村市场预测等等；此外还可按消费者的职业等进行分类做市场预测。

3. 商品总量预测

商品总量预测是指对生产总量或消费需求总量所做的市场预测。它常常表现为一定时间、地点、条件下的购买力总量预测，国内生产总值预测等。商品总量市场预测可为从宏观和中观管理研究市场供求平衡提供重要的依据。

不同商品内容的市场预测是相互联系的，只是具体化程度的不同，在实践中各有用途。

（四）按市场预测的方法分类

按市场预测的方法不同分类，市场预测可分为定性市场预测和定量市场预测。

1. 定性市场预测，是应用定性预测法所进行的市场预测

这类市场预测是依据预测者对市场有关情况的了解和分析，结合对市场未来发展变化的估计，由预测者根据实践经验和主观判断做出的市场预测。它既可以对市场未来的供给量和需求量进行预测，也可对市场未来发展变化的特点、趋势等做出判断预测。

2. 定量市场预测，是指根据定量预测方法进行的市场预测

定量市场预测根据所定数量的不同又可分为时间序列预测法和相关回归预测法。定量市场预测的特点，是以大量的历史观察值为主要依据，建立适当的数学模型，以数学模型为预测模型，推断或估计市场未来的供给量和需求量等。其具体方

法会在以后章节中介绍。

总计,市场预测是多种多样的,在市场预测研究实际问题时,要根据被研究对象的主要特点,根据市场预测目的,选择适当的市场预测类型,以满足决策者研究问题的需要。前面所做的对市场预测的各种不同分类,每一种都不是孤立存在的,它们是相互联系的,如宏观市场预测,可以按中期或短期预测;也可按单项产品、分类产品、商品总量预测;还可用定性或定量方法进行市场预测等。在每一项市场预测实际工作中,预测者都必须确定预测的时间长短,预测的范围大小,预测的产品内容,预测的具体方法,实际上必须将市场预测的各种分类综合考虑,才能进行一次具体的市场预测。

二、市场预测的内容

预测是为决策服务的。经济管理部门从事宏观调控和企业经营的决策要求不同,它们对市场预测的内容也就有所不同。

(一) 经济管理部门市场预测的内容

1. 消费品需求总额及其构成变动趋势的预测。它反映着一定时期全国或一定地区市场范围内有货币支付能力的消费品市场容量及其对各大类消费品的购买力投向。

2. 生产资料需求总额及其构成变动趋势的预测。它反映着一定时期社会生产资料购买力及其对各大类生产资料的购买力投向。生产资料需求总额包括农业生产资料需求、工业生产资料需求、基本建设需求和其他需求(如国防、科研、技改等需求)。

3. 市场商品供应总额及其构成和未来商品供求平衡状况的预测。供应总额及其构成的预测内容、范围和口径要与上述消费品和生产资料的需求总额及其构成相对应,以便进行对比分析,预测未来市场供求平衡的状况。

4. 重要商品市场供求变动趋势的预测。所谓重要商品是指直接关系国计民生的重大商品。如粮食、棉花、石油、煤炭、电力等。一般情况下是对其需求总量进行预测。

5. 对外贸易进出口的商品总额,重要商品进出口数量及其外贸平衡状况变动趋势的预测。对外贸易,进出口商品数量及平衡状况,直接影响着国内市场商品供求结构的变化。

(二) 企业市场预测的重要内容

1. 企业生产经营商品的需求预测。它包括在一定时期内市场对该商品的品种、规格、花色、型号、款式、质量、包装、需求量等变动趋势的预测。是企业对该产品进行决策的重要依据。

2. 商品经济寿命周期预测。商品经济寿命周期是指商品投放市场到被淘汰而退出市场这一过程中所经历的时间。由于科学技术的迅速发展和竞争的日趋激烈，任何商品都将被更新产品所取代。商品的经济寿命周期一般经历投入期、成长期、成熟期和衰退期四个阶段。弄清商品在其经济寿命周期中所处的阶段及其发展趋势，就可采取相应的经营策略，以提高企业的竞争能力。

3. 商品资源变动趋势预测。主要是为了弄清未来可以提供市场的货源供应情况，作为企业制定商品进货计划的依据。

4. 市场占有率预测。市场占有率是指本企业某种产品销售量（或销售额）占市场上同种产品销售总量（或总额）的比例。它直接反映了企业的经营能力和竞争能力。当某种商品的市场容量一定时，企业市场占有率的高低，决定了企业该商品的销售数量。

5. 商品价格预测。价格是价值的货币表现形式。价格的变动主要是由商品价值量的变化以及商品供求关系变化而决定的。同时，价格的变动又反过来影响商品供求关系的变化。商品价格预测，主要是预测该商品生产成本的变化和供求关系的变化趋势。其次是要预测价格变动对供应和需求所带来的影响，以及由此引起的购买力在商品之间的转移情况。这些对于企业进行产品决策和价格决策都有着重要的意义。

6. 新技术发展预测。主要是预测与本企业生产和经营的产品有关的技术发展前景，以便尽可能地采用新技术，并决定有关产品的取舍。

三、市场预测的步骤

1. 提出问题、确定预测目标。市场预测首先要明确预测的对象和目标，也就是要求解决预测什么和为什么要预测，预测要达到什么目的等问题。

预测是为决策服务的。预测目标根据决策的要求提出来的。每一次决策活动的目标不尽相同。因此，对预测目标提出的要求也就不一样。在通常情况下，预测的目标应由数量来表示。

2. 收集整理数据资料。即围绕确定的预测目标收集、整理和分析有关数据资料。预测资料的来源主要有市场调查得来的资料，国家有关部门发布的数据资料和本企业的统计资料。资料和数据要求准确、系统、全面。

3. 选择预测方法。预测的方法很多，归结起来可分为定性预测和定量预测两大类。每一类中都包含若干种不同的方法，而每一种方法又都有其自己的特点和适用条件。预测方法的选择应以能最大限度地达到预测目标为准。

4. 建立预测模型，确定预测结果。根据有关资料和市场的变化规律，建立数学模型并求得预测值。对预测的结果进行综合分析，考虑各种因素的影响，找出预测误差。

5. 提出预测报告。预测报告主要应包括以下内容：

① 预测的目的和确立的目标；

② 预测资料的来源及适用；
③ 预测所选用的方法；
④ 预测的结果和置信区间；
⑤ 结论和建议。

第三节 市场预测的主要方法和预测误差

当预测者着手于某一项市场预测工作时，明确市场预测的目的是首要的，调查、搜集、整理市场预测资料是必需的。而紧接着的重要环节，就是选择适当的预测方法，这就需要了解市场预测的方法到底有哪些种类。随着社会生产的发展和科学技术水平的提高，人们对市场预测越来越重视，各种市场预测方法也就随着市场预测的实践，不断地产生出来、完善起来。

一、市场预测方法的种类

市场预测的具体方法很多，大致可分为以下几类：

1. 定性市场预测法

定性市场预测法，主要是根据有关专家对市场情况的了解和对市场未来发展变化的估计，依靠专家的经验和他们的主观经验判断能力和综合分析问题能力，对市场未来的情况从数量上做出预测。

定性市场预测法的主要特点是：应用起来比较灵活方便；所花费的人力、物力、财力比较节省；所需时间比较短，时效性较强；它特别适用于缺少历史资料的市场现象的预测，如对投放市场的新产品的未来需求量进行预测等。定性预测法与定量预测法的主要区别，在于这两类方法的预测依据不同，而并不是说定性预测法只预测市场发展趋势不必测算预测值。

2. 相关回归分析市场预测法

相关回归分析市场预测法，是根据市场现象各种影响因素之间的相关关系，确定影响市场现象的因素，将影响因素作为自变量，将所要预测的市场现象作为因变量，对市场的未来状况做出预测。所建立的数学模型称为回归方程。相关回归分析市场预测法是一种定量预测方法，就是确定对市场现象产生影响的一个或多个自变量的数量，根据所定的自变量数量，用回归模型测算出市场现象因变量的数量，即市场预测值。相关回归分析预测法是市场预测中一类实用价值很高的方法。

3. 时间序列市场预测法

时间序列市场预测法，是以市场现象的时间序列历史资料为依据，根据时间序列的变动规律建立适当的数学模型，用数学模型对市场现象的未来趋势做出预测。

时间序列市场预测法,也属于定量预测的方法,它所定的是时间影响量,是根据所建立的数学模型,对未来一定预测期的市场现象数值做出预测,不同的预测期,市场现象预测值就不同。对于那些具有详细时间序列资料,却无法确定其主要影响因素或无法将主要影响因素量化的市场现象来说,时间序列预测法是最适合的预测方法。

二、市场预测方法的选择

在众多种类的预测方法中,预测者选择哪种方法进行市场预测最为合适,是市场预测实践中所面临的具体问题。一般来说,选择市场预测的方法应从以下几方面综合考虑。

1. 市场预测的目的和要求

每项具体的市场预测都有其特定的目的,市场预测的目的不同,对预测方法的选择就有不同的要求。在长期市场预测中,必须选择适合长期预测,能够反映市场现象发展趋势的预测方法;在短期市场预测中,则应选择适合短期预测,对市场变化反映灵敏的预测方法。在对新产品投放市场的需求量进行预测时,由于不具有时间序列的历史资料,就不能用时间序列预测法,而最好采用定性市场预测法做预测。由此可见,市场预测的目的和要求,决定着选择什么方法做市场预测最合适。

2. 市场预测对象的特点及其发展变化规律

选择市场预测的方法,还必须从市场预测对象本身的特点和发展变化规律出发。如当预测者能够比较容易地确定影响预测对象的主要因素,并能将其量化时,就可以顺利地应用相关回归分析市场预测法;如果影响预测对象的主要因素难于确定,或影响因素可以确定但无法量化,就不能采用相关回归分析预测法,必须考虑采用其他预测方法。

采用时间序列预测法做市场预测时,更应细致地观察时间序列历史资料的发展变化规律和特点,建立适当的预测模型。时间序列的发展变化特点和规律一般是比较复杂的,必须经过反复观察和分析研究才能发现。时间序列数学模型的种类也很多,有些很相似,比较容易混淆。因此,对市场现象发展变化特点和规律的观察和分析研究要特别认真、细致。

3. 预测结果的准确性

在市场预测中,将预测误差降到最低限度,是每个预测者所希望的。也是他们选择不同市场预测方法时的重要标准之一。各种市场预测方法的预测能力不同,其预测误差的大小也不同,有的预测方法在预测市场现象发展趋势方面比较准确,有的方法则在反映市场现象波动方面比较准确。

在市场预测的实践中,经常会遇到适用于某一预测对象的方法不只有一种,一种预测方法不只适用于一种预测对象。在预测方法实际使用之前,并不知道其预测误差的大小,在这种情况下,通常是应用几种不同的适应性预测方法,同时对某一市场现象进行预测,并分别计算各种预测方法做市场预测时的预测误差,选择预测误差最小的预测方法做出的市场预测值,作为最终被采纳的市场预测值。

4. 预测方法的适用性

这里所指的预测方法的适用性,是市场预测方法的难易程度、预测费用和时间长短等对预测者是否适用。有的预测方法虽然可以比较准确地对市场预测对象做出预测,但其数学知识要求程度高,运算工作量大,需用电子计算机完成数据处理,所需费用比较高,花费时间比较长。这类预测方法的实际应用受到比较大的限制,或者说它并不具备广泛的客观适用性。

预测者在选择预测方法时,必须根据自己所具备的各种条件,选择适当的预测方法。如果各方面的条件具备,当然可以将预测精度作为选择预测方法的主要因素来考虑;但如果计算能力和设备、预测费用和时间等条件并不特别理想,则可适当降低一点预测精度要求,选择那些过程简单,运算量较小,费用和时间都比较节省的方法进行市场预测。

三、预测误差

预测误差,从量的角度来说是指预测值与实际值的误差。预测误差是一个衡量预测精确度的指标,预测误差的大小与预测的准确程度成反比。预测误差小,表明预测的精确度高;反之,预测的精确度低。

(一)预测误差的测定

定量预测的误差一般用绝对数表示,也可以用相对数表示。用绝对数表示的个别预测误差的计算公式为:

$$e = y - \hat{y} \tag{4.1}$$

用相对数表示的个别相对预测误差的计算公式为:

$$E = \frac{y - \hat{y}}{y} \times 100\% \tag{4.2}$$

$$= \frac{e}{y} \times 100\%$$

式中:e——预测误差;

y——预测目标的实际值;

$\hat{y}$——预测目标的预测值或理论估计值;

E——预测误差的相对值,即相对误差。

误差和相对误差指标意义明确,计算简便,是计算其他误差指标的基础。

为了比较预测方法的精确度,或者综合考察某个历史时期预测误差的大小,需要利用有代表性的综合指标来测定综合性的、平均的预测误差,通常用平均绝对误差、均方根误差来测定。

1. 平均绝对误差(MAE)。平均绝对误差是各期误差绝对值的算术平均数,用以表明各期实际观察值与各期预测值(或理论值)的平均误差水平。用这个方法,负

差与正差都用绝对值计算,可以看出实际平均误差大小。其计算公式为:

$$\mathrm{MAE} = \frac{1}{n}\sum_{i=1}^{n}|e_i| = \frac{\sum|y-\hat{y}|}{n} \tag{4.3}$$

2. 均方根误差(RMSE)。均方根误差是误差平方平均数的平方根,用以表明各期实际观察值与各期预测值(或理论值)的平均误差水平,又称估计标准差。其计算公式为:

$$\mathrm{RMSE} = \sqrt{\frac{1}{n}\sum_{i=1}^{n}e_i^2} = \sqrt{\frac{\sum(y-\hat{y})^2}{n}} \tag{4.4}$$

均方根误差在数学性质上优于平均绝对误差,应用范围较广。

3. 综合相对误差。综合相对误差是均方根误差与各期实际观察值的平均数($\bar{y}$)对比而计算的比率值,综合相对误差越小,预测的精确度越高,计算公式为:

$$\text{综合相对误差} = \frac{\mathrm{RMSE}}{\bar{y}} \times 100\% \tag{4.5}$$

(二)预测误差产生的主要原因

1. 随机因素的影响。

2. 预测资料的影响。在实际工作中,往往由于资料的限制,有的预测对象资料不全或不实、有水分,有的预测对象是新生事物,还没有积累起有关资料,等等。这些都会产生预测误差。

3. 预测模型本身局限性的影响。在预测中,用于预测的数学模型,本身具有局限性,不可能把所有影响预测目标的因素都包括在模型之内。因此,利用数学模型进行预测也会产生不同程度的误差。

4. 预测方法选择不当的影响。预测方法不妥当,或者选择预测方法不当,或在预测计算过程中发生差错等工作上的缺点,也会导致预测误差的产生。

5. 判断推理不准的影响。当运用定性预测法进行判断推理预测时,预测者往往受知识水平有限,经验不丰富,认识不深刻和心理情绪等因素的影响而产生误差。或者运用定量预测法进行预测时,变量选择、判断不当而产生误差。

6. 预测结果被决策采纳后的影响。如果一个预测的结果为决策所采纳,并采取了实际措施,这时就有可能产生实际结果与预测结果之间的差别。

本章知识点回顾

预测是指对未来不确定事件的一种预计和推测。它是人们对客观世界各种各样事物未来发展变化的趋势以及对人类实践活动的后果,事先所作的分析和估计。客观世界许多事情的未来变化都具有不确定性,人们在行动之前,往往又需要知道同目前行动有关的未来事件的演变趋势,以便据此做出正确的决策。预测的意义在于使未来事件的不确定性减小,使人们的认识能基本接近未来的客观实际,以减少不确定性对其行为的影响。所以,预测活动所要解决的就是未来事件客观上不确定性与主观要求未来事件确定这个矛盾,整个预测过程就是一个力求解决这对矛盾的分析判断过程。

为了成功完成市场预测,预测者必须对预测的过程加强组织,按照预测工作的客观规律,有计划、按顺序、认真地完成市场预测各环节的具体任务。不同的预测方法可能在各步骤的具体操作上有所不同,但一般步骤是相同的。市场预测的一般步骤大致可以分为以下几个方面:确定市场预测的目的;调查、收集、整理市场预测所需资料;对资料进行周密分析,选择适当的预测方法;建立预测模型,确定预测值,并测定预测误差;检验预测结果,修正预测值。

上述市场预测各步骤是紧密连续的,其中任何一个环节都是必不可少的和必须认真对待的。任何一个步骤出现疏忽都会影响到整个市场预测结果的质量。在进行市场预测中,预测者必须把握各步骤的要点及其它们之间的相互关系,有步骤地具体实施预测计划,提高市场预测的精确度。

市场预测工作必须面对这些具体情况,采用不同的预测方法,对市场进行预测。为了使市场营销活动适应不断变化的市场需求,还必须做出满足各种市场营销决策需要的预测。由此可见,要使市场预测及时地反映市场发展变化的实际,就必须进行各种类型的市场预测。

市场预测的种类很多,它可以按各种标志加以区分。常用的几种市场预测分类标志有:按市场预测时间的长短进行分类;按市场预测的空间范围进行分类;按市场预测的商品内容进行分类;按市场预测采用的方法进行分类等。

当预测者着手于某一项市场预测工作时,明确市场预测的目的是首要的,调查、搜集、整理市场预测资料是必需的。而紧接着的重要环节,就是选择适当的预测方法,这就需要了解市场预测的方法到底有哪些种类。随着社会生产的发展和科学技术水平的提高,人们对市场预测越来越重视,各种市场预测的方法也就随着市场预测的实践,不断地产生出来、完善起来。

预测误差,从量的角度来说是指预测值与实际值的误差。预测误差是一个衡量预测精确度的指标,预测误差的大小与预测的准确程度成反比。预测误差小,表明预测的精确度高;反之,预测的精确度低。

✎ 练习与实训

一、名词解释
1. 市场预测
2. 历史资料
3. 定性市场预测
4. 定量市场预测

二、填空

1. 市场预测是指对（　　）的市场和市场（　　）的变化进行预计和推测。市场预测具有（　　）、（　　）、（　　）、（　　）和预测误差不可避免等特点。
2. 按市场预测时间的长短不同分类,市场预测可以分为（　　）、（　　）、（　　）、（　　）。
3. 按市场预测的商品内容分类,市场预测可分为（　　）、（　　）、商品总量预测。
4. 按市场预测的方法不同分类,市场预测可分为（　　）市场预测和（　　）市场预测。
5. 市场预测的方法归纳起来可分为（　　）、（　　）和时间序列预测法三大类。
6. 定量预测法可分为（　　）和（　　）两大类。

三、问答题

1. 如何理解市场预测的涵义、特点和作用？
2. 市场预测有哪些分类,有哪些要求？
3. 市场预测有哪些基本原理？有哪些基本要素？
4. 市场预测的内容有哪些主要方面？
5. 简述市场预测的基本步骤。

四、实训案例

实训案例：4种中药材市场的预测分析

甘草、白芍、丹参、柴胡、远志是社会需求量很大,易于种植管理的常用中药材,其价格受种植面积、生产周期、社会需求量、国家政策的影响较大。目前,上述几种药材的价格,有的处在低谷,如白芍；有的处在巅峰,如柴胡、远志。今后几年这几种药材的种植和市场会有什么变化呢？

（1）柴胡、远志

柴胡和远志都是多年生草本植物,以根入药。目前,这两种药材的市场价格都很高,并呈上升趋势。原因之一是社会需求量的不断增长；其二是野生资源的日益匮乏,而人工种植的产品短期内没有大的应市量。柴胡和远志的生产周期一般为两年,产量分别为每亩180公斤和120公斤,若按现在的市场价格35元/公斤和50元/公斤计算,效益是非常可观的。柴胡人工种植已有十几年的历史,因药农不愿种多年生药材,加上柴胡种发芽对温度要求较严格等因素的影响,一直没有形成大面积种植。远志人工种植近几年才获成功,要满足市场需求,还有待于进一步宣传、发动,扩大种植面积。所以,今后两年内应该大力发展柴胡和远志种植,以满足市场需求。

(2) 甘草

甘草是多年生草本植物,以根和根状茎入药,市场需求极大。据亳州市统计,近5年来,该市年销量都1 000吨左右。除亳州外,国内还有安国、清平、玉林、舜王城、荷花池等十几处大型交易市场,这些市场甘草的年销量共计2 000多吨,全国年销售量在3 000吨以上,人工种植的甘草不到其中的10%。市场呈供不应求之势。

甘草年销量居高不下的原因有三:一是药用量的稳定增长;二是出口量的逐年增加,在去年为期12天的广交会上,甘草成交量就达170余吨,且价格高达16.5元/公斤;三是非医药行业对甘草的开发利用,如卷烟业、食品业等。社会需求的迅速增长和甘草应市量的供不应求,必然拉动市场价格的不断攀升。目前野生甘草资源已濒临枯竭,而人工种植甘草近几年才小有规模,主要分布在河北、山东、河南等地,面积不过万亩,年产量不过3 000吨。人工种植甘草生产周期较长,安徽、苏北需两年才能收获,山东、河北需2～3年,内蒙古、东北地区得4年以上才能收获。如此长的生产周期,就决定了3年内人工种植的甘草难以满足市场需求。

(3) 白芍

白芍为多年生草本、以肉质根入药,多为人工栽培;主产区在安徽亳州、涡阳等地,全国大多数地区都可栽培。生产周期3～4年,最长可达6年。全国年销量10 000余吨,出口500～800吨。其价格受生产周期、人为炒作的影响,上下波动很大,呈周期性变化,目前为5元左右,估计这个价格三年内不会有大的变动。按近几年的物价计算,当白芍价格在6元时,与种其他药材的效益相当;价格在5元时,与种植粮食相当。从主产区调查的结果来看,白芍价格在6元时,药农对种植白芍不感兴趣,不会大面积种植。前两年白芍价格连续下滑,但都在10元以上,药农仍大面积种植。去年价格降至7.5元时,当年秋后的种植面积迅速缩小,种苗价格一下子从每株0.65元跌至0.4元,并一直持续到现在。

按白芍生长周期计算,去年秋栽下的白芍最迟在4年后应市。今年以后随着价格上涨,栽种面积会有所扩大。因此,今后几年大力发展白芍种植,肯定会有好的效益。此外,白芍属大宗出口创汇品种。中国入世后,出口量必然增加,这会在一定程度上缩短现在的低价运行期。

(4) 丹参

丹参为多年生草本,以肉质根入药,是世界公认的治疗心脑血管病的首选药物。应市丹参为人工栽培,生产周期为1年。近几年,社会需求量都在15 000吨左右。其价格主要受种植面积和气候条件的影响,上下变化很大。

在过去的10年间,丹参价格两起两落,呈周期性变化。每当市场价格超过10元时,就会形成大面积种植的局面,从而导致新一轮价格下滑。按目前物价计算,当产地收购价在6元时,与种其他药材效益相当;收购价在7.5元时,比种其他药材效益好,就会引发大面积种植。主产区沂蒙山、太行山区出产的丹参以皮红、质白、有效成分含量高而享誉医药界。现在,这些产区的丹参收购价在6.5元左右,运抵市场的价格在7.2元左右,如果这个价格持续到今年新货上市,明年春季适时发展丹参种植是很好的时机。

另外,在生产上引进优良品种,改进传统种植技术,提高单位面积产量,是抵御市场风险、获最佳效益的有效途径。

案例思考:

你认为本项预测采用了哪类预测方法?有何特点?预测分析和论证是否充分、中肯?预测的依据是什么?

第五章 时间序列预测方法

📁 本章结构图

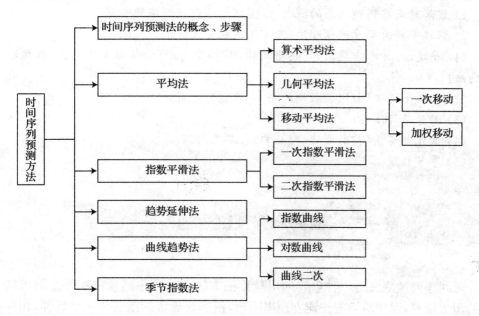

🖱 任务导入

案例：内华达职业健康诊所火灾损失预测

内华达职业健康诊所是一家私人医疗诊所,位于美国内华达州斯巴克市。这个诊所专攻工业医疗,在该地区经营超过 15 年。1991 年初,该诊所进入了迅速增长阶段。在其后的 26 个月里,该诊所每个月的营业收入从 57 000 美元增长到超过 30 万美元。直至1993年4月6日,当诊所的主要建筑物被烧毁时,诊所一直经历着高速增长。

该诊所投保的保险范围包括实物财产和设备,也包括由于正常营业中断而引起的收入损失。确定实物财产和设备在火灾中的损失额,处理实物财产的保险索赔相对简单。但确定重建诊所的7个月期间营业收入的损失额很复杂,它涉及业主和保险公司之间的讨价还价。对于假如没发生火灾,诊所营业收入"将会如何变化"的估算,没有什么现成的方法。为了测算收入损失金额,该诊所采用一种预测方法,来测算在7个月的停业期间将要实现的营业增长。火灾之前诊所账面收入的历史资料,为包含线性趋势和季节成分的预测模型提供了基础资料,这些预测原理及方法将在本章加以讨论。采用这个预测模型,可以准确估计诊所重建期间停业所损失的收入额,保险公司最终也认可了该预测值。

学习目的与技能要求

1. 理解时间序列预测法的概念,掌握时间序列预测法的步骤;
2. 掌握下列时间序列预测法,能够运用相应方法进行预测。
(1) 平均法[算术平均法、几何平均法、移动平均法(一次移动平均法、加权移动平均法)]
(2) 指数平滑法(一次指数平滑法、二次指数平滑法)
(3) 趋势延伸法
(4) 曲线趋势法(指数曲线、对数曲线、二次曲线)
(5) 季节指数法

第一节　时间序列预测法的概念和步骤

时间序列预测法是一种重要的定量预测方法。时间序列预测法是根据市场现象的历史资料,运用科学方法建立预测模型,使市场现象的数量向未来延伸,预测市场现象未来的发展变化趋势,预测或估计市场现象未来表现的数量。时间序列市场预测法又称历史延伸法或趋势外推法。

市场预测中所依据的时间序列,是对市场现象过去表现的资料整理和积累的结果。时间序列就是将市场现象或影响市场各种因素的某种统计指标数值,按时间先后顺序排列而成的数列。时间序列又称动态数列或时间数列。时间序列中各指标数值在市场预测时被称为实际观察值。时间序列有很多种类,按时间序列指标的时间周期不同,时间序列可分为年时间序列和季度时间序列、月时间序列等;时间序列按其所排列的市场现象指标种类不同,可分为绝对数时间序列、相对数时间序列、平均数时间序列等等。

时间序列市场预测法,是通过对市场现象时间序列的分析和研究,根据市场现象历史的发展变化规律,推测市场现象依此规律发展到未来所能达到的水平,这实际上是对市场现象时间序列的数量及其变动规律进行延伸。时间序列市场预测法的理论依据,是唯物辩证法中的基本观点,即认为一切事物都是发展变化的,事物的发展变化在时间上具有连续性,市场现象也是这样。市场现象过去和现在的发展变化规律和发展水平,会影响到市场现象未来的发展变化规律和发展水平;市场现象未来的变化规律和水平,是市场现象过去和现在变化规律和发展水平的结果。因此,时间序列市场预测法具有认识论上的科学性。

在应用时间序列预测法进行预测时,还应特别注意另一方面的问题,即市场现象本来发展变化规律和发展水平,不一定与其历史和现在的发展变化规律完全一致。随着市场现象的发展,它还会出现一些新的特点。因此在时间序列市场预测中,绝不能机械地按市场现象过去和现在的规律向外延伸。必须要研究分析市场现象变化的新特点,新表现,并且将这些新特点和新表现充分考虑在预测值内。这样才能对市场现象做出既延续其历史变化规律,又符合其现实表现的可靠的预测结果。

市场预测所研究的市场现象,一般都受到多种因素发展变化的影响。这些影响因素,有些是确定的,有些是不确定的;有些比较易于取得量化资料,有些难于或根本无法取得量化资料。对不确定性因素的研究与预测难于确定性因素;对不易或不能取得量化资料因素的研究与预测难于可取得量化资料的因素是必然的。对确定性和不确定性可量化因素的影响,当然可以采取相关回归分析市场预测法进行研究。但不论是确定的还是不确定的,不论是易于量化的还是难于量化的因素,都会对市场现象发生影响,这种影响表现为综合的。而不论市场现象表现得多么复杂,不论有多少影响因素,最终都集中或综合表现为市场现象随时间的延续而发展变化。

时间序列是市场现象指标数值按时间先后顺序排列而成的,其序列中各指标是各种因素综合影响后的结果,其中所表现出的市场现象的发展变化规律也是各种因素的综合影响的反映。所以说时间序列预测法,实际上是考虑了所有影响因素综合影响的预测方法。在市场预测中,研究市场现象总变动的趋势及其规律性,应用时间序列预测法无疑是很有效的。

一般来说,时间序列市场预测法很适合短期和近期市场预测。时间序列预测法运用于长期和中期市场预测,则需要考虑得更周到,依据要更充分。只有当肯定市场现象在中、长期内发展变化的规律,与其过去和现在基本一致,或对预测期市场现象的新特点能确定的条件下,才能应用时间序列市场预测法,对市场现象未来的发展变化趋势做出预测。

时间序列市场预测法的步骤,与市场预测的一般步骤具有共同之处,又有其特点。

一、搜集、整理市场现象的历史资料,编制时间序列,并根据时间序列绘制图形

时间序列市场预测法,必须以市场现象较长时期的历史资料为依据。预测者搜集的资料越完整,对现象从时间上观察得越充分;对市场现象的发展变化趋势和规律的分析就越深入,预测结果就越准确。如果仅仅用五六个数字,就画一条直线,建立起一个预测模型就进行预测,这种做法是绝对不可取的。因为市场现象发展变化的趋势和规律,不可能根据短时期内的几个数字表现出来,而必须要在较长的时间内才能反映出来。市场现象发展变化的趋势和规律也不是一成不变的,在市场现象所处的各种不同历史时期,其规律和特点会有不同表现;尤其是对市场现象发展变化过程的转折点,就更必须通过长期资料的观察才能发现。通过市场现象较长时期的历史资料可以看出,市场现象在不同的历史时期;往往表现出不同的发展变化规律或趋势。我国很多历史统计资料,如商品销售额、农副产品收购额、居民收入水平、居民消费水平等的时间序列,在不同的历史时期具有不同的发展变化趋势和特点。在应用这些历史资料时,预测者必须对市场现象的长期资料进行分析研究,才能对市场现象在不同时期的变化规律和特点有正确的认识;也才能根据市场现象过去和现在的发展变化规律,对其未来的表现做出准确的预测。

在编制或应用市场现象历史资料的时间序列时,应特别注意现象各时期统计指标的可比性问题。必须保证各时间的统计指标数值在指标性质、口径范围、计算方法、计量单位、时间长短等等各方面都保持一致。若搜集到的历史资料存在不可比的情况,预测者应先对指标加以调整,使之具有可比性后,才能编制时间序列,用于时间序列市场预测法。

为了能够更加直观地观察市场现象的变化规律,利用时间序列进行市场预测,常常要将市场现象时间序列的指标绘制成图形。绘制图形的方法,是以时间 t 为横坐标,以被研究的市场现象观察值 Y 为纵坐标,绘制成散点图或折线图。这个步骤很重要,利用图形观察市场现象的发展变化趋势或规律,是非常直观和奏效的。通过对图形的观察,可以清楚地观察到市场现象是呈直线还是呈某种曲线,为分析时间序列建立基础。

二、对时间序列进行分析

编制了时间序列,绘制图形之后,预测者必须对现象进行深入分析,才能确定具体采用什么方法进行预测。市场现象时间序列观察值,是影响市场变化的各因素共同作用的结果。传统的时间序列分析法,把影响市场现象变动的各因素,按其特点和综合影响结果分为四种类型,即长期趋势变动、季节变动、循环变动、不规则变动。

1. 长期趋势变动

长期趋势是指时间序列观察值即市场现象,在较长时期内持续存在的总势态,

反映市场预测对象在长时期内的变动趋势。

长期趋势的具体表现有：水平型变动、趋势型变动,在趋势型变动中又分为上升、下降两种趋势。见图 5-1、图 5-2。

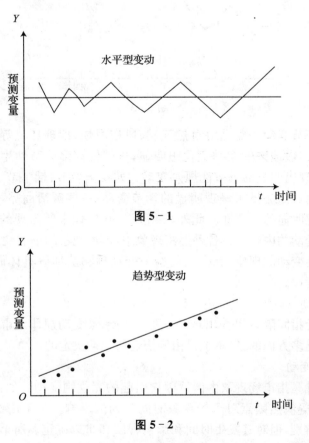

图 5-1

图 5-2

习惯上,常常把水平型发展趋势的现象,称为无明显趋势变动,而把具有上升、下降变动的现象,称为有明显趋势变动。在市场预测中,对水平型变动和趋势型变动的不同市场现象,必须按其不同的变动规律,采用不同的方法进行市场预测。

长期趋势变动,是市场现象发展的必然趋势,是市场现象不依人的意志为转移的客观表现。这种变动是大多数现象所具有的特点,也是分析时间序列,进行市场预测首先应该考虑的现象变动规律。在时间序列市场预测这类方法中,研究市场现象趋势变动的具体方法也是最多的。

2. 季节变动

季节变动一般以年度为周期,随着自然季节的变化,每年都呈现的有规律的循环变动。广义的季节变动还包括以季度、月份以致更短时间为周期的循环变动。见图 5-3。

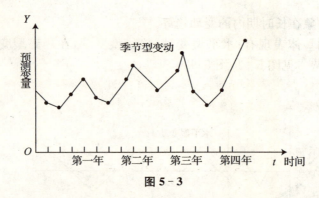

图 5-3

市场现象季节变动主要是由自然气候、风俗习惯、地理环境等因素引起的。我国地域广阔，大多数地区的四季变化很明显，这就使许多季节性生产和季节性消费的商品供求，呈现出明显的季节性规律变动。如我国春节、端午节、中秋节、元旦、国庆等节日期间消费商品供求呈现明显的季节变动；一些鲜活商品，大部分农产品的生产或上市呈现明显的季节性。此外，20世纪90年代末所出现的假日消费现象也是广义上季节变动的内容。在各种经济现象中，市场现象的季节性变动是最明显的。

对于季节性变动的现象，有专门的季节变动预测法加以具体研究，反映和描述其变动特点和规律。

3. 循环变动

循环变动泛指间隔数年就出现一次的市场现象变动规律。市场现象的循环变动形成的原因是多方面的，根本上是由经济运行周期决定的。

4. 不规则变动

不规则变动是指市场现象由偶然因素引起的无规则变动。如：自然灾害、地震、战争、政治运动等偶然因素对市场现象时间序列的影响。对于这些因素的影响，预测者虽然可以辨别，但对其发生时间和影响程度却难以确定。所谓偶然因素也就是说这些因素发生的时间和影响是偶然的，是不确定的。

当对时间序列进行分析，采取某种方法预测时，往往是采取剔除偶然因素的影响，来观察现象的各种规律性变动。

上面所谈的四种变动形式的影响因素不同，时间序列的变动也就呈现出不同的变动规律。有些时间序列受某种变动因素的影响比较强，而其他因素变动对它的影响不明显。如某些现象仅呈现明显的趋势变动；有些现象仅呈现明显的季节变动。大多数时间序列则是受多种变动因素的影响，表现出比较复杂的变动规律。如有些现象既存在明显的季节变动，又有明显的趋势变动，还夹杂着不规则变动的影响。对时间序列进行分析，就是要观察其主要变动规律，运用适当的数学方法建立预测模型，以便预测市场的未来表现。对于受多种变动因素影响的时间序列，分析过程往往是较复杂的。有时由于各种变动对时间序列的影响都混在一起，就很难从时间序列本身直接找出其变化规律，必须通过图形来观察分析。可以利用计算机对各影响因素进行分解,观察时间序列的各种变动规律。

三、选择预测方法,建立预测模型

根据对时间序列的认真分析,选择与时间序列变动规律相适应的预测方法,并建立相应的预测模型。在本章介绍各种预测方法时,都着重说明了各种方法所适用的市场现象变动规律。

四、测算预测误差,确定预测值

对于所建立的预测模型,通过测算其预测误差,可以判定模型是否能用于实际预测。若其误差值在研究问题所允许的范围内,即可应用预测模型确定市场现象的预测值。

第二节 时间序列预测方法及应用实例

一、平均法

平均法是在对时间序列进行分析研究的基础上,计算时间序列观察值的某种平均数,并以此平均数为基础确定预测模型或预测值的市场预测方法。

这种方法计算过程比较简单,简便易行。方法虽然简单,但只要使用得当,既符合市场现象本身的规律,也可以取得准确的预测效果。

平均法由于所用平均数不同,可以具体分为以下几种方法:

(一)算术平均法

算术平均数,是对时间序列观察值计算的动态平均数。算术平均数将市场现象在不同时间发展水平的差异抽象掉,表现某种现象在一段时期发展的一般水平。算术平均预测法就是把这个动态平均数,作为预测值的基础。

算术平均数的计算,是以市场现象观察值数据之和除以观察值的期数。其公式为:

$$\bar{Y}=\frac{\sum_{t=1}^{n}Y_t}{n} \quad \text{或简写为} \quad \bar{Y}=\frac{\sum Y}{n} \tag{5.1}$$

式中:$\bar{Y}$——平均数;

Y_t——各期观察值$(t=1,2,\cdots,n)$;

$\sum Y_t$——各期观察值之和;

n——观察期数。

算术平均法适用于市场现象时间序列呈水平型发展趋势,不规则变动即随机因素的影响较小。这种情况下应用此方法,实际上是进一步消除不规则变动的影响,将水平型变动规律更清楚地反映出来。

表 5-1　某商品销售量历年资料　　　　　　　　　　单位:百吨

观察期	1	2	3	4	5	6	7	8	9	10	11	12	合计
观察值 Y_t	10.2	10.6	10.5	10.9	10.9	10.8	10.4	10.5	11.0	10.5	10.6	10.7	127.6
$e_t = (Y_t - \hat{Y})$	-0.43	-0.03	-0.13	0.27	0.27	0.17	-0.23	-0.13	0.37	-0.13	-0.03	0.07	—
e_t^2	0.1849	0.009	0.0169	0.0729	0.0729	0.0289	0.0529	0.0169	0.1369	0.0169	0.009	0.049	0.6671

【例】对某地区若干年某种商品销售量进行预测,资料及计算见表 5-1。根据资料分几步进行计算。

1. 根据时间序列资料计算平均数。

$$\bar{Y} = \frac{\sum Y}{n} = \frac{127.6}{12} = 10.63(百吨)$$

2. 测算预测误差

用标准差指标测算预测误差。

$$\text{RMSE} = \sqrt{\frac{1}{n}\sum e_t^2} = \sqrt{\frac{0.6671}{12}} = \sqrt{0.0556} = 0.2358(百吨)$$

预测误差相对观察值来看很小,说明平均数预测值可以采纳。

3. 确定预测值

若通过具体分析,下一时期市场对此商品需求无异常变化,则可用算术平均数作为下期预测值。即:

$$\hat{Y}_{13} = 10.63(百吨)$$

若根据对具体情况的了解,认为下期市场变量有一定变化,则可在算术平均数基础上,加以调整后再确定预测值。

算术平均法具有简单方便的特点,但是适用面较窄,如果市场现象有明显趋势变动,算术平均数法就无法解决问题了。

(二) 几何平均法

几何平均法就是当市场现象时间序列的环比发展速度基本一致的情况下,以平均发展速度为依据建立预测模型,并对市场现象进行预测的方法。

平均发展速度,是对时间序列环比发展速度的连乘积开高次方,求出市场现象在一定时期内发展速度的一般水平。平均发展速度一般用几何平均法计算。

时间序列环比发展速度,是本期观察值与上期观察值之比,其公式为:

$$\frac{Y_2}{Y_1}, \frac{Y_3}{Y_2}, \cdots, \frac{Y_{n-1}}{Y_{n-2}}, \frac{Y_n}{Y_{n-1}}, 即 \frac{Y_t}{Y_{t-1}} \tag{5.2}$$

平均发展速度公式为 $\overline{X} = \sqrt[n]{X_1 \cdot X_2 \cdots X_n} = \sqrt[n]{\prod X_t}$ (5.3)

式中：X_t——观察值的环比发展速度（$t = 1, 2, \cdots, n$）；

$\prod X_t$——环比发展速度的连乘积。

平均发展速度的计算方法，一般用几何平均法。即对环比发展速度的连乘积开高次方。开高次方可以用对数法来计算。

用对数法计算时，是对平均发展速度计算公式两边同时取对数，即：

$$\lg \overline{X} = \lg \sqrt[n]{\prod X_t} \tag{5.4}$$

根据对数运算原理，上式可变形为：

$$\lg \overline{X} = \frac{1}{n} \sum_{t=1}^{n} \lg X_t \tag{5.5}$$

若求 $\overline{X}$，还要取反对数，即：$\overline{X} = \text{antilg} \dfrac{\sum\limits_{t=1}^{n} \lg X_t}{n}$ 。 (5.6)

【例】对某地区某行业国内生产总值进行预测，其资料和计算见表 5-2。

表 5-2 某行业某地区国内生产总值资料　　　　　　　　单位：百万元

观察期	国内生产总值 Y_t	环比发展速度 X_t（%）	$\lg X_t$	$\hat{Y}_t$	e_t^2
1	412	—	—	—	—
2	450	109.2	0.038 2	445.4	21.16
3	476	105.8	0.024 5	481.5	30.25
4	511	107.4	0.031 1	520.4	88.36
5	552	108.0	0.033 4	565.6	112.36
6	597	108.2	0.034 2	608.2	125.44
7	650	108.9	0.037 1	657.4	54.76
8	710	109.2	0.038 2	710.7	0.49
9	770	108.5	0.035 5	768.2	3.24
合计	—	—	0.272 2	—	436.06

根据表 5-2 中国内生产总值的观察值，计算以下内容。

1. 计算观察值的环比发展速度

根据表 5-2 中环比发展速度计算结果，各期发展速度基本一致，判断可以采取几何平均数预测法进行预测。

2. 计算观察值的平均发展速度

$$\overline{X} = \text{antilg} \frac{\sum_{t=1}^{n} \lg X_t}{n} = \text{antilg} \frac{0.2722}{8}$$
$$= \text{antilg } 0.034$$
$$= 1.081(或 108.1\%)$$

3. 计算各期的值

平均发展速度预测法的预测模型为：

$$\hat{Y}_t = \hat{Y}_{t-1} \times \overline{X}$$

表 5-2 中 $\hat{Y}_t$ 一栏的计算过程为：

$$\hat{Y}_2 = 412 \times 1.081 = 445.4(百万元)$$
$$\hat{Y}_3 = 445.4 \times 1.081 = 481.5(百万元)$$
$$\cdots$$
$$\hat{Y}_9 = 710.7 \times 1.081 = 768.2(百万元)$$

4. 测定预测误差

用标准差指标测定预测误差。根据表 5-2 中 e_t^2 之和。

$$\text{RMSE} = \sqrt{\frac{1}{n} \sum e_t^2} = \sqrt{\frac{436.06}{8}} = \sqrt{54.51} = 7.38(百万元)$$

预测误差为 7.38 百万元，相对于各观察值来说很小。故预测模型可以采用。

对下期国内生产总值进行预测：

$$\hat{Y}_{10} = 768.2 \times 1.081 = 830.4(百万元)$$
$$\hat{Y}_{11} = 830.4 \times 1.081 = 897.7(百万元)$$

几何平均法，适用于有明显趋势的市场现象时间序列预测。其趋势变动规律表现为发展速度大致相同，并且随机因素的影响不明显。此法用于近期预测比较合适，用于中期预测则必须充分考虑预测对象在预测期的变化情况，对预测值加以调整。

（三）移动平均法

移动平均法（即移动平均预测法），是对时间序列观察值，由远向近按一定跨越期计算平均值的一种预测方法。随着观察值向后移动，平均值也跟着向后移动，形成一个由平均值组成的新时间序列。对新时间序列中平均值加以一定调整后，可作为观察期内的估计值，最后一个移动平均值则是估计预测值的依据。

移动平均法有两个显著特点：(1) 对于较长观察期内，时间序列的观察值变动方向和程度不尽一致，呈现波动状态，或受随机因素影响比较明显时，移动平均法能够在消除不规则变动的同时，又对其波动有所反映。也就是说，移动平均法在反映现象变动方面较敏感。(2)移动平均预测法所需贮存的观察值比较少,因为随着移动,远期的观察值对预测值的确定就不必要了,这一点使得移动平均法可长期用于同一问题的连续研究,而不论延续多长时间,所保留的观察值个数不必增加。跨越期是多少,保留多少个观察值就可以了。这不论是对手工计算还是计算机计算都是有益的。

移动平均法的准确程度,主要取决于跨越期选择是否合理。预测者确定跨越期长短主要根据两点,一是根据时间序列本身的特点;二是根据研究问题的需要。如果时间序列的波动主要不是由随机因素引起的,而是现象本身的变化规律,这就需要预测值充分表现这种波动,跨越期取短一些。这样既消除了一部分随机因素的影响,又表现了市场现象特有的变动规律。如果时间序列观察值的波动,主要是由随机因素引起的,研究问题的目的是观察预测对象的长期趋势值,则可以把跨越期取长一些。

移动平均预测法适合于既有趋势变动又有波动的时间序列。也适合有波动的季节变动现象的预测。其主要作用,是消除随机因素引起的不规则变动对市场现象时间序列的影响。移动平均的具体方法,有一次移动平均法,二次移动平均法,加权移动平均法。

1. 一次移动平均法

一次移动平均法,是对时间序列按一定跨越期,移动计算观察值的算术平均数,其平均数随着观察值的移动而向后移动。一次移动平均值的计算公式为:

$$M_{t+1}^{(1)} = \frac{Y_t + Y_{t-1} + \cdots + Y_{t-n+1}}{n} \tag{5.7}$$

式中:$M_{t+1}^{(1)}$——第 $t+1$ 期的一次移动平均值;

Y_t——第 t 期的观察值($t=1,2,\cdots,N$);

n——跨越期数($1 \leqslant n \leqslant N$)。

可见,一次移动平均值,表面上是一个简单算术平均值,而事实上它是给时间序列中最近几个观察值以相同的权数,而对以前的观察值则不给任何权数;还可以看出,计算一次移动平均值,只需有最近几个观察值就够了。在实际计算中,如计算移动平均值的跨越期 n 取得比较大,还可对上式再行简化成下面的形式。

因为第 t 期的一次移动平均值为:

$$M_t^{(1)} = \frac{Y_{t-1} + Y_{t-2} + \cdots + Y_{t-n}}{n} \tag{5.8}$$

所以第 $t+1$ 期的移动平均值可以简化为:

$$M_{t+1}^{(1)} = M_t^{(1)} + \frac{Y_t - Y_{t-n}}{n} \tag{5.9}$$

由简化式明显看出,每个新的移动平均值,是对前一个移动平均值的调整。还可看出,当 n 越增大时,移动平均值序列表现得越平滑,只在每个移动平均值之间作了很小的调整。用简化公式计算,只要在前期移动平均预测值上加一个调整项 $\dfrac{Y_t - Y_{t-n}}{n}$ 即可。

表 5-3 某商业企业季末库存资料　　　　　　　　　　单位:万元

观察期	观察值 Y_t	$n=3$ $M_{t+1}^{(1)}$	$\|e_t\|$	$n=5$ $M_{t+1}^{(1)}$	$\|e_t\|$
1	10.6	—	—	—	—
2	10.8	—	—	—	—
3	11.1	—	—	—	—
4	10.4	10.83	0.43	—	—
5	11.2	10.77	0.43	—	—
6	12.0	10.90	1.10	10.82	1.18
7	11.8	11.20	0.60	11.10	0.70
8	11.5	11.67	0.17	11.30	0.20
9	11.9	11.77	0.13	11.38	0.52
10	12.0	11.73	0.27	11.68	0.32
11	12.2	11.80	0.40	11.84	0.36
12	10.7	12.03	1.33	11.88	1.18
13	10.4	11.63	1.23	11.66	1.26
14	11.2	11.10	0.10	11.44	0.24
合计	—	—	6.19	—	5.96

【例】对某商业企业季末库存进行预测。资料和计算见表 5-3。由表中数据观察资料可见,季末库存总额总体来说无趋势变动,但有些小的波动。为了消除随机因素引起的不规则变动,对观察值进行一次移动平均。并以一次移动平均值为依据预测库存额的未来变化。为了对比观察预测误差的大小,分别取跨越期 $n=3$, $n=5$ 同时计算。

当 $n=3$ 时,

(1) 计算一次移动平均值

$$M_4^{(1)} = \dfrac{Y_3 + Y_2 + Y_1}{n} = \dfrac{11.1 + 10.8 + 10.6}{3} = 10.83(万元)$$

……

$$M_{14}^{(1)} = \dfrac{Y_{13} + Y_{12} + Y_{11}}{n} = \dfrac{10.4 + 10.7 + 12.2}{3} = 11.1(万元)$$

(2) 计算各期移动平均值与实际观察值的误差绝对值,并计算绝对误差

$$|e_4|=|10.4-10.83|=0.43(万元)$$
$$|e_5|=|11.2-10.77|=0.43(万元)$$
...
$$|e_{14}|=|11.2-11.1|=0.1(万元)$$
$$\text{MAE}=\frac{\sum|e_t|}{n}=\frac{6.19}{11}=0.563(万元)$$

当 $n=5$ 时,根据上表计算结果为:

$$\text{MAE}=\frac{\sum|e_t|}{n}=\frac{5.96}{9}=0.662(万元)$$

由于 $n=5$ 时的预测误差明显大于 $n=3$ 时的误差,所以舍弃 $n=5$ 条件下的预测设想,确定采用 $n=3$ 时的结果进行预测。

(3) 对下期库存额进行预测

第15期季末库存额预测值为:

$$M_{15}^{(1)}=\frac{Y_{14}+Y_{13}+Y_{12}}{n}=\frac{11.2+10.4+10.7}{3}=10.77(万元)$$

若了解到下期会有特殊变化,可对此预测值再行调整。

从这个例子可以看出,一次移动平均可以消除由于偶然因素引起的不规则变动,同时又保留了原时间序列的波动规律。而不是像简易平均法那样,仅用若干个观察值的一个平均数作为预测值。另外,每一个移动平均值只需几个观察值就可计算,需要贮存的数据很少。

但是一次移动平均法,显然也有其局限性。一方面,这种方法只能向前预测一期;另一方面,对于有明显趋势变动的市场现象时间序列,一次移动平均法是不适合的,它只适用于基本呈水平型变动,又有些波动的时间序列,可以消除不规则变动的影响。

由于一次移动平均法不适用于趋势变动时间序列,因为一次移动平均值大大滞后于实际观察值。为了解决这个矛盾.就在一次移动平均的基础上,建立了二次移动平均的方法,二次移动平均预测法解决了预测值滞后于实际观察值的矛盾,适用于有明显趋势变动的市场现象时间序列进行预测,同时它还保留了一次移动平均法的优点。对二次移动平均法本书不再赘述。

2. 加权移动平均法

加权移动平均法,是对市场现象观察值按距预测期的远近,给予不同的权数,并求其按加权计算的移动平均值,以移动平均值为基础进行预测的方法。

确定权数时,对距预测期近的观察值给予较大权数,对距预测期远的观察值给予较小的权数,借以调节各观察值对预测值的影响作用,使市场预测值能更好地反映市场现象未来的实际变化。

加权移动平均法的公式为:

$$F_{t+1} = \frac{W_n Y_t + W_{n-1} Y_{t-1} + \cdots + W_1 Y_{t-n+1}}{\sum W_i} \tag{5.10}$$

式中：F_{t+1}——加权移动平均预测值；

Y_t——时间序列中第 t 期观察值；

W_i——移动平均的权数，$i=1,2,\cdots,n$；

n——跨越期。

现仍以一次移动平均的观察值，令 $n=3$，权数由远到近分别为 0.1, 0.2, 0.7。计算结果见表 5-4。

表 5-4 加权移动平均法计算表

观察期	观察值(万元)Y_t	$F_{t+1}(n=3)$	$\lvert Y_t - F_{t+1} \rvert$
1	10.6	—	
2	10.8	—	
3	11.1	—	
4	10.4	10.99	0.59
5	11.2	10.58	0.62
6	12.0	11.03	0.97
7	11.8	11.68	0.12
8	11.5	11.78	0.28
9	11.9	11.61	0.29
10	12.0	11.81	0.19
11	12.2	11.93	0.27
12	10.7	12.13	1.43
13	10.4	11.13	0.73
14	11.2	10.64	0.56
合计	—	—	6.05

表 5-4 中，

$$F_4 = F_{3+1} = \frac{W_3 Y_3 + W_2 Y_2 + W_1 Y_1}{W_3 + W_2 + W_1}$$

$$= \frac{0.7 \times 11.1 + 0.2 \times 10.8 + 0.1 \times 10.6}{0.7 + 0.2 + 0.1}$$

$$= 10.99(\text{万元})$$

……

$$F_{14} = F_{13+1} = \frac{W_3 Y_{13} + W_2 Y_{12} + W_1 Y_{11}}{W_3 + W_2 + W_1}$$

$$= \frac{0.7 \times 10.4 + 0.2 \times 10.7 + 0.1 \times 12.2}{0.7 + 0.2 + 0.1}$$

$$= 10.64(万元)$$

$$F_{15} = F_{14+1} = \frac{W_3 Y_{14} + W_2 Y_{13} + W_1 Y_{12}}{W_3 + W_2 + W_1}$$

$$= \frac{0.7 \times 11.2 + 0.2 \times 10.4 + 0.1 \times 10.7}{0.7 + 0.2 + 0.1}$$

$$= 10.99(万元)$$

F_{15} 为下期预测值。

根据表5-4中计算数据,此问题的预测误差为:

$$\mathrm{MAE} = \frac{\sum |e_t|}{n} = \frac{6.05}{11} = 0.55(万元)$$

其预测误差小于用一次移动平均法的预测误差。对此问题,加权移动平均法更适用。

二、指数平滑法

指数平滑法,实际上是一种特殊的加权移动平均法。它的特点是,其一,对离预测期最近的市场现象观察值,给予最大的权数,而对离预测期渐远的观察值给予递减的权数。使市场预测值能够在不完全忽视远期观察值影响的情况下,又能敏感地反映市场现象变化,减小了市场预测误差。其二,对于同一市场现象连续计算其指数平滑值,对较早期的市场现象观察值不是一概不予考虑,而是给予递减的权数。市场现象观察值对预测值的影响,由近向远按等比级数减小。其级数首项为 α,公比为 $1-\alpha$。这种市场预测法之所以被称为指数平滑法,就是因为如若将市场现象观察值对预测值的影响,按等比级数绘成曲线,所呈现的是一条指数曲线。而并不是说这种预测方法的预测模型是指数形式。其三,指数平滑法中的 α 值,是一个可调节的权数值,其取值范围为 $0 \leqslant \alpha \leqslant 1$。$\alpha$ 值越小时,市场现象观察值对预测值的影响自近向远越缓慢减弱;当 α 值越大时,市场现象观察值对预测值的影响自近向远越迅速减弱。预测者可以通过调整 α 的大小来调节近期观察值和远期观察值对预测值的不同影响程度。

指数平滑法按市场现象观察值被平滑的次数不同,可分为单次指数平滑法和多重指数平滑法。

(一)一次指数平滑法

一次指数平滑法,也称单重指数平滑法。它是指对市场现象观察值计算一次平滑值,并以一次指数平滑值为基础,估计市场现象的预测值的方法。

一次指数平滑法中平滑值的计算公式为：

$$S_{t+1}^{(1)} = S_t^{(1)} + \alpha \cdot (Y_t - S_t^{(1)}) \tag{5.11}$$

式中：α——平滑常数（$0 \leqslant \alpha \leqslant 1$）；

$S_t^{(1)}$——第t期的一次指数平滑值；

Y_t——第t期的实际观察值。

一次指数平滑值公式的实际意义是，被研究市场现象某一期的预测值，等于它前一期的一次指数平滑值，加上以平滑系数调整的，市场现象前一期的实际观察值与一次平滑值的离差。由此公式，可以直接地观察到，一次指数平滑法具有移动平均值的特点。

在实际应用一次指数平滑法计算时，为了简化计算过程，常常将一次指数平滑值计算公式，变形为一次指数平滑的预测模型。其公式为：

$$S_{t+1}^{(1)} = \alpha \cdot Y_t + (1-\alpha)S_t^{(1)} \tag{5.12}$$

一次指数平滑法预测模型的实际意义是，某期市场现象预测值，等于以权数α调整的前一期市场现象实际值，加上以剩余权数$(1-\alpha)$调整的前一次市场现象一次平滑值。一次指数平滑预测模型更直接地体现了，指数平滑法可以通过调整α的大小，来调整市场现象近期观察值和远期观察值对预测值的不同影响权数。

从一次指数平滑值公式和预测模型可见，指数平滑法是依次以旧平滑值或预测值，计算新平滑值或预测值的过程。它所需贮存的数据只有Y_t、S_t，这使计算得到简化。它克服了移动平均法至少需要n个观察值的不足。但实质上它仍是一种以平均值为基础的预测方法，是一种特殊的移动平均值，而并不是指数值。

一次指数平滑法是用旧预测值计算新预测值的方法，必然遇到第一个指数平滑值如何计算的问题。对于第一个指数平滑值$S_1^{(1)}$，一般采用下面两种方法之一来确定。一是令$S_1^{(1)} = Y_1$，即采用市场现象的最初实际观察值作为最初的指数平滑值；二是令$S_1^{(1)} = \dfrac{Y_1 + Y_2 + Y_3}{3}$，即取前三个市场现象观察值的算术平均数作为最初的指数平滑值。

在一次指数平滑法中，平滑常数是一个非常重要的数值。此值的变动区间为$0 \leqslant \alpha \leqslant 1$。$\alpha$值的大小，直接决定着市场现象各期实际观察值对预测值的影响作用大小。在一次指数平滑各值中，离预测期越远的市场现象实际观察值对预测值影响越小，呈递减规律。但其影响不论多小，还是认为它是存在的。当α值越接近于1，远期市场现象各实际观察值对预测值的影响递减得越迅速；相对而言，近期实际观察值对预测值的影响迅速加大。当α值越接近于0时，市场现象远期实际观察值对预测值的影响减弱越缓慢，相对地市场现象近期观察值对预测值的影响作用逐渐加大。

理论上，$0 \leqslant \alpha \leqslant 1$，在每次应用一次指数平滑的市场预测中，$\alpha$则是一个该区间内的确定值。预测者确定一个合适$\alpha$值非常重要，它决定着市场预测误差的大小。预测者在确定α值时，必须根据市场现象时间序列的变化规律而定。但预测者并不能事先确定α值多大最合适,通常是对同一市场现象的预测中,同时选择几个α值进行测算,分别测算出各个α值相应的预测误差。最后比较预测误差大小,选择误差最小的α值,并对市场现象进行预测。

表5-5　一次指数平滑计算表　　　　　　　　　　单位:万元

观察期	观察值 Y_t（万元）	α=0.3		α=0.5		α=0.9	
		$S_{t+1}^{(1)}$	$\|e_t\|$	$S_{t+1}^{(1)}$	$\|e_t\|$	$S_{t+1}^{(1)}$	$\|e_t\|$
1	10.6	10.83	0.23	10.83	0.23	10.83	0.23
2	10.8	10.76	0.64	10.72	0.08	10.62	0.18
3	11.1	10.77	0.33	10.76	0.34	10.78	0.32
4	10.4	10.87	0.47	10.93	0.43	11.07	0.67
5	11.2	10.73	0.47	10.67	0.53	10.46	0.74
6	12.0	10.87	1.13	10.93	1.07	11.13	0.87
7	11.8	11.21	0.59	11.47	0.33	11.91	0.11
8	11.5	11.39	0.11	11.64	0.14	11.81	0.31
9	11.9	11.42	0.48	11.57	0.33	11.53	0.37
10	12.0	11.56	0.44	11.74	0.26	11.86	0.14
11	12.2	11.70	0.50	11.87	0.33	11.99	0.21
12	10.7	11.85	1.15	12.03	1.33	12.18	1.48
13	10.4	11.51	1.11	11.37	0.97	10.85	0.45
14	11.2	11.18	0.02	10.89	0.31	10.45	0.75
合计	—	—	7.07	—	6.68	—	6.83

【例】对某商业企业季末库存进行预测。数据资料和计算结果见表5-5。

在表5-5中,采用一次指数平滑法对某企业季末商品库存额进行预测。

1. 确定平滑系数α

预测者选择了不同的平滑系数α值,分别为0.3,0.5,0.9。

2. 确定第一个平滑值

确定出最初的 $S_1^{(1)}$ 值,此处采取将前三期库存额实际观察值简单平均的方法,即令:

$$S_1^{(1)} = \frac{Y_1 + Y_2 + Y_3}{3} = \frac{10.6 + 10.8 + 11.1}{3} = 10.83(万元)$$

3. 计算一次指数平滑值

测算各期的一次指数平滑值。在表5-5中,是在三种α值的情况下测算一次指数平滑值。

如当 $\alpha=0.5$ 时,
$$S_2^{(1)}=0.5\times 10.6+0.5\times 10.83=10.72(万元)$$
…
$$S_8^{(1)}=0.5\times 11.8+0.5\times 11.47=11.64(万元)$$
…
$$S_{14}^{(1)}=0.5\times 10.4+0.5\times 11.37=10.89(万元)$$

当 $\alpha=0.3,\alpha=0.9$ 时与此类同。

4. 测算预测误差,比较误差大小

测算各 α 值情况下的预测误差:

如当 $\alpha=0.5$ 时,
$$|e_2|=|Y_2-S_2^{(1)}|=|10.8-10.72|=0.08(万元)$$
…
$$|e_8|=|11.5-11.64|=0.14(万元)$$
…
$$|e_{14}|=|11.2-10.89|=0.31(万元)$$

比较不同的 α 值时的平均绝对误差:

当 $\alpha=0.3$ 时,
$$\text{MAE}=\frac{1}{n}\sum|e_t|=\frac{7.07}{14}=0.505(万元)$$

当 $\alpha=0.5$ 时,
$$\text{MAE}=\frac{6.68}{14}=0.477(万元)$$

当 $\alpha=0.9$ 时,
$$\text{MAE}=\frac{6.83}{14}=0.498(万元)$$

可见,当 $\alpha=0.5$ 时,预测误差最小,故选择平滑系数 $\alpha=0.5$ 建立一次指数平滑法预测模型。预测模型确定为:
$$S_{t+1}^{(1)}=0.5Y_t+(1-0.5)S_t^{(1)}$$

5. 计算预测值
$$S_{14+1}^{(1)}=0.5\times 11.2+0.5\times 10.89=11.045(万元)$$

上例可以说明一次指数平滑法的几个基本特点:

(1) 一次指数平滑法实际上是一种特殊的加权移动平均法,是用预测期前一期市场现象实际观察值与平滑值的离差,对前一期的平滑值进行修正,得到新的一次平滑值。其修正数值的大小在很大程度上取决于 α 的大小。

(2) 一次指数平滑法在计算每一个平滑值时,只需要用一个实际观察值和一个上期平滑值就可以了,需要储存的数据量很少。一次指数平滑法的这种特点,省去了数据过多带来的不便,计算量不会过大。

(3) 一次指数平滑法只能向未来预测一期,有时不能满足市场预测的需要。此外,一次指数平滑预测模型中的第一个平滑值和平滑系数 α,只是根据经验加以确定,尚无严格数学理论证明。当市场现象存在明显趋势变动时,一次指数平滑法并不合适,一次指数平滑法只适合预测无明显趋势变动的市场现象。

可见,一次指数平滑法既具有明显优点也存在明显的不足。选用此方法时,必须充分利用它的优点,避免其不足对预测的限制和影响。一次指数平滑法的不足,用多重指数平滑法可以弥补。

(二) 二次指数平滑法

二次指数平滑预测法,即指对市场现象实际观察值测算两次平滑值,并在此基础上建立预测模型,对市场现象进行预测。二次指数平滑法与一次指数平滑法有着紧密的联系,二次指数平滑值必须在一次平滑值基础上计算。更重要的是,二次指数平滑值解决了一次指数平滑法不能解决的两个问题。一是解决了一次指数平滑法不能用于有明显趋势变动的市场现象预测;二是解决了一次指数平滑法只能向未来预测一期的不足。

应用二次指数平滑值,首先应计算出市场现象时间序列的一次、二次指数平滑值;然后在此基础上,建立二次指数平滑预测模型;最后利用模型进行预测,并进行误差测算。二次指数平滑法计算公式为:

$$S_t^{(1)} = \alpha Y_{t-1} + (1-\alpha) S_{t-1}^{(1)}$$
$$S_t^{(2)} = \alpha S_t^{(1)} + (1-\alpha) S_{t-1}^{(2)}$$
(5.13)

式中:$S_t^{(1)}$——第 t 期的一次指数平滑值;

$S_t^{(2)}$——第 t 期的二次指数平滑值;

α——平滑系数($0 \leqslant \alpha \leqslant 1$)。

二次指数平滑法的预测模型为:

$$F_{t+T} = a_t + b_t T$$
(5.14)

式中:F_{t+T}——第 $t+T$ 期预测值;

a_t、b_t——模型参数;

T——向未来预测的期数。

二次指数平滑法预测模型,实际上是近似的线性方程形式,a_t 是截距,b_t 是斜率。参数 a_t、b_t 的值采用一次、二次指数平滑值,分别根据下列公式来确定:

$$a_t = 2S_t^{(1)} - S_t^{(2)}$$
(5.15)

$$b_t = \frac{\alpha}{1-\alpha}(S_t^{(1)} - S_t^{(2)})$$
(5.16)

二次指数平滑这种线性平滑模型,在市场现象的观察期内,第 t 期的模型参数

a_t、b_t 是随着市场现象观察值 Y_t 和一次、二次指数平滑值 $S_t^{(1)}$、$S_t^{(2)}$ 的变动而变动的,由此保留了市场现象的一些波动。在预测期内,a_t、b_t 则是固定的,即采用观察期最后一期的 a_t、b_t 值。根据二次指数平滑预测模型,预测者不仅可向未来预测一期,还可根据需要对市场现象向未来预测两期或两期以上,在预测期内采用固定的参数值。显然,二次指数平滑预测模型克服了一次指数平滑法的明显不足。二次指数平滑预测模型,适用于具有明显趋势变动的市场现象的预测;可对市场现象向后预测两期或两期以上。它不仅可用于短期市场预测,而且可用于近期或中期市场预测。它是比一次指数平滑法更好的方法。

应用二次指数平滑公式计算平滑值时,其平滑系数 α 的确定原则与一次指数平滑法一致。在不知 α 取何值最合适的情况下,一般也是采用几个 α 值进行测算以选择最合适的 α 值进行预测。二次指数平滑初始值 $S_1^{(2)}$ 的确定也与一次指数平滑法相似,其确定方法也有两种,一种是以第一期的市场现象实际观察值代替,即令:$S_1^{(2)} = S_1^{(1)} = Y_1$;另一种方法是,在令 $S_1^{(1)} = \dfrac{Y_1 + Y_2 + Y_3}{3}$ 的同时,令 $S_1^{(2)} = \dfrac{S_1^{(1)} + S_2^{(1)} + S_3^{(1)}}{3}$。

三、趋势延伸法

市场现象时间序列的一种重要变动规律,就是长期趋势变动,它存在于许多市场现象之中。对市场现象的趋势变动进行研究,是市场预测的重要任务之一。趋势延伸市场预测法是专门用来研究市场趋势变动规律的一类方法。直线趋势延伸法,是研究市场现象趋势变动的最基本方法之一。

直线趋势延伸市场预测法,是以直线模型研究市场现象趋势变动的方法。如若市场现象时间序列具有长期趋势变动,而且呈现直线变化规律,即直线上升或直线下降趋势,就配合直线方程,用直线趋势延伸法进行预测。判断时间序列趋势变动是否具有直线趋势,可以用时间序列散点图判断,也可以用时间序列环比增长量(一次差)判断。若时间序列增长量接近于一个常数或差异不大,即可用直线趋势法。直线趋势延伸法的一般方程为:

$$\hat{Y} = a + bt \tag{5.17}$$

式中:$\hat{Y}$——第 t 期的趋势值(或预测值);

a——直线方程参数,即 Y 轴上的截距;

b——直线的斜率,是单位时间变化量;

t——时间序号。

在直线趋势方程中,关键是确定直线中参数 a、b 的值,建立直线预测模型。然后再应用预测模型,对市场现象做出预测。直线趋势延伸预测法确定 a、b 值的常用方法是最小平方法。

【例】现有某地区历年社会商品零售额数据资料,以此预测下年零售额。数据资料见表 5-6。

表 5-6 某地社会商品零售额资料　　　　　　　　单位：亿元

年份序号 t	1	2	3	4	5	6	7	8	9	10	11
零售额 Y_t	30	34	39	43	46	50	53	57	61	65	68

1. 通过散点图观察市场现象的变化规律

散点图显示，该地区社会商品零售额基本上呈现直线上升趋势，可用直线趋势延伸法来预测。通过对散点图的观察，决定用直线趋势方程来描述该市场现象的变化。

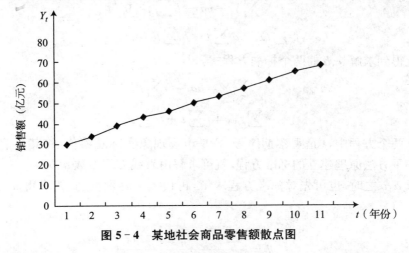

图 5-4 某地社会商品零售额散点图

2. 用最小平方法建立直线趋势预测模型

建立直线趋势预测模型，主要是求出直线方程式中的 a、b 值，而后以直线方程作为预测模型。下面用最小平方法求 a、b 值。最小平方法，也称最小二乘法。它是一种对市场变量时间序列配合数字方程式，建立市场预测模型，用来确定方程中参数 a、b 的方法。

最小平方法的基本思想是，在对市场变量时间序列配合一条最理想的趋势线时，若以 Y 表示市场现象时间序列中各期实际观察值，以 $\hat{Y}$ 表示市场现象趋势值（在预测期内则称预测值）。如果对市场现象时间序列配合的趋势线满足两点：① 时间序列实际观察值与趋势线各值的离差平方之和为最小，即 $\sum(Y-\hat{Y})^2$ 最小；② 时间序列实际观察值与趋势线各值离差之和为零，即 $\sum(Y-\hat{Y})=0$。则该直线最理想，是对市场现象实际观察值代表性最高的直线。

根据最小平方法配合趋势线的条件要求，必须做到：

$$\sum(Y-\hat{Y})^2 = 最小值$$

$$\hat{Y} = a + bt$$

$$\sum(Y-\hat{Y})^2 = \sum(Y-a-bt)^2$$

令:$Q = \sum (Y - a - bt)^2$

将 Q 看做两个变量 a、b 的函数,为使 Q 为最小值,则 Q 对 a、b 的偏导数应等于 0,即:

$$\frac{\partial Q}{a} = -2 \sum (Y - a - bt) = 0$$

$$\frac{\partial Q}{b} = -2 \sum (Y - a - bt)(t) = 0$$

整理后得:

$$\sum Y - na - b \sum t = 0$$

$$\sum tY - a \sum t - b \sum t^2 = 0$$

由此得到求解 a、b 的两个标准方程式:

$$\sum Y = na + b \sum t \tag{5.18}$$

$$\sum tY = a \sum t + b \sum t^2 \tag{5.19}$$

在这两个方程中,t 是观察期序号,Y 是市场现象实际观察值,将其各期数值代入由最小平方法原理建立的标准方程,就可求解由直线方程参数 a、b。

在求 a、b 之时,也可先对标准方程求解,再代入实际数据,直接求得 a、b。其解得公式为:

$$b = \frac{\sum tY - \frac{1}{n} \sum t \sum Y}{\sum t^2 - \frac{1}{n} (\sum t)^2} \tag{5.20}$$

$$a = \overline{Y} - b\bar{t} \tag{5.21}$$

在实践中应用这个解得方程求 a、b 更方便、快捷。

【例】对某地区社会商品零售额用最小平方法求直线方程参数,建立预测模型进行预测。其计算结果见表 5-7。

表 5-7 最小平方法直线趋势模型计算表　　　　　　单位:亿元

年份序号 t	观察值 Y	tY_t	t^2	Y_c	$|Y - Y_c|$
1	30	30	1	30.771	0.771
2	34	68	4	34.544	0.544
3	39	117	9	38.317	0.683
4	43	172	16	42.090	0.910
5	46	230	25	45.863	0.137
6	50	300	36	49.636	0.364

续表 5-7

年份序号 t	观察值 Y	tY_t	t^2	Y_c	$|Y-Y_c|$
7	53	371	49	53.409	0.409
8	57	456	64	57.182	0.182
9	61	549	81	60.955	0.045
10	65	650	100	64.728	0.272
11	68	748	121	68.501	0.501
合计:66	546	3 691	506	—	4.818

将表 5-7 中的有关数据代入求解 a、b 的标准方程：

$$\begin{cases} 546 = 11a + 66b \\ 3691 = 66a + 506b \end{cases}$$

解方程：

$a = 26.998$

$b = 3.773$

若直接代入解得方程求 a、b，则

$$b = \frac{3691 - \frac{1}{11} \times 66 \times 546}{506 - \frac{1}{11} \times (66)^2} = 3.773$$

$$a = \frac{546}{11} - 3.773 \times \frac{66}{11} = 26.998$$

其计算结果与标准方程一样。

则直线方程为：

$$\hat{Y}_c = 26.998 + 3.773t$$

以此直线方程为预测模型，计算各观察期的趋势值为

$\hat{Y}_1 = 26.998 + 3.773 \times 1 = 30.771$（亿元）

$\hat{Y}_2 = 26.998 + 3.773 \times 2 = 34.544$（亿元）

……

$\hat{Y}_{11} = 26.998 + 3.771 \times 11 = 68.501$（亿元）

由表 5-7 中有关数据，其预测误差为：

$$\text{MAE} = \frac{\sum |e_t|}{n} = \frac{4.818}{11} = 0.438（亿元）$$

在根据最小平方法标准方程，用市场现象实际观察值和观察期序号建立直线模型时，时间序列观察期 $t(t=1,2,3,\cdots,n-1,n)$ 是一个等差效列。即按年、季、月为

周期建立的时间序列的观察期,可以表示为一个公差为 1 的等差数列。在实际资料中它是实际的年份、季度或月份。在求解直线方程参数 a、b 时,有 $\sum t$ 的数据。根据 t 是一个等差数列的特点,可以人为地令 $\sum t = 0$,从而大大简化求解 a、b 的过程。在令 $\sum t = 0$ 时,t 仍然是一个等差数列,这样既能简化计算,又能按时间序列原有观察期规律,对市场现象做出预测。这就是直线趋势模型的简化法。

若令 $\sum t = 0$,必须考虑时间序列观察期 n 是奇数还是偶数。

当 n 为奇数时,取 $(n+1)/2$ 观察期为原点。令原点序号为 0,原点之前各期序号为 $-1, -2, -3\cdots$,原点之后各期观察期序号为 $1, 2, 3\cdots$。这样时间序列序号所形成的数列仍然是一个公差为 1 的等差数列,且达到了 $\sum t = 0$ 的目的。

当 n 为偶数时,则应将市场现象时间序列观察期序号按 $\cdots -7, -5, -3, -1, 1, 3, 5, 7\cdots$ 排列。这个数列仍然是等差数列(不过公差为 2),达到了使 $\sum t = 0$ 的目的。注意,n 为偶数时,时间序列观察期序号不能取 $\cdots -3, -2, -1, 1, 2, 3, \cdots$ 因为这样就不是等差数列了。在实践中,可以根据需要有意取 n 为奇数。

以简化方法计算出的直线趋势方程的 a 值,与标准方程解出的 a 值不同,而 b 值是相同的。当 $\sum t = 0$ 时,原求 a、b 参数的标准方程简化为:

$$a = \overline{Y} \tag{5.22}$$

$$b = \frac{\sum tY}{\sum t^2} \tag{5.23}$$

下面将上例中的问题,用简化方法来确定直线方程参数值 a、b,并建立预测模型。其资料和计算见表 5-8。

表 5-8 简化方法直线方程参数计算表　　　　　　　　　单位:亿元

t	Y	tY_t	t^2	$\hat{Y}$
-5	30	-150	25	30.771
-4	34	-136	16	34.544
-3	39	-117	9	38.317
-2	43	-86	4	42.090
-1	46	-46	1	45.863
0	50	0	0	49.636
1	53	53	1	53.409
2	57	114	4	57.182

续表 5-8

t	Y	tY_t	t^2	$\hat{Y}$
3	61	183	9	60.955
4	65	260	16	64.728
5	68	340	25	68.501
合计:0	546	415	110	—

根据表 5-8 中有关数据，预测模型中参数 a、b 值的计算结果为：

$$a = \overline{Y} = \frac{\sum Y}{n} = \frac{546}{11} = 49.363$$

$$b = \frac{\sum tY}{\sum t^2} = \frac{415}{110} = 3.773$$

则直线方程为：

$$\hat{Y} = 49.636 + 3.773t$$

根据此直线方程为预测模型，对该地区年商品零售额计算其各期趋势值为：

$$\hat{Y}_1 = 49.636 + 3.773 \times (-5) = 30.771(亿元)$$

……

$$\hat{Y}_6 = 49.636 + 3.773 \times 0 = 49.636(亿元)$$

……

$$\hat{Y}_{11} = 49.636 + 3.773 \times 5 = 68.501(亿元)$$

其预测期为 12 的预测值为：

$$\hat{Y}_{12} = 49.636 + 3.773 \times 6 = 72.274(亿元)$$

用简化方法计算参数 a、b 所建立的预测模型，求出的预测值与不简化方法完全一样。特别要注意的是，在用简化法所得预测模型计算预测值时，必须按新建立的序号 t 代入预测模型，而不能按原有的序号 t。如上例对于简化法建立的预测模型来说，第 12 期的序号为 6，第 13 期序号为 7，14 期序号为 8 等等。

实际上，不论用标准方程还是简化方程求 a、b 值，其中 t 序号都是假设的，用来代表年、季度、月。在用预测模型计算预测值时，必须做到，怎样设的 t 就按怎样的顺序代入 t，并且与实际时间单位相对应。

3. 对预测模型进行误差检验

通过上例测算，我们知道，应用最小平方法建立的模型，其误差最小。

4. 进行预测

$$\hat{Y}_{13} = 26.998 + 3.773 \times 13 = 76.047(亿元)$$

或 $\hat{Y}_{13} = 49.636 + 3.773 \times 7 = 76.047$（亿元）

在直线趋势方程中，a 是截距，b 是斜率。b 表示当时间每变化一期，市场现象平均增（或减）量。

四、曲线趋势法

市场现象中发展变化规律表现为非线性趋势的也很多，即表现为各种曲线发展变化趋势。其实直线趋势只是曲线的一种特殊表现。对于非线性趋势变化的市场现象，必须配合各种曲线预测模型对其进行预测。具体曲线形式有很多，本节介绍几种最常见的曲线趋势预测模型——指数曲线、对数曲线、二次曲线模型。

1. 指数曲线预测模型

指数曲线市场预测模型为：

$$\hat{Y}_t = a e^{at} \qquad (5.24)$$

或：

$$\hat{Y}_t = a b^t \qquad (5.25)$$

为了能运用最小平方法标准方程，求得模型中的参数 a、b，通常是对指数曲线预测模型两边取对数：

$$\lg \hat{Y}_t = \lg a + t \lg b$$

令：

$$Y'_t = \lg \hat{Y}_t$$
$$A = \lg a$$
$$B = \lg b$$

则：

$$Y'_t = A + Bt \quad 。 \qquad (5.26)$$

此形式就可以利用最小平方法求解参数的标准方程了。

在市场预测实践中，如市场现象时间序列的一次比率值（即现象的环比发展速度）基本一致，就可以采用指数曲线预测模型进行预测。

2. 对数曲线模型

当时间序列观察值的发展趋势大致符合对数曲线发展趋势时，对该时间序列预测可采用对数曲线的预测方法模拟其发展趋势。

对数曲线的预测模型为：

$$\hat{Y}_t = a + b \ln t \qquad (5.27)$$

式中：$\hat{Y}_t$——预测值；

　　　t——时间变量；

　　　a, b——参数。

对数曲线预测模型曲线形状如图所示。

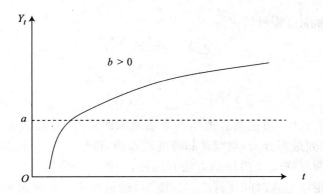

可以证明,对数曲线预测模型适合于预测比线性模型增长趋势更为缓慢的情形。对数曲线模型可以看成自变量为 $\ln t$ 的"一次线性预测模型",由此容易得到参数 a、b 的计算公式:

$$a = \frac{1}{n}(Y - b\sum \ln t) \tag{5.28}$$

$$b = \frac{\sum (\ln t \cdot Y) - \frac{1}{n} \sum \ln t \cdot \sum Y}{\sum (\ln t)^2 - \frac{1}{n} (\sum \ln t)^2} \tag{5.29}$$

3. 二次曲线模型

二次曲线预测模型的一般形式为:

$$\hat{Y}_t = a + bt + ct^2 \tag{5.30}$$

式中:$\hat{Y}_t$——趋势值或预测值;

a、b、c——二次曲线参数;

t——时间序列各观察期序号。

二次曲线预测模型中三个参数的确定仍可使用最小平方法。根据最小平方法的基本条件,即必须满足 $\sum (Y - \hat{Y})^2 = Q$ 最小化,求 Q 对 a、b、c 的偏导数,令其分别为 0,得到求解二次曲线参数标准方程:

$$\sum Y = na + b\sum t + c\sum t^2$$

$$\sum tY = a\sum t + b\sum t^2 + c\sum t^3$$

$$\sum t^2 Y = a\sum t^2 + b\sum t^3 + c\sum t^4$$

将市场现象观察值 Y 和观察期序号 t 等数据,代入标准方程求解,即可得到 a、b、c 三个参数的值。由于 t 是一个代替实际年、季、月时间的等差数列,若令 $\sum t = 0$,则可使计算过程得到简化。将时间序列正中间一期为原点,其前半部分时间序号为负,后半部分时间序号为正。这样就能使 t 的奇数次方之和等于零,即 $\sum t = 0$,$\sum t^3$

=0,则求参数的标准方程可简化为：

$$\sum Y = na + c\sum t^2 \quad (5.31)$$

$$\sum tY = b\sum t^2 \quad (5.32)$$

$$\sum t^2 Y = a\sum t^2 + c\sum t^4 \quad (5.33)$$

在市场预测实践中,当预测者搜集到市场现象的资料,并将其编制成时间序列后,必须对时间序列进行分析,观察其趋势变动规律,以便决定所采用何种形式的预测模型。观察时间序列变动规律的方法有两种,一种是采取图形观察,一种是计算阶差判断法。图形法是将时间序列绘制成图形,这种方法本书前面采用较多。计算阶差判断法,则是通过计算市场现象时间序列实际观察值环比增减量(也称阶差),来判断现象变动的规律,若市场现象时间序列各期实际观察值的一次差,接近于一个常数,即可用直线趋势模型对市场现象进行预测;若市场现象时间序列各期实际观察值的二次差,接近于一个常数,即可用二次曲线模型对市场现象进行预测;若时间序列的三次差接近于一个常数,则可用三次曲线模型进行预测。若时间序列的一次比率接近于一个常数,则可用指数曲线模型进行预测等等。

五、季节指数法

(一)季节变动与季节变动模型

季节变动是市场现象时间序列普遍存在的一种变动规律。季节变动是指某些市场现象的时间序列,由于受自然气候、生产条件、生活习惯等因素的影响,在若干年中每一年随季节变化都呈现出的周期性变动。对这些市场现象中客观存在的季节变动进行分析研究,可以掌握其季节变动规律;并根据市场现象的季节变动规律,对其预测期内的季节变动值做出预测。

市场现象时间序列的季节变动一般表现得比较复杂,多数情况下并非表现为单纯的季节变动。有些市场现象时间序列表现为以季节变动为主,同时含有不规则变动因素;有些市场现象时间序列则表现为季节变动,长期趋势变动和不规则变动混合在一起。各种市场现象季节变动的特点也各不相同。市场现象的复杂性要求预测者根据需要,采用不同预测模型和方法,对其进行分析研究和预测。

为研究某市场现象的季节变动规律,必须至少具有3年或3年以上的市场现象各年的月度(或各年的季度)资料。

研究市场现象季节变动及其预测方法,是由市场现象季节变动的特点决定的。季节变动的主要特征是,每年均会重复出现,各年同月(或同季)具有相同的变动方向,变动幅度一般相差不大。若将这种逐年各期重复出现的季节变动的方向和幅度加以归纳,则形成季节变动模型。所谓季节变动模型,反映的是市场现象时间序列在1年内季节变动的典型状况,或称为其季节变动的代表性水平。季节变动模型由1套指标组成,若市场现象时间序列的资料是以月为时间单位,则季节变动模型由12

个指标组成;若市场现象时间序列的资料以季为时间单位,则季节变动模型由4个指标组成。

季节变动模型的指标是季节指数。季节指数也称为季节比率或季节系数。季节指数是以相对数形式表现的季节变动指标,一般用百分数或系数表示。季节指数根据市场现象时间序列中所含变动规律种类的不同,计算公式有所不同。

对于不含长期趋势变动的市场现象时间序列的季节变动,季节指数测算公式为:

$$季节指数 = \frac{各月(或季)实际观察值}{月(或季)平均值}$$

对于既含季节变动又含长期趋势变动的市场现象时间序列,季节指数测算公式为:

$$季节指数 = \frac{各月(或季)实际观察值}{月(或季)趋势值}$$

市场现象时间序列全年12个月的季节比率之和应为1 200%,4个季度的季节比率之和为400%,其全年12个月或4个季度的季节比率平均值为100%。季节指数所反映的,是市场现象时间序列中各月(或各季)的实际观察值,围绕季节指数平均值100%上下波动的状况。季节指数值偏离100%的程度大,说明季节变动的幅度大;季节指数值偏离100%的程度小,说明市场现象季节变动的幅度小。

在实际研究市场现象季节变动规律时,不是根据某1年12个月或4个季度的实际观察值,而是根据3~5年市场现象实际分月(或季)的时间序列资料。这是因为市场现象实际观察值1~2年的各月(或季)时间序列资料,会带有较大的偶然性,谈不上是季节变动的一般规律。若只用1~2年资料计算的季节变动模型就对市场做预测,其结果也是不可靠的。因此,必须根据市场现象3~5年的时间序列分月(或季)的资料,来建立季节变动的模型,减少偶然性,客观地反映市场现象的季节变动规律。由于这种原因,上述季节指数的测算公式,应进一步改写为能应用多年资料计算的公式。其季节指数计算公式应为:

$$季节指数 = \frac{同月(或季)实际观察值平均值}{总平均数}$$

或:

$$季节指数 = \frac{同月(或季)实际观察值平均值}{趋势值}$$

(二)无趋势变动市场现象季节变动预测

对于不含长期趋势变动,只含季节变动的市场现象时间序列,一般采取季节水平模型对其进行预测。季节水平模型预测法,是先直接对市场现象时间序列中各年同月(或季)的实际观察值加以平均;再将各年同月(或季)平均数与各年时间序列总平均数进行比较,即求出季节指数,并在此基础对市场现象的季节变动做出预测。

【例】现有某企业某种商品销售量4年的分月资料,用季节水平模型,对其季节变动规律进行描述,并对企业某商品销售量做预测。其数据资料和计算见表 5-9。

表 5-9 中将季节水平模型预测的数据测算出来了。

表 5-9 季节水平预测模型计算表   单位:百公斤

月 年	1	2	3	4	5	6	7	8	9	10	11	12	合计	平均
第一年	23	33	69	91	192	348	254	122	59	34	19	27	1 271	105.9
第二年	30	37	59	120	311	334	270	122	70	33	23	16	1 425	118.8
第三年	18	20	92	139	324	343	271	193	62	27	17	13	1 519	126.6
第四年	22	32	102	155	372	324	290	153	77	17	37	46	1 627	135.6
合计	93	122	322	505	1 199	1 349	1 085	590	268	111	96	102	5 842	486.9
同月平均	23.25	30.5	80.5	126.25	299.75	337.25	271.25	147.5	67.00	24.75	24.00	25.5	1 460.5	121.7
季节比率%	19.1	25.1	66.2	103.7	246.3	277.1	222.8	121.2	55.1	22.8	19.7	20.9	1 200.0	100.0

1. 求各年同月的平均数

求各年同月的平均数,即将 4 年中各年同一月份的实际销售量加以平均,采用简单算术平均法计算。

$$1月平均销售量 = \frac{23+30+18+22}{4} = \frac{93}{4} = 23.25(百公斤)$$

……

$$6月平均销售量 = \frac{348+334+343+324}{4} = \frac{1\ 349}{4} = 337.25(百公斤)$$

……

$$12月平均销售量 = \frac{27+16+13+46}{4} = \frac{102}{4} = 25.50(百公斤)$$

2. 求时间序列 4 年全部数据的总平均数

总平均数即将 4 年共 48 个月的实际销售量资料,计算出总平均数。

根据上表中数据,总平均数 $= \frac{5\ 842}{48} = 121.7$(百公斤)。

3. 求各月季节指数

$$季节指数 = \frac{各年同月平均数}{总平均数}$$

根据上表数据,各月季节指数为:

$$1 月份季节指数 = \frac{23.25}{121.7} = 19.1\%$$

……

$$6 月份季节指数 = \frac{337.25}{121.7} = 277.1\%$$

……

$$12 月份季节指数 = \frac{25.50}{121.7} = 20.9\%$$

通过各月季节指数可以十分清楚地观察到该商品销售量的季节变动规律。很明显,5、6、7 三个月销售量很大,这三个月的季节指数大大高于 100%;销售量很低的是 1、2、10、11、12 五个月,这几个月的季节指数大大低于 100%。

各月季节指数说明各年同月平均销售量水平,比总平均水平高或低的程度,或说是各月销售量比全年平均月销售量高或低的程度。季节指数反映了市场现象季节变动的规律,可以以此为基础建立预测模型。

4. 对市场现象进行预测

根据已经计算出的季节指数,对下年各月销售量进行预测。预测结果见表 5-10。

表 5-10 销售量预测结果表

月份	1	2	3	4	5	6	7	8	9	10	11	12	合计
预测结果	25.9	34.0	89.8	140.6	333.9	375.7	302.1	164.3	74.4	30.9	26.7	28.3	1 626.9

上表中,预测值 = 上一年的月平均数 × 各月季节指数

若用数学模型表示为:

$$\hat{Y}_t = \overline{Y} \cdot f_t \tag{5.34}$$

式中 $\hat{Y}_t$ ——预测值;

$\overline{Y}$ ——上年月平均值;

f_t ——各月季节指数。

根据此预测模型所计算出的各月销售量预测值为:

1 月份预测值 = 135.6 × 19.1% = 25.9(百公斤)

……

6 月份预测值 = 135.6 × 277.1% = 375.7(百公斤)

……

12 月份预测值 = 135.6 × 20.9% = 28.3(百公斤)

以上对无趋势变动的季节变动市场现象用季节水平模型进行了预测。对于既有季节变动又有长期趋势变动的市场现象,需要采用另外的方法进行预测。此处不

再介绍。

📖 本章知识点回顾

时间序列市场预测法是一种重要的定量预测方法,预测时所依据的时间序列是对市场现象过去表现的资料整理和积累的结果。一般来说,它很适用于短期和近期市场预测。使用时间序列市场预测法时,首先要搜集、整理市场现象的历史资料,编制时间序列,并根据时间序列绘制图形。这一阶段要注意,时间序列要有比较长的时间,市场现象各时期统计指标要具有可比性;然后对时间序列进行分析,选择预测方法、建立预测模型、测算误差、确定预测值。

平均法是在对时间序列进行分析研究的基础上,计算时间序列观察值的某种平均数,以此来确定预测值的市场预测方法。由于所计算的平均数不同,可以具体分为:简单算术平均数法,它以算术平均数作为预测的基础,适用于市场现象时间序列呈水平型发展趋势的情况;几何平均法,它以平均发展速度为基础,适用于趋势变动规律表现为发展速度大致相同的情况;移动平均法,是对时间序列观察值,由远向近按一定跨越期计算平均值的一种预测方法。它适用于既有趋势变动又有波动的时间序列。移动平均法分为一次移动平均法、二次移动平均法、加权移动平均法。指数平滑市场预测法实际上是一种特殊的加权移动平均法,按市场现象观察值被平滑的次数不同,可以分为一次指数平滑法和多重指数平滑法。

时间序列呈现趋势变动时一般采用趋势模型和季节变动模型进行预测。趋势模型中包括直线趋势预测法和曲线趋势预测法。直线趋势市场预测法是以直线模型研究市场现象趋势变动的方法。曲线趋势法包括:指数曲线法、对数曲线法、二次曲线法。

季节变动是市场现象时间序列较普遍存在的一种变动规律。季节变动指某些市场现象的时间序列受自然气候、生产条件等因素影响呈现周期变动。对这些市场现象中客观存在的季节变动进行分析研究,可以掌握其季节变动规律;根据市场现象过去的季节变动规律对其预测期的值做出预测。对于不含长期趋势变动只含季节变动的市场现象时间序列采用季节指数法进行预测。

✎ 练习与实训

一、名词解释

1. 时间序列
2. 平均法
3. 移动平均法
4. 指数平滑法
5. 趋势延伸法
6. 曲线趋势法

7. 季节指数

二、单选题

1. (　　)是根据市场现象历史资料,使用科学方法建立预测模型使市场现象的数量向未来延伸,预测市场现象未来的发展变化趋势,预计或估计市场现象未来表现的数量。
   A. 相关回归分析市场预测法　　B. 时间序列市场预测法
   C. 定性市场预测法　　　　　　D. 定量市场预测法

2. 在影响市场现象变动的各因素中,(　　)泛指间隔数年就出现一次的市场现象变动规律。
   A. 长期趋势变动　　　　　　　B. 季节变动
   C. 循环变动　　　　　　　　　D. 不规则变动

3. 在影响市场现象变动的各因素中,(　　)一般是指市场现象以年度、季度、月份以至更短时间为周期,随着自然季节的变化,每年都呈现的有规律的循环变动。
   A. 季节变动　　　　　　　　　B. 循环变动
   C. 不规则变动　　　　　　　　D. 长期趋势变动

4. 在影响市场现象变动的各因素中,(　　)是指现象由偶然因素引起的无规律的变动。
   A. 循环变动　　　　　　　　　B. 长期趋势变动
   C. 不规则变动　　　　　　　　D. 季节变动

5. 在影响市场现象变动的各因素中,(　　)是指时间序列观察值即市场现象,在较长时期内持续存在的总势态,反映市场预测对象在长时期内的变动趋势。
   A. 不规则变动　　　　　　　　B. 季节变动
   C. 循环变动　　　　　　　　　D. 长期趋势变动

6. (　　)是指在对时间序列进行分析研究的基础上,计算时间序列观察值的某种平均数,并以此平均数为基础确定预测模型或预测值的市场预测方法。
   A. 移动平均市场预测法　　　　B. 平均数市场预测法
   C. 指数平滑市场预测法　　　　D. 指数平均预测法

7. 根据观察值的重要性不同,分别给予相应的权数后,再计算加权平均数作为建立预测模型和计算预测值依据的方法,称为(　　)。
   A. 环比平均数预测法　　　　　B. 几何平均预测法
   C. 序时平均数预测法　　　　　D. 加权平均预测法

8. 对时间序列观察值,由远向近按一定跨越期计算平均值的预测方法,我们称为(　　)。
   A. 简易平均数市场预测法　　　B. 指数平均市场预测法

C. 移动平均市场预测法　　　　D. 序时平均数预测法
9. （　　）是对市场现象观察值按距预测期的远近,给予不同的权数,并求其按加权计算的移动平均值,以移动平均值为基础进行预测的方法。
    A. 一次移动平均预测法　　　　B. 指数平滑市场预测法
    C. 加权平均预测法　　　　　　D. 加权移动平均预测法
10. 指数平滑预测法,实际上是一种特殊的（　　）。
    A. 一次移动平均预测法　　　　B. 加权移动平均预测法
    C. 二次移动平均预测法　　　　D. 算术平均数预测法
11. 在指数平滑预测法中,平滑常数 α 值在理论上是一个（　　）的值。
    A. $0 \leqslant \alpha \leqslant 1$　　　　B. $0 < \alpha < 1$
    C. $0 < \alpha \leqslant 1$　　　　D. $0 \leqslant \alpha < 1$
12. 一般来说,加权平均预测法给予近期观察值以（　　）的权数。
    A. 较大　　　B. 不变　　　C. 较小　　　D. 1

三、问答题

1. 试述时间序列预测法的一般步骤。
2. 试述单重指数平滑法的特点。

四、计算题

1. 一企业某种商品在 2008 年、2009 年、2010 年的销售额分别为 1.2 万元和 1.3 万元和 1.4 万元,试用算术平均法对 2011 年的销售额进行预测。
2. 某粮食企业 2011 年 6～11 月大米销售量分别为 19、18、19、21、20、22 吨,依次给定权数为 0.5、1.0、1.5、2.0、2.5、3.0,试用加权平均法预测 2011 年 12 月份大米销售量。
3. 某市 2006—2010 年宽带用户数如下表所示。试用几何平均法预测该市 2011 年宽带用户数量。（单位：万户）

年份	2006	2007	2008	2009	2010
宽带用户	87.3	104.5	123.6	147.0	175.5

4. 某城市 2010 年 1～11 各月的汽油需求量如下表所示,试运用一次移动平均法计算 2010 年 1～12 月份汽油需求量的预测值。（$n=3$）（单位：万吨）

月份	1	2	3	4	5	6	7	8	9	10	11
汽油需求量	195	220	200	195	185	180	185	180	190	230	210

5. 某地区 2005—2009 年水稻产量资料如下表所示。

年份	2005	2006	2007	2008	2009
水稻产量(万吨)	320	332	340	356	380

试用直线趋势法预测该地区 2011 年的水稻产量。

6. 某超市鲜蛋分季节销售资料如下表所示。

(单位:吨)

季度 年份	第一季度	第二季度	第三季度	第四季度
2006	15.5	39.0	13.6	6.0
2007	16.8	38.7	14.1	6.7
2008	18.5	42.9	14.4	9.5
2009	16.3	28.5	11.7	7.2
2010	16.1	27.1	9.7	8.3

根据以上资料用水平模型计算各季的季节比率。

第六章 相关与回归预测方法

📁 **本章结构图**

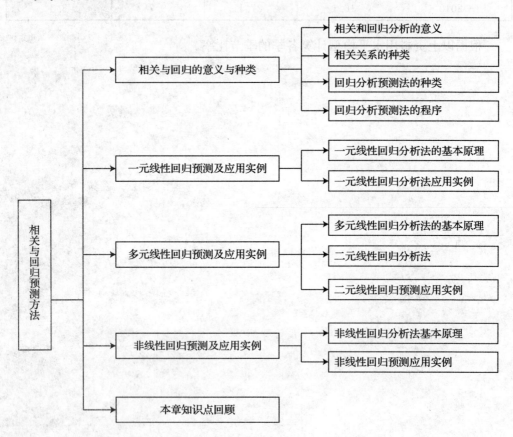

第六章 相关与回归预测方法

🖱 任务导入

年末时，企业领导要求各个部门对第二年可能发生的经费进行预算，部门经理要求王晓宁在达到企业第二年预期销售目标的条件下对广告费用进行测算。企业过去的广告费用投入额和企业的产品销售额等资料都可以从企业内部获取，现在的关键就是需要建立一个模型对第二年的广告费用进行预测。该如何利用现有数据建立一个合理的模型对第二年的广告费用进行预测呢？

📖 学习目的与技能要求

1. 掌握相关与回归的含义及分类
2. 理解应用回归预测分析法的程序
3. 掌握一元线性回归分析法的基本原理及应用
4. 理解二元线性回归分析法的基本原理及应用
5. 了解非线性回归分析法的基本原理及应用

第一节 相关与回归的意义与种类

【案例 6.1】中国经济高速增长的原因分析

改革开放以来，中国经济高速增长。如此高速增长，原因是多方面的。不同学者都有各自观点，大致说来有关经济增长因素的研究可以分为三类，第一类是传统经济学理论，认为劳动力、资本和技术进步是推动经济发展的主要力量，一切经济发展都得归结为这三种经济因素的贡献。第二类是从制度的角度考虑经济发展，认为完善的经济制度可以使经济资源得到合理配置，促进经济增长。第三类是从国际贸易的角度来考虑经济增长，强调外贸、外资在经济增长过程中的重要作用，认为世界经济紧密联系，市场国际化是经济发展原动力。我们可以运用回归分析建立数学模型，对经济增长因素进行分析研究。为进一步分析经济增长的结构，研究人员主要研究国内产值 y 与物质资本 x_1、劳动要素 x_2、人力资本 x_3 和知识资本 x_4 的关系。为此，研究人员收集了 1995—2005 年与上述五项相关的数据资料，通过对资料的回归分析得到了回归方程：$y=-378\,310.556+1.3x_1+6.19x_2-4.702x_3+2.340x_4$。再通过相关系数计算，剔除了没有显著影响的 x_3、x_4，再进行回归分析，得到 $y=-322\,090.819+1.127x_1+5.337x_2$，再次计算相关系数，可以发现模型的拟合程度相当高，达到了 0.999，该模型非常适用于我国经济增长。我们在实际的经济预测中就可以以这个数学模型进行较初步的经济预测。

一、相关和回归分析的意义

在社会经济活动中,我们经常看到许多变量之间存在着一定的联系,例如成本、价格、销量、利润等,这些变量中的一个或几个发生变化时,其他的变量就会发生变化,通常这些变量间的依存关系可以分为两大类:

1. 函数关系　变量保持着严格的依存关系,呈现出一一对应的特征。例如某种商品的单价为 a 元,销售量为 x 件,销售 x 件的总金额为 y 元,显然 $y=ax$,这种关系的特点,是指变量之间的关系可以用函数关系来表达。

2. 相关关系　变量保持着不确定的依存关系,即"若即若离"。例如我们都知道通常商品的价格提高时,销售量会减少,价格降低时,销售量就会增加,但我们无法断言价格提高了多少,销售量就一定下降多少,有时还会出现商品的价格提高了销售量也增加的情况,这是因为影响销售量的因素还有收入、个人偏好等。所以商品价格与销售量之间的关系是不确定的,这类非确定性关系,称为相关关系。

回归是指某一变量与其他一个或多个变量的依存关系,而回归分析就是研究相关关系的一种数量统计的方法。回归分析是通过一定的相关关系方程表达式,来研究变量之间的密切程度,从而可从一个变量或几个变量的取值去预测或控制另一个变量的取值。

二、相关关系的种类

自变量与因变量之间的相关关系按照不同的条件可以分为不同的种类,下面是两种比较常见的分类。

1. 按相关的性质可分为正相关和负相关。

正相关　自变量与因变量之间的变动方向同步。

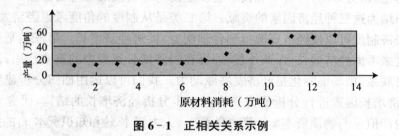

图 6-1　正相关关系示例

负相关　自变量与因变量之间的变动方向呈现逆向运动。

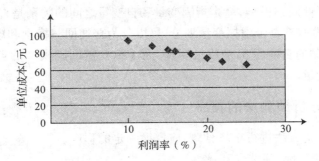

图 6-2 负相关关系示例

2. 按相关形式可分为线性相关和非线性相关。

线性相关 变量之间存在着相关关系,因变量又近似表现为自变量的一次函数。(以两个变量为例的散点图)

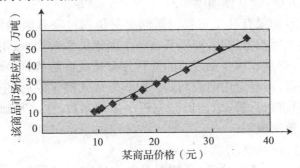

图 6-3 线性相关关系示例

非线性相关 变量之间存在着相关关系,因变量不能近似地表现为自变量的一次函数。(以两个变量为例的散点图)

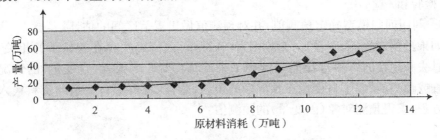

图 6-4 非线性相关关系示例

三、回归分析预测法的种类

运用回归模型进行市场预测,根据不同的条件可有不同的分类。主要分类有:

1. 按自变量个数的划分,可以分为一元回归分析预测法和多元回归分析预测法。

2. 按回归模型是否线性划分,可以分为线性回归分析预测法和非线性回归分析预测法。所谓线性回归模型,就是指因变量和自变量之间的关系是直线型的。

3. 按回归模型是否带虚拟变量划分,可以分为普通回归模型和虚拟变量回归模型,普通回归模型的自变量都是数量变量,而虚拟变量回归模型的自变量既有数量变量也有品质变量。

四、回归分析预测法的程序

应用回归分析方法进行市场预测,应遵循一定的程序。

1. 根据预测目标,筛选自变量。

一般来说,明确预测的具体目标,也就确定了因变量,故如何选择自变量是这一步的关键。筛选自变量,首先应分析各自变量与因变量之间的相关关系,观察其相关关系的表现形式及密切程度,选用那些与因变量关系最为密切的自变量。

2. 确定回归方程,建立预测模型。

根据相关分析,如果有几个重要因素同时对预测对象有影响作用,而且关系密切,可以确定用多元回归方程式;如果只有一个因素关系密切,就用一元回归方程式进行预测。如果自变量和因变量之间的资料分布是线性趋势,可确定用直线回归方程;如果是曲线趋势,可确定用曲线回归。回归方程式确定以后,依据自变量和因变量的历史统计资料进行计算,求出回归方程中未知参数,在此基础上建立回归分析方程,即回归分析预测模型。

3. 检验回归预测模型,计算预测误差。

回归方程只有通过各种检验,且预测误差在研究问题所允许的范围内,才能将回归方程作为预测模型进行实际预测。将回归模型用于预测之前,需要检验回归方程的拟合程度和回归次数的显著性,常用的检验方法有标准离差检验、相关系数检验、F 检验和 t 检验等。

4. 利用回归模型确定预测值,并对预测值做出置信区间的估计。

如果预测对象(因变量)与影响因素(自变量)之间确实存在着显著的相关关系,那么过去和现在的资料规律能延续到未来,同时,对影响因素(自变量)的情况已做过调查或预测,掌握了自变量在预测期的资料,这样,就可把自变量的资料代入回归预测方程,求得预测对象(因变量)的预测值。

第二节 一元线性回归预测及应用实例

【案例 6.2】无锡新田公司摩托车销售预测——XT150-T 车型

无锡新田公司全称为新田摩托车制造有限公司,成立于 1992 年 3 月,是一个企业集团,除公司本部(总装厂)外,还有减震器厂、发动机厂、塑件厂、车架车间、油箱车间、喷涂车间等独立部门,这些部门除满足新田公司所需配件外,还可以对外供应。

1999年底,由于摩托车市场竞争的日趋激烈,新田公司的销售模式由代理制转向了派员销售制(由公司往各城市直接派出销售人员,负责各城市的销售工作),以减少中间环节,确保公司产品在整个摩托车市场的竞争力。同时,由于销售模式的转变,也带来了生产模式的变化:以前是根据各地代理商的订货量来组织生产,现在则必须根据销售情况和对将来销售情况的预期来组织生产,这给企业的生产组织带来了极大的困难。自从公司实行派员销售制以来,由于销售的预期值估计不准,常常出现工人加班加点仍赶不上交货时间的情况和工人上了班却无事可做的情况。因此,新田公司目前急需解决的问题就是如何来进行准确可行的销售预测,以保证公司的正常运行。市场研究人员根据新田公司销售数据通过绘制散点图分析,发现新田公司的XT150-T车型的销售可以用一元线性回归预测法进行预测。一元线性回归分析法,是两个变量间存在某种线性关系,通常一元线性回归模型为:$y=a+bx_i, i=1,2,\cdots,n$。

根据XT150-T车型的销售数据,设x为时间,y为销售量,经过运用一元线性回归预测法,得到预测模型,而且相关系数r非常接近于1,也就是说,这种车型的销售量和时间基本上是线性关系,相关程度非常之高,根据上面的预测模型,企业合理的预测了XT150-T车型在2001年各个季度的销售量,从而有效地解决了产销一致的问题。

一、一元线性回归分析法的基本原理

当影响市场变化的诸多因素中仅存在一个基本的和起决定性作用的因素,且自变量与因变量之间的数据分布呈线性趋势,那么就可以进行一元线性回归分析,其模型为:

$$y = a + bx \tag{6.1}$$

式中:y——因变量,x是自变量;

a——直线在纵轴上的截距;

b——回归系数,表示直线的斜率,即x每增加一个单位时,影响y平均增加的数量。

二、一元线性回归分析法应用实例

【例】已知某地区1998—2007年国内生产总值与固定资产投资额的资料如表6-1所示。用一元线性回归分析法预测2008年固定资产投资额增加到400万时,该地区的国内生产总值。

表 6-1　某地区 1998—2007 年国内生产总值与固定资产投资额资料　　单位：万元

年份	1998	1999	2000	2001	2002	2003	2004	2005	2006	2007
固定资产投资额	144	148	155	180	230	270	300	329	349	384
国内生产总值	383	391	418	468	656	774	876	978	1 042	1 109

1. 相关分析

从表 6-1 的数据不难发现国内生产总值的数值随着固定资产投资额的增加而增加，而且呈现近似的线性关系，即国内生产总值与固定资产投资额基本成正比关系。如果将国内生产总值与固定资产投资额的数值描绘成散点图，如图 6-5，可以将它们的关系看得更为清晰。

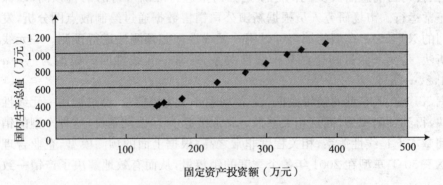

图 6-5　固定资产投资额与国内生产总值散点图

但是，这只是粗略的分析，我们还要进一步计算线性相关系数来确定二者的相关程度。线性相关系数的计算公式为：

$$r = \frac{\sum (x_i - \bar{x})(y_i - \bar{y})}{\sqrt{\sum (x_i - \bar{x})^2 \sum (y_i - \bar{y})^2}} \tag{6.2}$$

式中，$\bar{x}$ 与 $\bar{y}$ 分别是自变量 x 和因变量 y 的历年数据的平均值。经过推导，公式 (6.2) 可以简化为

$$\frac{n\sum x_i y_i - \sum x_i \sum y_i}{\sqrt{\left[n\sum x_i^2 - (\sum x_i)^2\right]\left[n\sum y_i^2 - (\sum y_i)^2\right]}} \tag{6.3}$$

相关系数的性质如下：

(1) 相关系数的取值范围：$-1 < r < 1$；

(2) 相关系数的符号与回归系数 b 相同。

当 $|r|=1$ 时，说明变量之间是完全线性相关的；当 $0 < |r| < 1$ 时，说明变量之间存在着一定的线性相关，此时，$|r|$ 越小，越接近 0，说明变量之间的线性相关程度越低；$|r|$ 数值越大，越接近 1，说明事物变量之间的线性相关程度越高，$0.8 \leqslant |r| <$

1称为高度相关。

本例中,选择预测目标国内生产总值作为因变量 y,固定资产投资额作为自变量 x,计算二者的线性相关系数。

首先用 EXCEL 计算所需数据。计算结果如图 6-6 所示。

	A	B	C	D	E	F
1	年份	固定资产投资额x_i	国内生产总值y_i	x_iy_i	x_i^2	y_i^2
2	1998	144	383	55152	20736	146689
3	1999	148	391	57868	21904	152881
4	2000	155	418	64790	24025	174724
5	2001	180	468	84240	32400	219024
6	2002	230	656	150880	52900	430336
7	2003	270	774	208980	72900	599076
8	2004	300	876	262800	90000	767376
9	2005	329	978	321762	108241	956484
10	2006	349	1042	363658	121801	1085764
11	2007	384	1109	425856	147456	1229881
12	合计	2489	7095	1995986	692363	5762235

图 6-6 相关系数计算图

将计算所得数据代入式(6.3)中,可得:

$$r=\frac{10\times 1\,995\,986-2\,489\times 7\,095}{\sqrt{(10\times 692\,363-2\,489^2)(10\times 5\,762\,235-7\,095^2)}}=0.998\,67$$

由此可见,国内生产总值与固定资产投资额之间的线性相关系数很高,属高度相关。至于它的可靠程度如何,我们可以进行相关系数检验来确认检验步骤为:

(1)选择显著性水平 α,通常市场预测问题的 α 选择 5% 或 10%;

(2)按显著性水平 α 的值和自由度 $(n-2)$,查相关系数表可得临界值 r_α。

(3)比较 r 和 r_α,当 $|r|>r_\alpha$ 时,表明相关关系显著,可以进行预测;当 $|r|<r_\alpha$ 时,表明相关关系不显著,不能建立回归预测模型,应重新选择变量,收集数据。出现第二种情况的原因有很多,主要的原因有两点:一是原先选择的变量间不存在因果关系,最初的定性分析设想不正确;二是原先选择变量的依存关系是非线性的。

本例中,选择 $\alpha=5\%$,$n-2=8$,查得临界值 $r_\alpha=0.631\,9$,远远小于我们题中计算得到的相关系数值,表明可以进行线性回归预测。

2. 建立回归方程,确定预测模型

模型公式(6.1)中的参数 a 和 b 仍用最小平方方法来计算,经过推导 a 和 b 的计算公式为:

$$b=\frac{n\sum x_iy_i-\sum x_i\sum y_i}{n\sum x_i^2-(\sum x_i)^2} \qquad (6.4)$$

$$a=\frac{\sum y_i-b\sum x_i}{n} \qquad (6.5)$$

将图 6-5 中的有关数据代入上述公式(6.4)和(6.5)中可得：

$$b = \frac{10 \times 1\,995\,986 - 2\,489 \times 7\,095}{10 \times 692\,363 - 2\,489^2} = 3.16$$

$$a = \frac{7\,095 - 3.16 \times 2\,489}{10} = -76.45$$

将 a 和 b 的值代入模型公式(6.1)，可得一元线性回归模型为：

$$y = -76.45 + 3.16x$$

3. 利用模型进行预测

当固定资产投资额增加到 400 万元时，该地区的国内生产总值为：

$$\hat{y} = -76.45 + 3.16x = -76.45 + 3.16 \times 400 = 1\,187.55(万元)$$

4. 对预测值的置信区间进行估计

首先计算一元线性回归标准误差，计算公式为：

$$s = \sqrt{\frac{\sum (y_i - \hat{y}_i)^2}{n-2}} \qquad (6.6)$$

式中：s——一元线性回归标准误差；

y_i——因变量实际观察值；

$\hat{y}_i$——因变量预测值。

然后，根据标准误差原则，在正态分布条件下，置信度 68.3% 的置信区间为 $\hat{y} \pm s$，置信度 95% 的置信区间为 $\hat{y} \pm 2s$；置信度 99% 的置信区间为多 $\hat{y} \pm 3s$。

本例中，用 EXCEL 计算置信区间所需数据如图 6-7 所示。

	A	B	C	D	E
1	年份	x_i	y_i	$\hat{y}_i$	$(y_i-\hat{y}_i)^2$
2	1998	144	383	378.59	19.4481
3	1999	148	391	391.23	0.0529
4	2000	155	418	413.35	21.6225
5	2001	180	468	492.35	592.9225
6	2002	230	656	650.35	31.9225
7	2003	270	774	776.75	7.5625
8	2004	300	876	871.55	19.8025
9	2005	329	978	963.19	219.3361
10	2006	349	1042	1026.39	243.6721
11	2007	384	1109	1136.99	783.4401
12	合计	2489	7095	7100.74	1939.7818

图 6-7 置信区间计算图

将图中的数据代入公式(6.6)可得：

$$s = \sqrt{\frac{1\,939.782}{8}} = 15.57$$

综上所述，当该地区固定资产投资额达到 400 万元时，国内生产总值的预测值为 1 187.55 万元，此时，国内生产总值的置信区间为 1156.41 万～1218.69 万元，置信度为 95%。

实际上，也可以直接在 EXCEL 中采用先绘图再添加趋势线的方法完成要求。

首先选择成对的数据列，将它们使用"x、y 散点图"制成散点图：

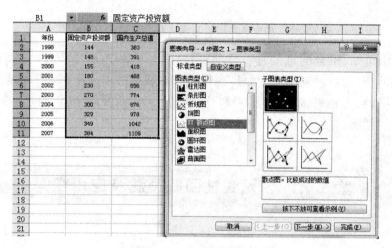

图 6-8　x、y 散点图(1)

然后在数据系列上单击右键，选择"添加趋势线"—"线性"，并在选项标签中要求给出公式和相关系数等，就可以得到拟合的直线。

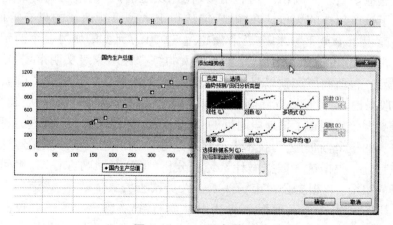

图 6-9　x、y 散点图(2)

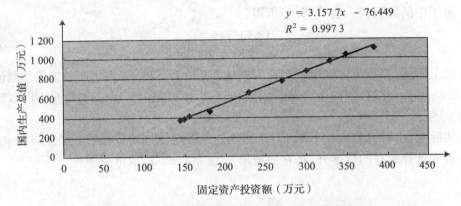

图 6-10　固定资产投资与国内生产总值回归分析图

由图中可知，拟合的直线是 $y = 3.1577x - 76.449$，R^2 的值为 0.9973。因为 $R^2 > 0.99$，所以线性特征非常明显，说明拟合直线能够以大于 99.99％ 地解释、涵盖了实测数据，具有很好的一般性，可以作为标准工作曲线用于其他固定投资下国内生产总值的预测。

第三节　多元线性回归预测及应用实例

【案例 6.3】商业地产开发项目定价基准实证分析

聊城市是一个地级市，是鲁西北的次区域经济中心，人口 90 余万，经济发展水平在山东诸地市处于中下游。聊城裕隆房地产开发有限公司 2002 年在聊城市东昌府区开发建造了新东方购物广场商用楼，在开发之前，公司市场调研部通过市场调查预测出了该商用楼的售价。在聊城，能称得上大型百货商场的只有鲁西商厦，该商厦建筑面积 20 000 平方米，年营业额超过 5 000 万元。聊城另一个商贸中心就是铁塔批发市场，它占地 200 多亩，是鲁西最大的综合性国家级文明市场，年营业额达到数十亿元。鲁西商厦和铁塔批发市场这两个商业中心共同构成了聊城市的核心商圈。一般来说，商铺越接近商圈中心，其租金就越高。商铺自身品质越高，其租金也应该越高。公司调查了该地段附近的 29 家商铺，得到了它们分别距这两个中心的距离和自身的租金，通过公司技术人员根据这些商铺的建筑装修质量对这些商铺进行了品质打分。根据这些数据做计量经济分析，得到了回归方程，利用回归方程得到该项目的租金。再根据公司市场部工作人员调查的具体数据，逐渐引入变量做回归分析：其步骤为：令 r 表示租金，q 表示品质打分，$d_鲁$ 表示商铺到鲁西商厦的距离，$d_铁$ 表示商铺到铁塔批发市场的距离。通过检验舍弃不显著的变量，最后的样本回归方程为：
$$r = 0.644\,917 - 0.000\,94d\text{鲁} + 0.497\,395q$$

本项目距鲁西商厦的距离 $d\text{鲁} = 800$ 米，品质打分 $q = 7$ 分，带入上边的回归方程得到：$r = 0.644\,917 - 0.000\,94 \times 800 + 0.497\,395 \times 7 = 3.374\,682$。

那么，年租金为 $3.374\,682 \times 365 = 1231.758\,9$。

公司对外宣传投资该商用楼的回报率为 9%，如果取 20 年的投资回收期，则售价为：$1\,231.758\,9 \times \text{PVIFA} = 1\,231.758\,9 \times 9.129 = 11\,244.73$，（PVIFA 为年金现值系数）。为保险起见，建议售价基准取计算出的售价的 85%，建议该商用楼一层沿街房售价基准为 $11\,244.73 \times 0.85 = 9\,558.021$ 元/平方米，其他楼层可参照这个价格适当降价销售。后来该项目一层沿街房的实际售价约 9 500～11 000 元之间，与当初的定价预测基本一致，这说明定价方法是可行的，是值得推广的。

一、多元线性回归分析法的基本原理

在市场经济活动中，某一事物的发展和变化往往取决于多个影响因素的影响，也就是说存在一个因变量和几个自变量有依存关系的情况。而且有时几个影响因素主次难以区分，或者有的因素虽属次要，但也不能忽略它的作用。例如. 商品销售额不仅受当地人均收入水平的影响，还受到商品价格、广告费用支出等因素的影响，在这种情况下，因变量同时受到两个或两个以上的自变量的影响。当市场变量之间的关系涉及两个或两个以上变量时，就应该采取多元回归分析法。如果各个自变量与因变量之间呈线性关系，则称为多元线性回归分析。

多元线性回归分析是一元线性回归分析的扩展，是指一个因变量与两个或两个以上的自变量的变动分析。

多元线性回归的预测模型为：
$$y = a + b_1 x_1 + b_2 x_2 + b_3 x_3 + \cdots + b_k x_k \tag{6.7}$$

式中：x_i—— 自变量（$i = 1, 2, 3, \cdots, k$）；

b_i—— 回归系数。

多元线性回归分析的基本原理和一元线性回归分析一样，也是用最小二乘法使回归预测值与实际值之间的总偏差平方和最小，求出多元线性回归模型的回归系数，达到多元线性回归方程与实际观察数据点的最佳拟合。假如自变量超过三个，手工计算就比较困难，这时可以借助计算机完成运算，提高数据处理能力。

在多元线性回归预测模型中，最简单的是只有两个自变量的二元线性回归预测模型。为了简便起见，下面仅介绍二元线性回归预测方法，其他高于二元线性回归预测模型的方法与此基本相同。

二、二元线性回归分析法

二元线性回归预测模型为：

$$y = a + b_1 x_1 + b_2 x_2 \tag{6.8}$$

式中：x_1, x_2——两个自变量；

y——因变量；

a——截距，表示当 x_1 和 x_2 的值为 0 时 y 的值

b_1, b_2——偏回归系数。

对二元线性回归预测模型中系数的求解方法。可以用最小平方法建立求系数的标准方程为：

$$\begin{cases} \sum y = na + b_1 \sum x_1 + b_2 \sum x_2 \\ \sum x_1 y = a \sum x_1 + b_1 \sum x_1^2 + b_2 \sum x_1 x_2 \\ \sum x_2 y = a \sum x_2 + b_1 \sum x_1 x_2 + b_2 \sum x_2^2 \end{cases} \tag{6.9}$$

对以上方程求解即可得系数 a，b_1 和 b_2 的值。

三、二元线性回归预测应用实例

【例】某企业认为，某产品的销售额 y 与推销员数量 x_1 及该产品所支付的广告费 x_2 有关，该企业 1997—2001 年的有关统计数字如下表，要求用二元线性回归预测分析法建立回归模型。

表 6-2 产品销售额与推销员数量及产品广告费资料

年 份	1997	1998	1999	2000	2001
销售额（万元）	158	170	172	180	188
推销员人数（人）	9	10	10	10	11
广告费（万元）	1.9	2	2.1	2.5	2.58

用 EXCEL 处理表 6-2 中相关数据，得到图 6-11 所示的数据表。

	A	B	C	D	E	F	G	H	I
					f_x	=C2^2			
	年份	y	x_1	x_2	x_1^2	x_2^2	$x_1 x_2$	$x_1 y$	$x_2 y$
1									
2	1997	158	9	1.9	81	3.61	17.1	1422	300.2
3	1998	170	10	2	100	4	20	1700	340
4	1999	172	10	2.1	100	4.41	21	1720	361.2
5	2000	180	10	2.5	100	6.25	25	1800	450
6	2001	188	11	2.58	121	6.6564	28.38	2068	485.04
7	合计	868	50	11.08	502	24.9264	111.48	8710	1936.44

图 6-11 二元线性回归分析计算结果

将图 6-11 的数据代入公式(6.9)，可得：

$$\begin{cases} 868 = 5a + 50b_1 + 11.08b_2 \\ 8\,710 = 50a + 502b_1 + 111.48b_2 \\ 1\,936.44 = 11.08a + 111.48b_1 + 24.93b_2 \end{cases}$$

解方程组可得：

$$\begin{cases} a = 45.34 \\ b_1 = 8.76 \\ b_2 = 18.35 \end{cases}$$

所以，二元线性回归方程为：$y = 45.34 + 8.76x_1 + 18.35x_2$。

构建二元线性回归方程后，可以计算多元线性回归标准差检验回归方程的拟合度。

多元线性回归标准差的计算公式为：

$$s = \sqrt{\frac{\sum (y_i - \hat{y}_i)^2}{n - k - 1}} \tag{6.10}$$

式中：y_i —— 因变量观察值；

$\hat{y}$ —— 因变量预测值；

k —— 自变量个数。

将本例数据代入回归模型，借助于 EXCEL 计算相关数据，可得下图数据。

	A	B	C	D	E	F	G
					=45.34+8.76*C2+18.35*D2		
1	年份	y	x_1	x_2	$\hat{y}$	$y-\hat{y}$	$(y-\hat{y})^2$
2	1997	158	9	1.9	159.045	-1.045	1.09203
3	1998	170	10	2	169.64	0.36	0.12960
4	1999	172	10	2.1	171.475	0.525	0.27563
5	2000	180	10	2.5	178.815	1.185	1.40423
6	2001	188	11	2.58	189.043	-1.043	1.08785
7	合计	868	50	11.08			3.98932

图 6-12 回归标准差

由以上数据计算可得：

$$s = \sqrt{\frac{3.989}{5 - 2 - 1}} = 1.99 (万元)$$

若置信度取 95%，则因变量 y 的置信区间为 $\hat{y} \pm 2s$。

多元线性回归问题也可借助 EXCEL 的 LINEST 函数来求解。以本例为例，先输入原始数据，并在原始数据下面选中一块五行三列的区域。然后粘贴 LINEST 函数，在弹出的对话框中，known_y's 输入 y 值数据区域 D2:D6，known_x's 后面输入 x_1、x_2 的数据区域 B2:C6，const 和 stats 后面都输入 true。具体结果界面如图 6-13 所示。

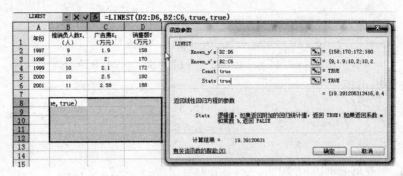

图 6-13　回归系数

最后按住 Shift 和 Ctrl 的同时点击“确定”按钮，则相应的回归系数和有关统计值就会出现在所选区域内。

	A	B	C	D
1	年份	推销员人数X_1（人）	广告费X_2（万元）	销售额Y（万元）
2	1997	9	1.9	158
3	1998	10	2	170
4	1999	10	2.1	172
5	2000	10	2.5	180
6	2001	11	2.58	188
7				
8		19.39120631	8.40698985	46.5591883
9		3.675941114	1.58773425	10.7336473
10		0.992438091	1.3848105	#N/A
11		131.2417402	2	#N/A
12		503.3645998	3.83540023	#N/A

图 6-14　线性方程的统计值

上述所选区域相应数值对应的含义如下表所示。

B8 单元格：x_2 系数	C8 单元格：x_1 系数	D8 单元格：常数项
B9 单元格：系数 x_2 的标准误差	C9 单元格：系数 x_1 的标准误差	D9 单元格：常量 b 的标准误差值（当 const 为 FALSE 时，值为＃N/A）
B10 单元格：判定系数 r^2，即 y 的估计值与实际值之比，范围在 0 到 1 之间。如为 1，则样本有很好的相关性，y 的估计值与实际值之间没有差别。如判定系数为 0，则回归公式不能用来预测 y 值。	C10 单元格：y 估计值的标准误差	D10 单元格：＃N/A
B11 单元格：F 统计或 F 观察值。使用 F 统计可以判断因变量和自变量之间是否偶尔发生过可观察到的关系	C11 单元格：自由度。用于在统计表上查找 F 临界值。所查得的值和 LINEST 函数返回的 F 统计值之比可用来判断模型的置信度。	D11 单元格：＃N/A
B12 单元格：回归平方和	C12 单元格：残差平方和	D12 单元格：＃N/A

因此,可得到 x_1、x_2 与 y 的线性回归方程为:
$$y=46.56+8.41x_1+19.39x_2$$
三元以上的线性回归操作方法与上述步骤一致,只是选取的输出区域不同,行数仍为 5 行,列数为有几个回归系数就选取几列。

第四节 非线性回归预测及应用实例

【案例 6.4】无锡新田公司摩托车销售预测——XTl50-K 车型

非线性回归预测法是指自变量与因变量之间的关系不是线性的,而是某种非线性关系时的回归预测法。我们在案例 6.2 中提到的对无锡新田公司摩托车销售进行预测时,通过对新田公司销售数据的散点图分析发现,XTl50-K 这种车型的图形接近于抛物线形状,因此可用非线性回归的二次曲线模型来预测。从 2001 年第一季度的预测结果和实际值的比较来看,预测还算是可行的,XTl50-K 的实际销售量均在预测范围之内,回归系数也都接近于 1,说明这两种车型选取非线性回归的二次曲线模型还是比较合适的。

当然了,实际工作中不可能会有真正符合某条曲线的数据存在,只能是从散点图来看大致符合某种曲线,就用该种曲线来进行拟合,以求大致的预测结果。

一、非线性回归分析法基本原理

在实际问题中,有时有两个变量之间并不一定是线性关系,而是某种曲线关系.此种曲线所代表 x 与 y 的相关称为曲线回归,亦即非线性回归。非线性回归预测是指用于预测的回归方程是非线性的。非线性方程的求法,一般是利用变量代换法,使之变成线性函数形式,再用线性回归法进行预测。下面列举常用的几种曲线类型供使用时选择:

1. 双曲线型
$$y=a+\frac{b}{x}$$
令 $x'=\frac{1}{x}$,则有:$y=a+bx'$

2. 幂函数型
$$y=a+x^b$$
令 $y'=\lg y, x'=\lg x, a'=\lg a$,则有:$y'=a'+bx'$。

3. 指数函数型

(1) $y = ae^{bx}$

令 $y' = \ln y, a' = \ln a$，则有：$y' = a' + bx$。

(2) $y = ae^{\frac{b}{x}}$

令 $y' = \ln y, x' = \frac{1}{x}, a' = \ln a$，则有：$y' = a' + bx'$。

4. 对数曲数型

$$y = a + b\lg x$$

令 $x' = \lg x$，则有：$y = a + bx'$。

5. S曲线型

$$y = \frac{1}{a + be^{-x}}$$

令 $y' = \frac{1}{y}, x' = e^{-x}$，则有：$y' = a + bx'$

二、非线性回归预测应用实例

【例】某商店 1996—2005 年的商品流通费用率 y_i 和商品零售额的资料如表 6-3 所示。试根据表中资料，拟合适当的回归分析模型分析商品零售额与流通费用率的关系。若 2006 年该商店商品销售额为 36.33 万元，试对 2006 年的商品流通费用率进行预测。

表6-3　某商店商品流通费用率和商品零售额数据资料

年份	1996	1997	1998	1999	2000	2001	2002	2003	2004	2005
y_i(%)	7	6.2	5.8	5.3	5	4.6	4.5	4.4	4.2	4
x_i(万元)	10.2	11.7	13	15	16.5	19	22	25	28.5	32

根据表 6-3 中的数据绘制散点图。

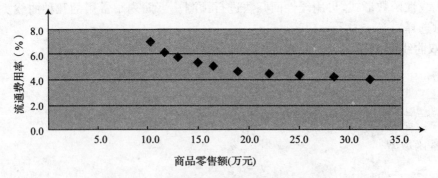

图 6-15　流通费用率与商品零售额散点图

由上图可见，随着商品零售额的增多，商品流通费用率不断下降，两者呈双曲线变化规律。

2. 建立双曲线模型： $y = a + \dfrac{b}{x}$

令：$x' = \dfrac{1}{x}$，则有：$y = a + bx'$。

表6-4 相关系数计算表

年份	y_i(%)	x_i(万元)	x'	$x'y_i$	y_i^2	x'^2
1996	7.0	10.2	0.098 0	0.686 3	49.00	0.009 6
1997	6.2	11.7	0.085 5	0.529 9	38.44	0.007 3
1998	5.8	13.0	0.076 9	0.446 2	33.64	0.005 9
1999	5.3	15.0	0.066 7	0.353 3	28.09	0.004 4
2000	5.0	16.5	0.060 6	0.303 0	25.00	0.003 7
2001	4.6	19.0	0.052 6	0.242 1	21.16	0.002 8
2002	4.5	22.0	0.045 5	0.204 5	20.25	0.002 1
2003	4.4	25.0	0.040 0	0.176 0	19.36	0.001 6
2004	4.2	28.5	0.035 1	0.147 4	17.64	0.001 2
2005	4.0	32.0	0.031 3	0.125 0	16.00	0.001 0
合计	51.0		0.592 1	3.213 7	268.58	0.039 6

3. 利用公式(6.4)、(6.5)计算参数 a、b

$$b = \dfrac{n\sum x_i y_i - \sum x_i \sum y_i}{n\sum x_i^2 - (\sum x_i)^2} = \dfrac{10 \times 3.213\,7 - 51 \times 0.592\,1}{10 \times 0.039\,6 - 0.592\,1^2} = 42.64$$

$$a = \dfrac{\sum y_i - b\sum x_i}{n} = \dfrac{51 - 42.64 \times 0.5921}{10} = 2.575$$

4. 相关系数计算

$$r = \dfrac{n\sum x_i y_i - \sum x_i \sum y_i}{\sqrt{[n\sum x_i^2 - (\sum x_i)^2][n\sum y_i^2 - (\sum y_i)^2]}}$$

$$= \dfrac{10 \times 3.213\,7 - 51 \times 0.592\,1}{\sqrt{[10 \times 0.039\,6 - 0.592\,1^2][10 \times 268.58 - 51^2]}} = \dfrac{1.939\,9}{1.953\,5} = 0.993$$

由于商品零售额增加，流通费用率呈下降趋势，它们之间为负相关关系，故相关指数取负值为-0.993。说明两者高度相关，用双曲线回归模型配合进行预测是可靠的。

5. 预测

将2006年该商店零售额36.33万元代入模型，

$$\hat{y} = 2.575 + 42.64 \times \frac{1}{36.33} = 3.75$$

所以,2006年流通费用率为3.75%。

本章知识点回顾

在社会经济活动中,我们经常看到许多变量之间存在着一定的联系,通常这些变量间的依存关系可以分为两大类:函数关系和相关关系。函数关系是指变量保持着严格的依存关系,呈现出一一对应的特征。这种关系的特点,是指变量之间的关系可以用函数关系来表达。相关关系是指变量保持着不确定的依存关系,这类非确定性关系,称为相关关系。按相关的性质可分为正相关和负相关。按相关形式可分为线性相关和非线性相关。

回归是指某一变量与其他一个或多个变量的依存关系,而回归分析就是研究相关关系的一种数量统计的方法。回归分析是通过一定的相关关系方程表达式,来研究变量之间的密切程度,从而可从一个变量或几个变量的取值去预测或控制另一个变量的取值。回归分析按自变量个数的划分,可以分为一元回归分析预测法和多元回归分析预测法;按回归模型是否线性划分,可以分为线性回归分析预测法和非线性回归分析预测法;按回归模型是否带虚拟变量划分,可以分为普通回归模型和虚拟变量回归模型,普通回归模型的自变量都是数量变量,而虚拟变量回归模型的自变量既有数量变量也有品质变量。

应用回归分析方法进行市场预测,应遵循一定的程序:首先根据预测目标,筛选自变量;其次确定回归方程,建立预测模型;再次检验回归预测模型,计算预测误差;最后利用回归模型确定预测值,并对预测值做出置信区间的估计。

最简单实用的回归分析预测法是一元线性回归分析预测法,当影响市场变化的诸多因素中仅存在一个基本的和起决定性作用的因素,且自变量与因变量之间的数据分布呈线性趋势,那么就可以进行一元线性回归分析,其模型为:$y=a+bx$。其思路是根据两个变量 x、y 的 n 组统计资料数据或调查数据,首先分析其相关性,再利用最小二乘法求得参数 a 和 b;然后通过回归标准差检验衡量线性回归方程的可靠性;最后应用回归方程确定预测值和预测区间。

在市场经济活动中,某一事物的发展和变化往往取决于多个影响因素的影响,也就是说一个因变量和几个自变量有依存关系的情况。而且有时几个影响因素主次难以区分,或者有的因素虽属次要,但也不能忽略它的作用。在这种情况下,因变量同时受到两个或两个以上的自变量的影响。当市场变量之间的关系涉及两个或两个以上变量时,就应该采取多元回归分析法。如果各个自变量与因变量之间呈线性关系,则称为多元线性回归分析。多元线性回归分析的基本原理和一元线性回归分析一样,也是用最小二乘法使回归预测值与实际值之间的总偏差平方和最小,求出多元线性回归模型的回归系数,达到多元线性回归方程与实际观察数据点的最佳拟合。

此外在实际问题中，有时两个变量之间并不一定是线性关系，而是某种曲线关系.此种曲线所代表 x 与 y 的相关称为曲线回归，亦即非线性回归。非线性回归预测是指用于预测的回归方程是非线性的。非线性方程的求法，一般是利用变量代换法，使之变成线性函数形式，再用线性回归法进行预测。

练习与实训

一、名词解释
1. 函数关系
2. 相关关系
3. 回归
4. 回归分析
5. 一元线性回归分析
6. 多元线性回归分析
7. 非线性回归分析

二、填空
1. 在社会经济活动中，我们经常看到许多变量之间存在着一定的联系，通常这些变量间的依存关系可以分为两大类:(　　)和(　　)。
2. 相关关系按性质可分为(　　)和(　　);按相关形式可分为(　　)和(　　)。
3. 当影响市场变化的诸多因素中仅存在一个基本的和起决定性作用的因素，且自变量与因变量之间的数据分布呈线性趋势，那么就可以进行(　　)分析，其模型为:(　　)。
4. 当市场变量之间的关系涉及两个或两个以上变量时，就应该采取(　　)。
5. 当两个变量之间并不一定是线性关系，而是某种曲线关系.此种曲线所代表 x 与 y 的相关称为曲线回归，亦即(　　)。

三、单选题
1. 现象之间互相关系的类型有(　　)。
    A. 函数关系和因果关系
    B. 相关关系和函数关系
    C. 相关关系和因果关系
    D. 回归关系和因果关系
2. 当变量 x 按一定数额变化时，变量 y 的值也随之近似的按固定的数额而变化、那么这时变量 y 和变量 x 间存在着(　　)。

A. 正相关关系 B. 负相关关系
C. 复相关关系 D. 直线相关关系

3. 判定现象间有无相关关系的方法是( )。
   A. 编制相关表 B. 计算相关系数
   C. 绘制相关图 D. 进行定性分析

4. 相关系数( )。
   A. 只适用于直线相关
   B. 只适用于曲线相关
   C. 既可适用于直线相关,也可适用于曲线相关
   D. 既不适用于直线相关,也不适用于曲线相关

5. 一元回归分析模型中的参数 b 表明自变量 x 每变动一个单位,因变量 y( )。
   A. 变动的数量 B. 平均变动的数量
   C. 每个值变动的数量 D. 保持的数量

6. 从各种经济现象之间的相互关系出发,通过对与预测对象(因变量)有联系的现象(自变量)变动趋势的分析,推算预测对象的未来状态数量表现的预测方法称为( )。
   A. 回归分析预测法 B. 一元回归分析预测法
   C. 线性回归分析预测法 D. 一元线性回归分析预测法

7. 对一元回归分析预测模型检验时,标准差分析是以标准误差的大小表明回归模型对因变量观察值描述的( )。
   A. 精确程度 B. 相关程度 C. 可信程度 D. 不可信程度

8. 已知某企业的产量和生产成本有直线关系,在这条直线上,当产量为1 000 件时,其生产成本为30 000 元,其中不变成本为6 000 元,根据这些资料,总成本对产量的回归方程为( )。
   A. $y=6\,000+24x$ B. $y=6+0.24x$
   C. $y=2\,400+6x$ D. $y=24+6\,000x$

四、问答题

1. 什么是函数关系和相关关系,两者有什么联系和区别?
2. 什么是回归分析预测法?有哪几类?
3. 简述应用回归分析法进行预测的一般程序。
4. 简述一元线性回归分析预测法的基本原理。

五、实训案例

实训案例一

设某公司的每月广告费支出和每月的销售额数据如下表所示。

单位:万元

广告费	4.1	5.4	6.3	5.4	4.8	4.6	6.2	6.1	6.4	7.1
销售额	125	138	142	143	135	128	145	150	158	165

如下月的广告费支出为 6.7 万元,试建立线性回归模型,预测下月的销售额(取置信度 95%,即 $\alpha=0.05$)。

实训案例二

采用抽样调查,获得了不同的收入水平的居民家庭和每百户拥有电脑台数的资料,建立回归预测模型。并预测家庭人均收入为 560 元时,每百户电脑的拥有量。

家庭人均收入 (元)x	150	180	240	300	350	390	440	480	500
平均每百户拥有 电脑台数 y	4.8	5.7	7	8.3	10.9	12.4	13.1	13.6	15.3

实训案例三

某省 1993—2004 年消费基金、国民收入使用额和平均人口资料如下表所示。

年份	1993	1994	1995	1996	1997	1998	1999	2000	2001	2002	2003	2004
消费基金 y (10亿元)	9	9.5	10	10.6	12.4	16.2	17.7	20.1	21.8	25.3	31.3	36
国民收入 使用额 x_1(10亿元)	12.1	12.9	13.8	14.8	16.4	20.9	24.2	28.1	30.1	35.8	48.5	54.8
平均人口数 x_2(百万人)	48.2	48.9	49.5	50.3	51	51.8	52.8	53.7	54.6	55.4	56.2	57

试配合适当的回归模型。若 2005 年该省的国民收入使用额为 67(10亿元),平均人口数为 58(百万人),当显著性水平 $\alpha=0.05$ 时,试估计 2005 年消费基金的预测

区间。

实训案例四

某商店各个时期的商品流通费水平和商品零售额资料如下表所示。

商品零售额 (万元)	9.5	11.5	13.5	15.5	17.5	19.5	21.5	23.5	25.5	27.5
流通费水平 $y(\%)$	6	4.6	4	3.2	2.8	2.5	2.4	2.3	2.2	2.1

用双曲线回归模型预测,如果下期零售额估计为 28 万元,流通费用水平是多少?

第七章
其他简单实用的市场预测方法及应用

📂 **本章结构图**

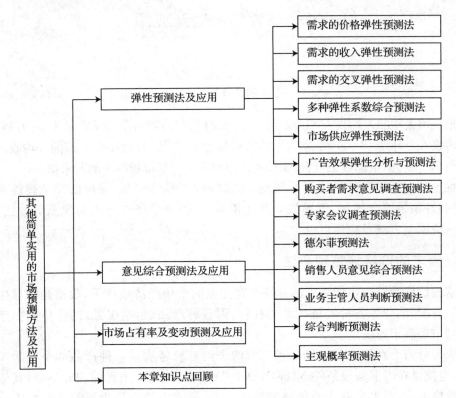

🖱 任务导入

在现实的社会经济活动中，对面广量大的中小企业来说，最常面临的预测是短期预测，如价格变化、供求量增减、需求偏好、库存变动等等，而这些为中基层管理决策而服务的短期预测往往并不需要借助专门的预测理论和分析工具或建立复杂的预测模型及预测软件，只需稍懂得一些经济学知识即可进行企业产品、市场、竞争、投资等方面的预测。本章主要对企业经营管理中日常采用的弹性预测、综合预测、市场占有率及变动预测及应用进行介绍。

📖 学习目的与技能要求

1. 掌握弹性预测法及应用
2. 掌握意见综合预测法及应用
3. 市场占有率及变动趋势预测法及应用

第一节　弹性预测法及应用

【案例 7.1】

某地级市去年的人均收入 41 000 元，用于家庭消费的助力车的需求量为 10 万辆，今年人均收入上升到 43 000 元，助力车的需求量为 12 万辆，预计明年该市的人均收入将会达到 48 000 元，根据以上资料，来预测该市明年助力车市场的可能需求量。

弹性预测包括需求的价格弹性预测、需求的收入弹性预测、需求的交叉弹性预测、多种弹性系数综合预测、市场供应弹性预测、广告效果弹性分析与预测等方法，下面逐一说明其方法及应用。

一、需求的价格弹性预测法

需求的价格弹性即市场需求的弹性。在完全的市场经济条件下，价格是指导生产、交换、分配、消费等各种经济活动的杠杆，而各种产品(包括服务)的价格则由市场供给与市场需求所决定。

需求可分为个别需求与市场需求。所谓个别需求是从某一种产品的个别购买者来说，也就是在以下假设条件下(即:个人的货币收入不变;个人的偏好不变;其他产品的价格不变;对未来收入及价格的预期不变;所考虑的产品为正常产品)，于一定时期内，某一购买者对某种产品，在各种可能的价格下，所愿意购买的数量，这就是个别需求。

所谓市场需求,则是把某一种产品在不同价格下,全体购买者的需求量相加,求得总需求量,这一价格与总需求量之间的关系就是市场需求。也就是说,影响市场需求的因素包括消费者的嗜好、收入水平、其他相关商品的价格以及消费者对未来的期望。在正常情况下,商品价格高时,则顾客愿意购买的数量就少;假如价格降低,则愿意购买的数量就多。市场需求与价格一般成反比。只有少数例外情况,如具有某种社会地位象征意义的珠宝等类商品价格越下降,可能需求量越小;具有历史价值的古玩等历史珍品,其价格越高,可能需求量越大;某种商品价格的小幅度升降,需求按正常情况变化,大幅度升降则采取等待观望态度。

由上可见,在正常情况下,商品价格的变化,往往使需求量呈相反的方向变化,但是价格的变化对不同的商品所引起的需求量变化并不完全相同。有些商品,当价格发生变化时,需求量变化的幅度很小,甚至没有什么变化,而有的商品当价格稍有变化,需求量的变化幅度却很大。这些可以通过计算弹性系数来反映。

需求的价格弹性,表示需求量变化对价格变化反映的灵敏程度。通常以计算一个数值来表示,此数值称为弹性系数。也就是当商品价格变动1%时,需求量变动的百分数。需求的价格弹性系数的计算公式一般为:

$$E_d = \frac{\frac{Q_1 - Q_0}{Q_0}}{\frac{P_1 - P_0}{P_0}} = \frac{\frac{\Delta Q}{Q_0}}{\frac{\Delta P}{P_0}} = \frac{\Delta Q}{\Delta P} \cdot \frac{P_0}{Q_0} \tag{7.1}$$

式中:E_d——需求的价格弹性系数;

Q_0——价格变动前的需求量;

Q_1——价格变动后的需求量;

ΔQ——需求变化增量;

P_0——原来价格;

P_1——变动后价格;

ΔP——价格变动量。

价格弹性系数的符号,对于正常商品而言,一般为负号,这是因为当价格上涨时,需求量减少;当价格下降时,需求量增加,需求量与价格呈相反的方向变化,所求得的弹性系数比为负数。只有少部分商品,当降低价格时商品需求量反而减少,需求量与价格呈相同的方向变化,这时的弹性系数为正数。

价格弹性系数多随价格的变化而变化。为了用弹性系数数值的大小来说明弹性的高低,通常将弹性系数的数值分为几个区域:

当价格下跌或上涨使需求量变化的幅度大于价格变化的幅度,即弹性系数的绝对值大于1时($|E_d|>1$),称为需求弹性高,或称为富有弹性的需求。

当需求量变化的幅度小于价格变化的幅度,即弹性系数的绝对值小于1时($|E_d|<1$)称为弹性系数低,或称为缺乏弹性的需求。

当价格下跌或上涨使需求量变化的幅度等于价格变化的幅度,即弹性系数的绝

对值等于1时($|E_d|=1$),称为单元弹性。这意味着价格与需求量保持同等比例变动,即价格降低一半,则需求量增加一倍,而总支出不变。

价格弹性系数的大小,是企业制定价格决策的重要参考依据之一。对于价格弹性系数的绝对值大于1的商品,往往采取薄利多销、实行降价的策略,用以刺激需求,扩大销售,增加利润总额。

需求价格弹性预测法的具体测算如下:

根据上述:

$$E_d = \frac{\Delta Q}{\Delta P} \cdot \frac{P_0}{Q_0} \tag{7.2}$$

移动整理得:

$$\Delta Q = \frac{E_d \cdot \Delta P \cdot Q_0}{P_0} \tag{7.3}$$

需求量预测模型:

$$Q_t = Q_0 + \Delta Q \tag{7.4}$$

式中:Q_t—— 预测期需求量;

Q_0—— 上期实际需求量;

ΔQ—— 预测期增加量。

将(2)式代入(3)式得:

$$Q_t = Q_0 + \frac{E_d \cdot Q_0 \cdot \Delta P}{P_0} \tag{7.5}$$

现举例说明其具体测算过程。

例如,假设某市通过几家有代表性的大百货商场实验销售,得到油烟机的销售价格与销售量的关系资料如下表所列。

表7-1 油烟机销售价格与销售量的关系

商品	混合平均价(元/台)		销售量(台)	
	降价前	降价后	降价前	降价后
油烟机	2 150	1 430	3 100	6 900

又知,该市去年售出油烟机25 000台,今年预计油烟机平均每台降价300元,预测今年油烟机的可能销售量。

首先计算几家大百货商场实验销售所获得的弹性系数。

$$E_d = \frac{\frac{6\ 900 - 3\ 100}{3\ 100}}{\frac{1\ 430 - 2\ 150}{2\ 150}} = \frac{1.226}{-0.335} = -3.66$$

根据题意和求得的弹性系数,测算今年油烟机的预测销售量

$$Q_t = 25\,000 + \frac{(-3.66) \times 25\,000 \times (-300)}{1\,430} = 25\,000 + 19\,196 = 44\,196(台)$$

二、需求的收入弹性预测法

它是用于人们消费需求预测的一种主要方法。消费是人们利用消费资料满足消费需求的活动。人们对消费资料的需要可以分为生理方面的需要和精神方面的需要;也可以分为心理上的需要和有支付能力的需要。市场预测主要研究人们有支付能力的需求,从一定意义上说,消费行为是收入水平的函数,若以 Y 表示收入,C 表示消费,则 $C = f(Y)$。总消费量的大小,主要取决于总收入量的多少,当然也不忽视其消费倾向。人们往往从长远打算,为了今后生活得更加美好,虽然消费随收入的增加而增加,但消费的增加量小于收入的增加量,收入增加量中的一部分可用于储蓄和投资。至于人们的消费结构,同样会随着收入的增加而发生明显的变化,其发展的基本趋势为:消费结构中生存性消费资料的比重逐步下降,享受性和发展性消费资料的比重逐步上升。这是因为:生存需要是人类最基本的需要,是必须首要得到满足的需要。因此,在社会经济发展低收入水平阶段,人们收入低,生存性消费资料在消费结构中占有绝对比重。但是,人们对生存资料的需求由于受生理上的限制具有其有限性,需求的弹性较小,人的生存需要一旦从数量上得到满足,就会转向质量要求,并且在从数量和质量上都得到基本满足之后,将会转向满足享受需要和发展需要,享受需要和发展需要有很大的弹性,很难得到最大限度地满足。因此,随着社会经济的发展和人们收入水平的提高,享受性消费资料和发展性消费资料在消费结构中所占的比重将会不断地提高。

综上所述,人们对不同类别的商品和劳务的需求,随着支付能力的不同而有区别,从而可以利用需求的收入弹性进行市场需求预测。

需求的收入弹性是衡量收入的相对变动与随之而来的需求量的相对变动间的关系。它是以收入变动的百分数去除需求变动的百分数所得到的数值,反映需求量对收入变化的敏感程度。其计算公式为:

$$E_Y = \frac{\dfrac{Q_1 - Q_0}{Q_0}}{\dfrac{Y_1 - Y_0}{Y_0}} \tag{7.6}$$

式中:E_Y——需求的收入弹性系数;

Y_0、Y_1——分别代表变化前后一定时期内的收入量;

Q_0、Q_1——分别代表变化前后与收入量相对应的时期内的需求量。

如何分析收入弹性系数呢?对于正常商品而言,当人们的收入水平提高时,其需求量也随之增加,所以收入弹性系数一般是一个正数。但其数值可能大于1,也可能小于1。如果某种商品的收入弹性系数小于1,说明缺乏收入需求弹性,通常将这种商品视为生存资料中的生活必需品,如粮食、食盐等商品,人们不会因为收入水平的提高而大量需求这种商品。如果某一商品的收入弹性系数大于1,说明富于收入需求弹性,通常将其视为享受资料和发展资料,如耐用消费品、奢侈品、娱乐用品等。如果某一商品的收入弹性系数为负数,通常将其视为低档品,因为当收入水平提高后,人们往往减少对此类商品的需求,而改买其他质量更佳的商品。

例如,根据调查,某一县级城市居民需求的收入弹性系数如表7-2所列。

表7-2 某县级城市居民需求的收入弹性系数

项目	食品	衣着	日用品	文娱用品	服务类
收入弹性	0.57	0.83	1.35	1.52	0.96

从上表可知,在价格不变的条件下,该城市居民收入增加1%,食品需求量的增加低于其他各类需求的增长,是消费需求中增加最慢的一类,只有0.57%,小于收入增长速度。而文娱用品和日用品的收入弹性分别达到1.52和1.35,则意味着收入每增长1%,文娱用品和日用品需求量可以分别增长1.52%和1.35%。其他各类的分析可以此类推。利用收入弹性系数和未来收入变化幅度则可预测未来的市场需求。预测公式为:

$$Q_t = Q_0 \times (1 + Y_r \cdot E_Y) \tag{7.7}$$

式中:Q_t——某一时期需求预测值;

Q_0——基期实际需求值;

Y_r——预测期收入增加幅度值;

E_Y——收入弹性系数。

现举例说明之。

例如,该县级市上一年各类商品及劳务的销售额如表7-3所示。

表7-3 某县级市上一年各类商品及劳务的销售额

项目	食品	衣着	日用品	文娱用品	其他商品	非商品	合计
销售额(亿元)	550	145	168	69	31	70	1 030

又知,今年该市居民年收入将比上年增长10%;试预测该市今年对各类商品及服务的需求。

现分别进行预测:

食品类:

$$Q_t = 550 \times (1 + 10\% \times 0.57)$$
$$= 550 \times 1.057 = 581.35(亿元)$$

衣着类:

$$Q_t = 145 \times (1 + 10\% \times 0.83)$$
$$= 145 \times 1.083 = 157.035(亿元)$$

日用品类：
$$Q_t = 168 \times (1 + 10\% \times 1.35)$$
$$= 168 \times 1.135 = 190.68（亿元）$$

文娱用品类：
$$Q_t = 69 \times (1 + 10\% \times 1.52)$$
$$= 69 \times 1.152 = 79.49（亿元）$$

服务类：
$$Q_t = 31 \times (1 + 10\% \times 0.96)$$
$$= 31 \times 1.096 = 33.98（亿元）$$

这种方法没有复杂的数学计算，容易掌握，适用于短期预测，但由于是利用已有的收入弹性系数推算未来，当预测期收入水平发生急剧变化时，再利用过去的弹性系数来推算，预测值就难以准确。这种方法的另一个重要问题是需要确定弹性的资料可能没有。然而，只要是有进行城乡居民家庭收入调查的地区，都已经计算或可以计算收入对多种商品和劳务的需求弹性系数。对于没有进行城乡居民家庭收支调查的地区来说，可以应用类比法，即采用社会经济发展水平大体相同地区的弹性系数对这些地区进行预测。

三、需求的交叉弹性预测法

某种商品的市场需求除了受该商品本身价格、消费者偏好、收入水平、消费者对未来的期望影响外，还受相关商品价格的影响，其影响方向和程度可通过需求的交叉弹性得到反映。

需求的交叉弹性又称为需求偏弹性。它表明某一种商品价格变动影响另一种商品需求量的程度。例如，当 Y 商品的变动 1% 时，影响 X 商品需求量变动的百分数。这里可以分为替换品和互补品两种情况进行考察。

所谓替换品，是指这样两种商品，它们对消费者具有相似效用的商品，其中一种可以代替另一种使用，如米饭与馒头、茶叶与咖啡等。对于这类商品，如果其中的一种价格上涨，而另一种保持原价不变，那么消费者可能会对价格上涨的那一种商品的需求量减少，而对价格不变的那一种商品的需求量增加，用以代替价格上涨的那一种商品使用。

所谓互补品，则是指两种必须合并使用对消费者才能产生更大效用的商品，如汽车和汽油、信纸和信封、钢笔和墨水等。对于互补性商品，如果其中的一种价格上涨，另一种价格不变，则消费者可能因为对价格上涨的那一种商品的需求量减少，致使对价格不变的那一种商品的需求量也相应减少。例如，在西方世界发生能源危机的年代，由于汽油价格暴涨，人们对汽油的需求量大大减少，当时即使汽车的价格保持不变，对汽车的需求量也减少了。相反，如果汽油充分供应，价格便宜，便会刺激

对汽油的需求,随之对汽车的需求也可能增加,交叉弹性系数的计算公式为:

$$E_{P(x,y)} = \frac{Q'_X - Q_X}{Q_X} \div \frac{P'_Y - P_Y}{P_Y} \tag{7.8}$$

式中:$E_{P(x,y)}Y$——商品价格变动对 X 商品需求变化的交叉弹性系数;

$Q_X \cdot Q'_X$——对 X 商品需求变化前后的数量;

$P_Y \cdot P'_Y$——Y 商品变化前后的价格。

交叉弹性系数可以为正数,也可以为负数。若为正数,则表示这两种商品为替换品,即当一种商品价格下降,另一种商品价格不变时,价格下降的这种商品需求量增加,价格不变的那种商品需求量减少,被价格下降的那种商品所替换。若交叉弹性系数为负数,则表示此两种商品为互补品,即当一种商品价格降低,其需求量增加,同时也带动另一种价格不变的商品需求量也增加;反之,当其中一种商品价格上涨,其需求量减少,同时也影响到另一种价格不变的商品需求量也减少。不论交叉弹性系数的符号为正号还是负号,若其数值甚小,则其替换性或互补性亦低。若其数值趋近于零,则可视为无关联的商品。

例如,设某联合公司通过几家有代表性的商场实验,取得表 7-4 中的数据。

表 7-4 X 商品需求量与 Y 商品混合平均价的对照关系

X 商品需求量		Y 商品混合平均价	
变化前	变化后	变化前	变化后
160	120	12	9

将表中有关数据代入交叉弹性系数计算公式

$$E_{P(x,y)} = \frac{\frac{120-160}{160}}{\frac{9-12}{12}} = \frac{-0.25}{-0.25} = 1$$

计算结果,交叉弹性系数的符号为正号,可见这两种商品为替换品,Y 商品价格调低后,增加了需求量,而市场对 X 商品的需求量却减少了,减少的幅度与 Y 商品调价的幅度同步,即 Y 商品价格降低 1%,市场对 X 商品的需求也减少 1%。

如果又知道 X 商品基期的需求量和 Y 商品预测期价格变动幅度,则可预测 X 商品的需求量。预测公式为:

$$Q = Q_0 \cdot (1+R) \tag{7.9}$$

式中:Q——X 商品的需求预测值;

Q_0——X 商品的基期需求量;

R——X 商品预测期比基期需求的变化幅度,即:$R = \frac{(Q'_X - Q_X)}{Q_X}$。

现在令 k 代表 Y 商品价格预测期比基期的 h 幅,即 $k = \frac{(P'_Y - P_Y)}{P_Y}$,则交叉弹性

为：

$$E_{P(x,y)} = \frac{R}{k} \tag{7.10}$$

$$R = E_{P(x,y)} \cdot k \tag{7.11}$$

将式(7.11)代入式(7.9)得

$$Q'_X = Q_X^0 \cdot (1 + E_{P(x,y)} \cdot k) \tag{7.12}$$

又设该联合公司上期 X 商品的实际销售量为 3 000 单位，本期计划将 Y 商品的价格再调低 5%，以利竞争。试测算本期 X 商品的市场销售量。

根据题意将有关数值代入式(7.12)得

$$Q = 3\,000 \times [1 + 1 \times (-5\%)] = 3\,000 \times 0.95 = 2\,850 (单位)$$

本期对 Y 商品采取降价 5% 的措施以后，将使替换品 X 的销售量降低到 2 850 单位。

需求的交叉弹性预测法和前述需求的价格弹性法、需求的收入弹性法一样简便易行，但同样需要实验调查取得弹性系数，也只适用于短期预测。

四、多种弹性系数综合预测法

多种弹性系数综合预测法就是将需求的价格弹性系数、需求的收入弹性系数、需求的交叉弹性系数结合起来，对市场需求量进行预测。因为市场营销环境有可能出现消费者的收入、某种商品本身的价格、替换品和互补品的价格发生变化，所有的这些变化都会引起消费需求发生变化，这时，此种方法具有较强的实用性，其预测公式如下：

$$Q = Q_0 \cdot [1 + (E_Y \cdot R_Y - E_P \cdot R_P + E_{P_c} \cdot R_{P_c} - E_{P_b} \cdot E_{P_b})] \tag{7.13}$$

式中：Q——市场需求预测值；

Q_0——基期实际销售量；

E_Y——需求的收入弹性系数值；

R_Y——收入增长幅度；

E_P——需求的价格弹性系数值；

R_P——该产品价格变动幅度；

E_{P_c}——替换品交叉弹性系数值；

R_{P_c}——替换品价格变动幅度；

E_{P_b}——互补品交叉弹性系数值；

R_{P_b}——互补品价格变动幅度。

对于正常商品而言，随着人们的收入增加，其需求也随之增加，需求与收入成正比。由于某种商品的价格下跌，其需求量随之增加；反之，某种商品价格上涨，其需求量减少，该种商品的需求与价格成反比。从替换商品的交叉弹性进行考察，替换品价格下降,某种商品价格不变,则对替换品的需求量增加,而对某种商品的需求量减少;反之,替换品价格上涨,某种商品价格不变,则对替换品的需求量减少,而对某种商品的需求量增加。从互补品的交叉弹性进行考察,互补品中的任一种商品价格上涨,则会使全部互补品的需求量同时减少;反之,互补品中的任一种商品价格下跌,则会使全部互补品的需求量增加。

现举例说明其计算方法。

例如,通过调查已知某种商品需求的收入弹性系数为0.9,需求的价格弹性系数为1.1,替换品的交叉弹性系数为0.7,互补品的交叉弹性系数为0.5。该商品基期实际销售量为20 000件,设预测期内收入增加20%,该商品的价格可能上涨12%,其替换品和互补品的价格可能分别上涨20%和16%。试预测该商品的市场需求量。

将有关数值代入计算公式:

$Q = 20\ 000 \times [1 + (0.9 \times 20\% - 1.1 \times 12\% + 0.7 \times 20\% - 0.5 \times 16\%)]$
$= 20\ 000 \times [1 + 0.108]$
$= 22\ 160(件)$

经测算该商品的市场需求量为22 160件。

多种弹性系数综合预测法,适用于营销环境有明显改变,而引起市场需求的商品结构变化时具有较强的实用性的一种预测计算方法。这种结算法关键的问题在于如何收集有关资料。

五、市场供应弹性预测法

在经济学上,市场供应是指生产者(或销售者)愿意生产(或出售)并按不同价格出售的一系列不同数量的商品,如用表格形式表示称为供应明细表,如表7-5所示。

表7-5 一种粮食生产者的供应明细表

价格(元/公斤)	1.3	1.1	0.9	0.7	0.5
供应量(公斤)	6 000	5 000	3 500	2 000	500

该法也可用图例表示,其纵轴表示价格,横轴表示供应量,则供应曲线将成为一条从左下方向右上方延伸的曲线;还可用函数关系表示,则供应量是价格的增函数。

供应含义包括:① 一种商品的供应指一定时期内全部生产者所提供的商品。② 在经济术语中,商品供应是一种数量表,每个数量都与一定的价格相联系。③ 供应量随着价格的变化而变化。

在完全的市场经济中,随着商品价格的提高,进入该商品市场的生产者和供应也会随之增加。反之,随着商品价格的下降,有的生产者会离开该商品市场,该种商品的供应将随之降低。这就是市场供应规律,也就是市场价格的高低变动与商品量增减的一致性。

影响市场商品供应的因素主要有以下几种:

① 商品价格和利润的预期。一般说来,如果生产者预计价格看涨,同时意味着利润也将增加,就会增加其产量,从而导致供应增加。反之,如果生产者预计价格下跌,便会减少生产和供应。

② 生产要素的价格,也就是生产成本。如果生产要素的价格上涨,制造某种产品的成本增大,利润就会减少,生产者就不愿按原有价格生产和出售该商品,导致供应减少。反之,供应将增加。

③ 其他有关商品的价格变化会影响某一商品的供应,即商品比价关系不利于该商品时,其供应量将减少。当企业易于从一种商品的生产转变为另一种商品的生产时,尤其如此。

④ 销售者数目,即随着生产者和销售者数目的增加,供应也会增加;反之亦然。

⑤ 生产技术的提高,会使供应量增加。

⑥ 政府的财务税收政策会对市场供应发挥调控作用。

在上述诸影响因素中,价格对市场供应起主要的甚至是决定性作用。但是市场价格的变动,对不同的商品所引起的供应量变化并不完全相同,可以通过价格弹性得到反映。

供应弹性是测量价格变动所引起的供应量变动的灵敏程度。供应弹性系数就是当商品价格变动1%时,其供应量变动的百分数。其计算公式为:

$$E_S = \frac{\dfrac{Q_1 - Q_0}{Q_0}}{\dfrac{P_1 - P_0}{P_0}} = \frac{\Delta Q}{\Delta P} \cdot \frac{P_0}{Q_0} \tag{7.14}$$

式中:E_S——供应弹性系数;

Q_0、Q_1——价格变动前后一定时期内的供应量;

P_0、P_1——变动前后的价格;

ΔQ——供应变化增量;

ΔP——价格变化增量。

在正常情况下,市场供应量随价格的上升而增加,随价格的降低而减少,故 $\dfrac{\Delta Q}{\Delta P}$ 是正数,这与需求弹性正相反。影响供应弹性的因素也比较多,主要有:

使用不容易改变生产用途的生产要素所生产的产品,其供应弹性较小;反之,则较大。

随着成本大幅度增加的产品产量的增加,供应弹性较小。

生产周期较长的产品,其供应弹性较小。如许多农产品的生产需要种植一年甚至更长的时间,当市场价格提高时,来不及增产,使供应量增加受到限制。

从长期考察,如果价格保持不变,则生产周期长的产品,其供应弹性也会趋大。如多年生的农产品,也会有较充足的时间改变生产,增加产量。

如同需求弹性一样,市场供应弹性也可以利用供应弹性系数对某些产品的市场供应量进行预测。预测公式为:

$$Q = Q_0 + \Delta Q \tag{7.15}$$

由于 $E_S = \dfrac{\Delta Q}{\Delta P} \cdot \dfrac{P_0}{Q_0}$,并令 $P_r = \dfrac{\Delta P}{P_0}$ 即价格调幅

所以

$$\Delta Q = \dfrac{Q_0 \cdot \Delta P \cdot E_S}{P_0} = Q_0 \cdot E_S \cdot P_r \tag{7.16}$$

将式(7.16)代入式(7.15)得

$$Q = Q_0 + Q_0 \cdot E_S \cdot P_r = Q_0 \cdot (1 + E_S \cdot P_r) \tag{7.17}$$

例如,设对某种产品的供应通过实验调查得到下表数据。

表 7-6 某商品的价格与供应量之间的关系

价格(元/件)		供应量(件)	
调价前	调价后	调价前	调价后
12	14.4	1 600	1 984

并已知去年市场供应量为 900 万件,今年预计市场价格将提高 26%,试测算今年市场预计供应量。

先计算实验市场的供应弹性系数

$$E_S = \dfrac{1\,984 - 1\,600}{14.4 - 12} \times \dfrac{12}{1\,600} = 1.2$$

再预测今年市场可能供应量

$$Q = 900 \times (1 + 1.2 \times 26\%) = 900 \times (1 + 0.312) = 900 \times 1.312 = 1\,180.8 (\text{万件})$$

此法同样只适用于对部分产品的短期预测。

六、广告效果弹性分析与预测法

商业广告是指卖方利用有偿媒介传递有关其产品、服务的有说服力的信息,扩大销售的一种有效的促销方式。广告与商品经济是不可分的,随着商品经济的高度发展,西方一些国家的广告也呈现出高度发达景象,广告费一般都要占国民生产总值的 1%~3%。

在不少国家和地区,大多数企业都通过广告公司来做广告。广告公司是独立的以广告为业的企业,可为客户设计、制作和安排广告,可发展企业的全部广告活动,包括调研、撰稿、美术设计甚至媒介的选择,也可承担部分广告业务。正因为广告公司服务项目多、范围广泛,所以广告客户的费用支出一般较多,有的企业广告费占销售额的比例是 5%,有的行业,如化妆品业甚至高达 20% 以上。花费巨资做广告,到底效果如何呢?这是企业所关心的一个问题。

企业对广告效果的评估,内容很多,但主要评估两个方面:

信息传递习惯,即评估广告是否将信息有效地传递给听(观)众或读者。这种评估可在事前邀请顾客代表对已经准备好的广告进行评估,了解其效果,根据意见进行改进。也可以在事后进行调查,了解广告的收听率、收视率、读者率,以及目标客户对广告的记忆、印象等情况。

销售效果的评估,即评估广告使销售(量)增长了多少,这是企业做广告的直接目的。对广告销售效果的准确评估是比较困难的问题,因为销售的增长受多种因素的影响,不仅取决于广告,还取决于消费者的偏好与收入的增加、产品本身质量的提高与功能的改进、成本的逐步降低与价格的合理调整、销售渠道的畅通与效率的提高、促销方式的多样化与效果的提高等等。因此,单独衡量广告对销售的影响比较困难。目前,一般运用历史的(即动态的)或实验的分析方法来衡量其销售效果。所谓实验法就是通过销售实验获取有关的分析基础数据,弹性分析就是这类分析方法中应用较普通的一种。

所谓广告效果弹性是用销售额(或量)变化对广告费用变化反映的灵敏程度来表示。也就是当广告费用变动1%时,其销售额(量)变动的百分数。其计算公式为:

$$E_a = \frac{\frac{Q_1 - Q_0}{Q_0}}{\frac{C_1 - C_0}{C_0}} = \frac{\frac{\Delta Q}{Q_0}}{\frac{\Delta C}{C_0}} \tag{7.18}$$

式中:E_a——广告销售效果系数;

Q_0、Q_1——广告费变动前后的销售;

ΔQ——销售变动量;

C_0、C_1——广告费变动前后的数额;

ΔC——广告费变动量。

在市场销售正常的情况下,加强广告宣传后,销售额(量)的增长率大于广告费支出的增长率,即$E_a > 1$,说明广告的销售效果好。当市场销售不景气时,有可能出现$E_a \leq 0$的情况,则需要进行具体分析,不要轻易否定广告的销售效果。因为当市场不景气时,销售可能处在负增长的情况下,当加强广告宣传后,销售不再继续减少,或减缓了销售下降的速度,这也应当说广告产生了一定的效果。

利用广告效果弹性系数进行销售预测的公式如下:

$$Q = Q_0 \times (1 + C_r \cdot E_a) \tag{7.19}$$

式中:Q——销售预测值;

Q_0——基期销售实际值;

C_r——预测期比基期广告费变化幅度;

E_a——广告效果弹性系数。

例如,设某公司通过小范围广告效果实验得到下表中有关实验数据。现计划今年全部广告费预算在去年的基础上增加30%。已知去年的销售额为600万元。在其他条件不变的情况下,试预测今年的可能销售额。

表 7-7 广告效果实际数据

广告费(万元)		销售额(万元)	
改 变 前	改 变 后	改 变 前	改 变 后
4	4.8	90	121.5

先计算实验市场的广告效果弹性系数:
利用(7.18)式

$$E_a = \frac{\frac{121.5-90}{90}}{\frac{4.8-4}{4}} = \frac{0.35}{0.2} = 1.75$$

再利用有关已知数据和(7.19)式,预测今年的销售额:

$$Q = Q_0 \times (1 + C_r \cdot E_a)$$
$$= 600 \times (1 + 30\% \times 1.75) = 600 \times 1.525 = 915(万元)$$

广告效果弹性预测法同其他弹性系数预测法一样,简便易行,但也需要通过较长时期的实验调查才能取得弹性系数的数值。它只适用于短期预测,只能大致估测出广告对销售的影响,预测误差可能较大,同时难以进行检验。

第二节　意见综合预测法及应用

一、购买者需求意见调查预测法

购买者需求意见调查预测法又称顾客期望法。它是采取典型调查、抽样调查、普遍调查等方式直接向消费者或用户进行走访、书面调查,了解需求情况(如询问其希望买什么商品,什么品牌,以及想从哪里购买等),分析市场变化趋势,预测产品(或服务)在今后一定时期内的销售量的一种方法。它是调查预测中的一种,在市场预测中经常使用。

用户比较少的产品,如果有条件,企业可以编制用户一览表,逐户进行调查。或者选择某一地区的用户进行调查,然后根据以往所占总需求量的比例,结合其他有关因素进行推算。因为采用逐户调查的方法往往比较困难,所以采用抽样调查或典型调查的方法,以其调查结果推断总需求量较为适宜。当企业获得市场总需求资料以后,再估算该项产品的本企业市场占有率,提供预测资料。

采用用户需求调查预测法,对生产资料特别是大型生产资料的需求预测,其准确性比消费品要高。因为影响消费品购买的因素变化较多。在消费品中,对耐用或贵重消费品的预测,其可靠性又比一般消费品要高,因为在购买这些商品之前,消费者往往要经过较长时间考虑。

一般来说,用户最了解将来自己消费的需求数量,因而所提供的需求量应当是比较准确的。但往往调查时想购买的数量与将来实际购买的数量会有差别,这也是正常情况。因为影响需求的因素往往会经常发生变化,人们的思想会有反复。采用这种方法,企业可以获得直接的、比较详细的第一手资料,可以弥补企业现有第二手资料的不足。特别是新产品刚刚问世不久而无过去销售资料时,此方法可能是一个比较好的解决途径。采用此方法,必须获得顾客的热忱合作,否则,将获得错误资料。

二、专家会议调查预测法

专家会议调查法就是预测者召开专家会议进行集体判断预测的一种方法。这里所说的专家是指在某个研究领域或某个问题上有专门知识和特长的人员。通过专家会议获取调查资料的准确程度,主要取决于参加会议的专家的知识广度、深度和经验。因此,如何选择参加调查会议的专家,是组织专家会议进行预测的一项重要工作。

专家的选择应根据预测任务来确定,既要注意选择精通专业的专家,也要注意物色有经验的实际工作者参加,将理论与实践更好的结合起来,使预测切合实际。专家会议的规模要适中,人数太少,限制了科学、部门的代表性,使问题得不到全面、深入的讨论;人数太多,不易组织,会议时间拖长,对调查预测结果的处理也比较复杂。会议人数应由主持人根据实际情况的需要与可能而定,一般在10人左右为宜。

专家会议调查能否取得预期的效果,除了参加会议的专家的代表性、素质与合作态度,如按调查提纲认真做好发言准备,积极参加讨论发表自己的意见外,还与调查预测会议的组织准备工作是否充分,会议主持人的组织能力、民主作风、指导艺术密切相关。会议要明确调查预测的主题,编写好调查预测提纲,并发给参加会议的专家做好准备,以便开展讨论式的调查预测。会议的主持者应使调查预测会始终处于轻松融洽的气氛中,使与会者广开思路,畅所欲言;并要谦虚谨慎、虚心求教,广泛听取每位专家的意见,切忌只听个别权威的意见,或自己首先拿出倾向性意见,使调查预测会趋于走形式。在讨论过程中,还要紧紧地把握调查预测的主题,引导开展广泛深入的讨论,得出比较符合实际的预测结果。

组织专家会议进行调查预测,与个别专家进行询问调查比较起来有明显的优点:专家集体占有的资料和考虑的问题一般要多于个人,在一起讨论又可互相启发,取长补短,能把调查与讨论研究结合起来,分析考虑的影响因素全面细致;节省调查的人力与时间,能在比较短的时间内获得较多的信息、得到比较正确的预测结果;同时,还能提供一些解决问题的方案和对策。

专家会议调查预测法的缺点在于:参加会议的专家往往受人数的限制使代表性

不充分;调查会可能受心理因素的影响,使有的专家趋于权威,或随大多数的人的意见而不愿充分发挥个人的见解;有的专家由于自尊心、爱面子,不愿公开修正已发表的片面的甚至错误的意见。也有的专家事先无准备,会上或者随声附和,或者只听会,不发言,没有起到应有的作用。对于一些机密等级较高的问题,也不宜在调查会上交谈。此外,召开专家调查预测会,虽然节约了调查预测者的时间,但却较多的占用了专家的时间。所以这种调查预测方法,在国外逐渐被德尔菲法所代替。

三、德尔菲预测法

德尔菲法(Delphi)是由美国兰德(RAND)公司首先创立的。"兰德"一词即是英文"研究与发展"的缩写。该公司被人们称作"一个世界瞩目的思想库",成立于1948年,其总部设在美国加利福尼亚州的圣莫尼卡。该公司之所以以"德尔菲"为此命名,是由于在古希腊的德尔德伊城的城内有一座太阳神阿波罗神殿,相传希腊神能降妖,于是,人们便以"德尔菲"比喻神的高超预见能力而命名。

德尔菲法是专家会议调查法的改进和发展,克服了专家会议调查法的不足,使被调查专家的知识和经验得到充分发挥。此法在技术调查预测和新产品市场需求调查预测等方面得到了较普遍的应用。这种方法的具体操作步骤为:

(1) 确定调查预测目标。调查的组织者明确调查的主题,设计调查问卷或调查提纲,并收集整理有关调查主题的背景材料,做好调查前的准备工作。

(2) 选聘专家。根据调查主题的需要,事先挑选一些专家,并征得他们的同意,然后聘请,正式确定专家名单,人数一般是10~50人,如果重大预测项目,可以超过此数。专家名单确定后,即可将调查问卷或调查提纲及背景材料提交给每个选定的专家,请专家用书面方式,在规定的时间内(一般定在收到调查问卷后的两个星期之内)各自作答,寄回调查的组织者。

(3) 反复征询专家意见。在第一轮调查意见回收后,调查的组织者以匿名的方式将各种不同意见进行综合、分类和整理,然后分发给各位专家,再次征询意见。各位专家在第二轮征询过程中,可以坚持自己第一次征询的意见,也可以参考其他专家的不同意见,修改、补充自己原来的意见,再次寄回给调查的组织者。如此几经反馈,一般在3~5轮后,各位专家的意见即渐趋一致。

(4) 对各位专家最后一次征询的意见进行统计处理,做出调查预测结果。

德尔菲法与专家会议调查预测法比较起来,具有以下明显的特点:

被调查的专家互不见面,以书面形式进行联系,彼此间不署姓名,具有匿名性。

在调查过程中,要进行多次反馈征询意见,具有轮番反馈沟通性,可以对彼此之间的意见比较分析、相互启发,调查结果能更准确的反映被调查专家集体的共同意见。

德尔菲法的调查结果,根据需要可以从不同角度进行统计处理,具有调查结果的统计特性。

德尔菲法也存在需要改进的地方,如由于缺乏调查主题的背景材料,或背景材料不充分,有的专家难以做出正确的回答。又如,由于被调查专家之间是背靠背的,缺乏直接的交流,有的专家在获得调查组织者所汇总的反馈资料后,不了解别的专家所提供预测资料的根据,有可能在下一轮的征询意见中出现简单地向中位数靠拢的趋势,而不是进一步深入探讨问题。此外,反馈次数较多,需用较长的时间、花费较多的费用才能得到预测结果。

为了克服德尔菲法的上述缺点,有的调查组织者进行了一些有益的改进。如果德尔菲法应用于市场销售调查预测时,要求被调查的专家在第一次回复时,同时做出最高销售、一般可能销售、最低销售三种不同的预测方案,并分别估计实现的概率,以减少反馈的次数;有的在第二次以后的反馈时,只向预测意见差别最大的专家或权威性专家反馈,减少被调查专家数量,从而减少调查工作量;有的先匿名询问,公布汇总结果后,进行面对面的讨论,再匿名做出新的预测。有的在第二次以后的反馈时,只反馈预测意见的幅度而不反馈中位数,以防止出现简单的向中位数靠拢的倾向。

在一般情况下,专家意见经过3~5次反馈之后,预测结果的概率分布接近正态,即可进行统计处理。数据处理可循以下方法:

(1) 专家作答情况的统计处理。在调查结果中应反映专家回答询问的情况,通常用问卷的回收率和问题的回答率两项指标来说明。

① 问卷回收率是指收回问卷的份数占向专家发出问卷份数的比率。计算公式为:

$$问卷回收率 = 收回问卷的份数 \div 发出问卷的份数$$

问卷回收率的大小表示专家们对该项调查的关心和支持程度,从一个侧面说明调查结果代表性的大小。

② 问题回答率是指专家对所询问的问题有效回答的份数占收回问卷份数的比率。计算公式为:

$$问卷回答率 = 对该问题有效回答的份数 \div 收回问卷的份数$$

问题回答率说明专家对该问题的熟悉和关注程度,同样,也是从一个侧面说明调查结果的可信程度。

(2) 对数量和时间答案的统计处理。当专家的回答是一系列可供比较大小的数据,或有前后顺序排列的时间,统计调查结果需要用数量或时间表示时,则可用中位数和上、下四分点的方法来处理,用以求出调查结果的期望值和区间。

先介绍求中位数的方法,首先将几个专家所提供的几个(包括重复的)答数从小到大顺序排列:

中位数的计算式

$$\tilde{x} = \begin{cases} x_{k+1} & n = 2k+1(奇数) \\ \dfrac{x_k + x_{k+1}}{2} & n = 2k(偶数) \end{cases} \tag{7.20}$$

式中：$\tilde{x}$——中位数；

x_k——第 k 个数据；

x_{k+1}——第 $k+1$ 个数据；

k——正整数。

再介绍求上、下四分位点的方法。

先求上四分位点，其计算公式为：

$$x_{上四} = \begin{cases} x_{\frac{3k+3}{2}} & n=2k+1, k \text{ 为奇数} \\ \dfrac{x_{\frac{3}{2}k+1} + x_{\frac{3}{2}k+2}}{2} & n=2k+1, k \text{ 为偶数} \\ x_{\frac{3k+1}{2}} & n=2k, k \text{ 为奇数} \\ \dfrac{x_{\frac{3}{2}k} + x_{\frac{3}{2}k+1}}{2} & n=2k, k \text{ 为偶数} \end{cases} \quad (7.21)$$

下四分位点的计算式：

$$x_{下四} = \begin{cases} x_{\frac{k+1}{2}} & n=2k+1, k \text{ 为奇数} \\ \dfrac{x_{\frac{k}{2}+1} + x_{\frac{k}{2}+1}}{2} & n=2k+1, k \text{ 为偶数} \\ x_{\frac{k+1}{2}} & n=2k, k \text{ 为奇数} \\ \dfrac{x_{\frac{k}{2}} + x_{\frac{k}{2}+1}}{2} & n=2k, k \text{ 为偶数} \end{cases} \quad (7.22)$$

各专家答数中的最大值与最小值之差称为全距，表示调查结果的最大变动幅度，是各专家之间看法的分散程度的一种量度。

如果用四分位点法描述专家们的调查结果，则中位数表示其期望值，下四分位点表示调查期望值区间的下限，上四分位点则表示其上限。

下面举例说明中位数和上、下四分位点法的计算过程。

【例】设某个企业聘请 16 位专家对一项新产品的销售量进行预测。最后一轮的预测值（单位万件）从小到大顺序排列为：

67、69、70、70、71、73、74、74、75、75、75、76、77、80、80、83

将有关数值代入上述计算式：

$n=16$，偶数；$k=\dfrac{n}{2}=8$，偶数。

计算中位数 $x = \dfrac{x_8 + x_9}{2} = \dfrac{74+75}{2} = 74.5$。

计算上、下四分位点，先计算上四分位点：

由于 $k=8$ 为偶数，依计算公式中的第 4 式，则 $\dfrac{3}{2}k=12$，$\dfrac{3}{2}k+1=13$，则上述四分

位点是第 12 个数与第 13 个数的平均值,即:

$$x_{上四} = \frac{x_{12}+x_{13}}{2} = \frac{76+77}{2} = 76.5(万件)$$

再计算下四分位点,依计算公式中的第四式得知:

$\frac{k}{2}=4, \frac{k}{2}+1=5$,则下四分位点是第四个数与第五个数的平均值,即:

$$x_{下四} = \frac{x_4+x_5}{2} = \frac{70+71}{2} = 70.5(万件)$$

预测值的全距=最大值－最小值=83－67=16(万件)

对等级比较答案的统计处理。在征询专家对某些调查项目做重要程度的排序内容时,通常采用总分比重法进行统计。其计算步骤如下:

第一步,列出各项评价项目,规定其重要程度的评分标准;

第二步,计算各评价项目的总得分:

$$T_j = \sum_{j=1}^{n} P_i N_i \quad (j=1,2,\cdots,m) \tag{7.23}$$

式中:T_j——第 j 个项目的总得分;

P_i——排在第 i 位的得分;

N_i——赞同某项目排在第 i 位的人数;

M——参加比较的项目的个数。

第三步,计算各项目所得的总分比重:

$$K_j = \frac{T_j}{m \cdot \sum_{i=1}^{n} P_i} \quad (j=1,2,\cdots,m) \tag{7.24}$$

式中:K_j——第 j 个项目的总分比重($\sum_{j=1}^{m} K_j = 1$,因所有项目的总分比重之和等于 1);

m——对该问题作为回答的人数($\sum_{i=1}^{n} N_i = m$,由于对某项目评分的总人数为 m)。

第四步,按总分比重从大到小排列各项目的重要程度等级。

下面举例说明等级比较答案的统计处理。

【例】某针织品销售公司聘请专家对 1993 年以后运动衣裤的市场需求进行预测。要求专家在下列项目:品牌、价格、式样、吸汗、耐穿中,选择影响销售的主要项目 3 个,并按其重要性排序。评分标准规定为:评分第一位的给 3 分,第二分给 2 分,第三位给 1 分(即 $P_1=3$、$P_2=2$、$P_3=1$)。

对第三轮征询做出回答的专家人数为 82 名(即 $m=82$)赞成"品牌"项排第一位的专家有 61 人(即 $N_1=61$),赞成"品牌"排第二位的专家 13 人(即 $N_2=13$),赞成"品牌"项排第三位的专家有 1 人(即 $N_3=1$)。

将有关数值代入公式：

$$T_j = \sum_{j=1}^{n} P_i N_i$$

$$T_1 = 3 \times 61 + 2 \times 13 + 1 \times 1 = 210$$

"品牌"项的总分比重代入计算公式

$$K_j = \frac{T_j}{m \cdot \sum_{i=1}^{n} P_i}$$

$$K_1 = \frac{210}{82 \times (1+2+3)} = 0.43$$

由专家对其四项的评分结果（从略）算得的各项目总分比重为：
价格总分比重为 0.15，式样为 0.30，吸汗为 0.02，耐穿为 0.10。
根据总分比重的大小，得出按重要性排在前三位的项目依次为品牌、式样、价格。

（3）对主观概率的统计处理。所谓主观概率是指被调查的专家对某个未来事件发生的可能性大小做出的主观判断值。对主观概率的处理，往往以加权平均值作为专家集体的意见，其权数为相应的人数。

【例1】某公司采用德尔菲调查法，征询15位专家对一项新产品投放市场成功的可能性的主观概率估计如下：7人认为该项新产品投放市场成功的可能性（即主观概率）为 0.6，3人的主观概率为 0.5，3人的主观概率为 0.7，2人的主观概率为 0.8，则该项新产品投放市场成功的主观概率加权平均值为：

$$\frac{7 \times 0.6 + 3 \times 0.5 + 3 \times 0.7 + 2 \times 0.8}{7+3+3+2} = 0.627$$

通过向15位专家询问调查的结果，该项新产品投放市场成功的可能性为 62.7%，为作出投放市场的决策提供了科学依据。

【例2】设某公司开发了一种新产品，现聘请9位专家预测新产品投放市场后一年的销售额。在专家作出预测前，公司将产品的样品、特点、用途、用法进行详细的介绍，并将同类产品的价格、销售情况作为背景资料，书面发给专家参考。采用德尔菲法方式，请专家各自作出判断。经过3次反馈之后，专家意见大体接近，得出结果如表 7-8 所示。

表 7-8　9 位专家的预测意见

专家号	第1次判断			第2次判断			第3次判断		
	最低销售	最可能销售	最高销售	最低销售	最可能销售	最高销售	最低销售	最可能销售	最高销售
1	10	15	18	12	15	18	11	15	18
2	4	9	12	6	10	13	8	10	13

续表 7-8

专家号	第1次判断			第2次判断			第3次判断		
	最低销售	最可能销售	最高销售	最低销售	最可能销售	最高销售	最低销售	最可能销售	最高销售
3	8	12	16	10	14	16	10	14	16
4	15	18	30	12	15	30	10	12	25
5	2	4	7	4	8	10	6	10	12
6	6	10	15	6	10	15	6	12	15
7	5	6	8	5	8	10	8	10	12
8	5	6	10	7	8	12	7	8	12
9	8	10	19	10	11	20	6	8	12
平均数	7	10	15	8	11	16	8	11	15

对 9 位专家预测结果的统计处理有以下几种方法：

1. 简单平均法。将 9 位专家第 3 次判断的简单平均值作为预测值，则为：

$$预测销售额 = \frac{8+11+15}{3} = 11.33（万元）$$

2. 加权平均法。将第 3 次判断的最可能销售、最低销售和最高销售按 0.5、0.2、0.3 加权平均，则：

$$预测销售额 = \frac{11 \times 0.5 + 8 \times 0.2 + 15 \times 0.3}{0.5 + 0.2 + 0.3}$$
$$= 11.6（万元）$$

3. 三点估计法。三点估计法的计算公式为：

$$预测值 = \frac{最大值 + 4 \times (估计平均值) + 最小值}{6}$$

将本例有关数值代入上式得：

$$预测销售额 = \frac{15 + 4 \times 11.33 + 8}{6} = 11.39（万元）$$

4. 中位数法。先将第 3 次判断按判断值高低排列如下：

最低销售额：6、7、8、10、11。
最可能销售：8、10、12、14、15。
最高销售额：12、13、15、16、18、25。

中间项（即中位数）的计算公式为：

$$中位数 = \frac{n+1}{2}$$

式中：n——项数。

从上表可以看出,最低销售额的中位数为第3项,即8;最可能销售额的中位数也为第3项,即12;最高销售额的中位数为第3、第4项的平均数,即(15+16)÷2=15.5。

按最可能销售额、最低销售额和最高销售额以0.5、0.2和0.3加权,则其预测值为:

$$预测销售额 = \frac{12 \times 0.5 + 8 \times 0.2 + 15.5 \times 0.3}{0.5 + 0.2 + 0.3}$$

$$= 12.25(万元)$$

通过几种方法的预测,该项新产品投放市场销售,一年可达11万~12万元。

在统计处理时,选择使用平均法或中位数法的原则为:当数据分布的偏态比较大时,为避免受个别偏大偏小预测值的影响,一般使用中位数法,或先去掉一个最大值和一个最小值之后,再使用平均法。当数据分布的偏态比较小时,一般采用简单平均法或加权平均法,以便考虑每个判断值的影响。

四、销售人员意见综合预测法

销售人员意见综合预测法,是公司(或企业)销售预测方法中的一种重要方法。所谓公司(或企业)销售预测,是指该公司(或企业)以其选定的市场规划与假设的市场环境为基础,对该公司(或企业)的销售量(或销售额)的期望值。

为什么公司(或企业)进行销售预测要将市场环境作为变量考虑呢？社会化大生产中的现代企业,是个开放的系统,其经营活动总是在一定的环境中进行,必然与所处的环境的各个方面发生千丝万缕的联系,对营销活动产生影响。构成企业营销环境的各种外部因素,如人口总数与构成、经济条件、政治环境、科技进步、社会影响、文化教育水平、心理状态、竞争结构等,对企业来说,是不能控制、不依企业主观意愿为转移的,而且营销环境又是不停地变化的。所以每个销售预测都需要明确的列出对人口、经济、工艺、政治和文化环境等方面的假设。例如,某些外部因素不变或变化不大,而另一些因素有较大变化。在销售预测时,则应着重考虑那些有较大变化的因素对企业销售的影响及其影响程度。

公司(或企业)在进行销售预测时,为什么还要考虑其市场规划呢？尽管公司(或企业)对市场营销环境的各个方面的因素是不可控的,但是,这些外部因素对企业营销活动的影响又是可认识、可预测的,为了达到营销目标,公司(或企业)可通过对其可控制的营销因素,如产品品质、价格水平、分销途径、促销业务等的调整和重新组合,以适应营销环境的变化。另一方面,大多数商品的市场需求,对价格水平、促销活动、产品品质、分销途径等因素有一定的弹性。因此在进行销售预测时,必须对预测期内的价格水平,市场机会等方面有明确的设想。可见,公司(或企业)的销售预测不是一个独立的因素,它是一个因变量,它有赖于公司(或企业)的市场营销活动计划,即随商品、价格、分销途径、促进销售等因素的组合计划而变,营销组合因素是自变量。

销售人员意见综合预测法是一种简便易行的方法,就是企业领导者向全部销售人员介绍预测期的市场形势,或在给予有关未来经济环境变化的资料参考后,要求销售人员发表对今后一定时期内商品销售情况的看法和意见,提出一个自己认为最佳的预测数字,再进行综合,作为企业的预测销售的一种方法。这种方法多在一些统计资料缺乏或不全面的情况下采用,对短期市场预测效果较好。

销售人员是商品的直接销售者,处于市场交换的第一线,对顾客的需求和竞争对手的动向,特别是对他们自己所负责销售的产品及其销售地区的情况,一般都很了解,也比较敏感,所以他们所做的预测是比较接近实际销售量、比较准确的,对企业编制计划和经营决策有较大的参考价值。销售人员参加市场预测,其本身将会增加他们完成销售任务的信心。不过也要看到,由于销售人员所处岗位的局限性等原因,往往对宏观经济的发展趋势以及本企业的全面情况不甚了解,容易从局部出发,带有一定的片面性。另外,销售人员很少经过专门的预测技术的训练。因而可能因对形势的估计过于乐观或者悲观,预测者的激进或保守,都将影响到预测的准确性。如果企业领导将每个成员的预测值作为任务目标下达,预测者难免采取稳健态度,就有可能使销售人员的预测值偏低,当企业综合时,需做必要的修正。

下面举例说明这种方法的应用。

【例】设某企业有三个销售员,分别销售三大类商品,他们对下一年度各自销售的商品进行预测,如表7-9所示。

表7-9 企业销售员对下一年度商品销售的预测

销售员		销售额(万元)	概率	调整后预测值
甲	最高销售	18	0.2	3.6
	一般销售	16	0.5	8.0
	最低销售	14	0.3	4.2
	最低销售/期望值	14	0.3/1.0	4.2/15.8
乙	最高销售	21	0.3	6.3
	一般销售	17	0.6	10.2
	最低销售/期望值	15	0.1/1.0	1.5/18.0
丙	最高销售	17	0.2	3.4
	一般销售	15	0.6	9.0
	最低销售/期望值	13	0.2/1.0	2.6/15.0

其中概率栏是指销售员主观判断的各种销售情况实现的可能性,即主观概率。调整后的预测值栏,是销售额栏与概率栏的乘积。

当3个销售员的销售期望值测算出来之后,如果认为比较符合实际,不必做修正时,则可进行综合汇总,本企业下一年度的销售预测额为:

15.8+18.0+15.0=48.8(万元)

如果认为其中某销售员的预测值偏大或偏小时,则应进行调整后,再进行汇总。

假若公司经理要求销售员做全公司的销售预测,则应将各个销售员的销售期望值进行简单算术平均,或加权算术平均之后,将平均期望值作为公司的销售预测。

五、业务主管人员判断预测法

业务主管人员判断预测法,也是一种比较简单的公司(或企业)销售预测法。它是在假定的市场环境与既定的公司(或企业)销售因素组合下,对一定时期内销售的期望值的估计。此法就是经理邀请公司(或企业)内的供销、生产、财务、市场研究等部门的负责人,开会进行讨论,广泛交换意见,集思广益,发挥集体智慧来预测商品的销售,或未来市场的需求量。

业务主管人员判断预测法的优点在于:(1)简单易行,能够比较迅速的产生预测结果,几乎不需要多少费用,只需要将有关的业务主管人员请到一起,座谈一下未来市场需求的前景和动向,并结合本部门在预测期内打算采取哪些营销策略与措施,就可估计预测期间内本公司(或企业)的销售情况。(2)集思广益。由于公司(或企业)各个职能部门的主管人员都负责某个方面的工作,可以提供比较全面、比较详尽的市场信息,同时各个业务主管人员又具有比较丰富的市场经验。因此,他们的意见有可能比较接近实际。另外,在集体分析公司(或企业)内部条件和外界市场环境的基础上,还可以对那些可能影响未来市场需求的因素,逐一进行研究,提出对策。总之,业务主管人员判断预测,汇集了各职能部门主管人员的意见,有可能比较全面的分析未来市场的需求,使公司(或企业)的销售预测更加接近实际,更加准确。

业务主管人员判断预测法的缺点是:(1)过分依赖业务主管人员,特别是公司(或企业)高层主管人员的主观判断,由于对未来的预测主观成分大,有时会出现事实根据不足的现象。同时,也往往受到当时预测者个人,特别是会议气氛所持的乐观或悲观态度的影响。所以,单独采用这种方法来进行市场预测,将会存在一定的风险性。(2)公司(或企业)领导层都参与市场预测,需要深入细致的分析研究本单位内部条件和市场营销环境,即影响销售的各种因素,会占用较多的本职工作时间,使责任和精力分散。正由于时间和精力等原因,一些不直接参与市场营销的业务主管人员,对估计产品销售所出现的新问题以及消费心理和购买行为的变化,不可能进行深入实际的调查研究,很难掌握市场变化规律,他们的意见或建议,不可避免地带有很大的主观性,因此也会影响预测的精确性。

业务主管人员判断法,多数是在一些统计资料缺乏,或者不全面的情况下采用,对于中长期销售预测效果要比销售人员意见综合预测法好。如果掌握有关的统计资料,能够与定量预测方法结合起来使用,则效果更为理想。

例如,设某企业由三名中层管理人员,对本企业下一年度的销售额判断预测如表7-10所示。

表7-10 企业各中层管理员对下一年度销售额的判断预测

中层管理人员		销售额(万元)	概 率	销售额×概率
销售科长	最高销售	250	0.3	75
	最可能销售	230	0.4	92
	最低销售/期望值	210	0.3/1.0	63/230
生产科长	最高销售	290	0.3	87
	最可能销售	270	0.5	135
	最低销售/期望值	240	0.2/1.0	48/270
财务科长	最高销售	280	0.2	56
	最可能销售	270	0.5	135
	最低销售/期望值	250	0.3/1.0	75/266

根据参加企业销售预测的3名中层管理人员对市场需求规律、市场营销环境变化掌握了解程度的不同,以及预测经验的差异,若给销售科长预测值的权数为5,财务科长的权数为3,生产科长的权数为2,然后对其期望值做加权算术平均:

$$(230\times 5+266\times 3+270\times 2)\div (5+3+2)=248.8(万元)$$

3名中层管理人员对企业下一年度的销售预测为248.8万元。

六、综合判断预测法

综合判断预测法,是公司(或企业)销售预测中一种定性分析定量化的预测法。它是根据企业各个层次有关人员的经验来判断今后一定时期内销售额的一种方法。对生产企业来说,是对推销人员、中层管理人员、经销商和经理厂长等几方面所做的预测,加以分析和综合判断,从而得出预测结果。如果不能取得经销商的意见,则可综合推销人员、中层管理人员、厂长、经理人员的判断,做一销售预测。对于一些中小商业公司来说,也可以只综合销售人员与经理人员的判断,做一销售预测。

例如,某生产企业选择10名推销员、5名中层管理人员、经营副厂长和厂长等三个层次的人员,对下一年度本厂销售额进行预测。参加者每人提出了各自的销售期望值(销售期望值的估算方法,请参见销售人员意见综合预测法)

(1) 10名推销员的销售期望值如表7-11所示。

表7-11 各推销员的销售期望值

销售员代号	01	02	03	04	05	06	07	08	09	010
销售期望值（万元）	1 450	1 360	1 520	1 300	1 600	1 580	1 490	1 610	1 650	1 390

假定10名推销员的业务水平、分析判断能力、预测经验等方面大体相同,他们的预测值同等重要,其权数相同,则采用简单算术平均,其销售期望值平均数为:

$(450+1\,360+1\,520+1\,300+1\,600+1\,580+1\,490+1\,610+1\,650+1\,390)\div 10 = 1\,495(万元)$

(2) 假定该企业的5名中层管理人员,对企业下一年度的销售期望值如表7-12所示。

表7-12 各中层管理人员对企业下一年度的销售期望值

企业职能部门	销售期望值(万元)
销售科长	1 550
生产科长	1 820
技术科长	1 480
供应科长	1 710
财务科长	1 640

根据各中层管理人员所掌握的市场信息的不同、分析观察问题的角度各异、市场销售预测经验等不同、分别给予不同的权数,如表7-13所示。

表7-13 各中层管理人员给予的权数

企业职能部门	给予权数
销售科长	0.3
生产科长	0.2
技术科长	0.1
供应科长	0.2
财务科长	0.2
合计	1.0

对5名中层管理人员的销售期望值进行加权算术平均如表7-14所示。

表 7-14 各中层管理人员销售期望值的加权平均

企业职能部门	销售期望值	权数	期望值×权数
销售科长	1 550	0.3	465
生产科长	1 820	0.2	364
技术科长	1 480	0.1	148
供应科长	1 710	0.2	342
财务科长	1 640	0.2	328
平均期望值			1 647

(3) 2名厂长采用同样的方法作出判断,下一年度本企业的销售期望值为:

经营副厂长的销售期望值为:1 800万元

正厂长的销售期望值为:1 700万元

假如两位厂级干部的销售期望值重要程度差不多,权数相同,则其平均期望值为:

$$(1\,800+1\,700)\div 2=1\,750$$

(4) 最后,将推销员、中层管理人员、厂级领导人员三者的销售期望值进行综合判断,根据三者的期望值的重要性确定其权数。推销人员活动在营销的前沿,最接近消费者和用户,对其具体需求最了解,他对商品的花色、品种、规格、式样的需要,要比工厂的中层管理人员和厂级领导人员更了解。但由于工作岗位的关系,对宏观经济的发展、对市场营销环境的变化,了解甚少。而各个中层管理者,对各自从事的职能部门的工作比较精通,有比较丰富的经营管理经验,作为沟通上下级关系的中间环节,能掌握较多的信息资料。尽管他们各自的经验和知识比较专门化,对市场动态、未来需求的发展变化趋势的分析不一定很全面,但是他们作为中层管理的群体,能够通过不同的形式,相互补充,发挥群体优势使其分析判断比较接近实际。对于厂级领导人员来说一般接触具体业务和实际要比推销人员与中层管理人员少,对市场的具体需求了解不多,但他们,特别是正厂长和经营副厂长具有丰富的经营经验,能掌握全局情况,更重要的是,他们的预测将对今后的营销决策产生很大的影响,将为预测目标的实现而采取必要的措施和手段,所以其分析判断有可能更接近于实际。现在假定三者的权数如下:

推销人员的权数为:1

中层管理人员的权数为:2

厂级领导人员权数为:2

最后,对企业3个层次的销售期望值进行综合,即采取加权算术平均,作为预测值为:

$$(1495\times 1+1\,647\times 2+1\,750\times 2)\div(1+2+2)=1\,657.8(万元)$$

综合判断预测法的主要优点:(1)同销售人员意见综合预测法和业务主管人员判断预测法一样,迅速、及时、经济、不需要经过复杂的计算,也不需要花多少预测经费,可以凭预测者的经营经验,及时得到预测结果。如果市场情况发生了变化,也可以及时进行修改。(2)企业内不同层次的人员参加分析判断,集思广益,体现了决策过程民主化的精神,使销售预测值的可靠性得以提高,并减少风险性。对预测参加者来说,有利于他们将预测的思想贯彻到营销的实际行动中去,提高了预测目标实现的可能性。(3)不论是生产经营企业还是经销性公司,不论是大型企业还是中小型企业,都可以采用此法进行销售预测。(4)不论是对商品的销售量、销售额,还是品种、花色和规格,都可以采用此法进行预测。

这种预测方法同样存在一些缺点:(1)预测结果容易受主观因素、心理因素的影响。(2)对市场需求变化规律、消费者心理和购买行为,缺乏深入调查研究而只能作出一般的销售预测。

七、主观概率预测法

概率或称然率、几率。在社会和自然界中,某一类事件在相同的条件下可能发生也可能不发生,这类事件称为随机事件。不同的随机事件发生的可能性的大小是不相同的,概率就是用来表示随机事件发生的可能性大小的一个量。例如,市场上某种新商品的销售状态是不确定的随机事件,有畅销、平销或滞销三种可能性。出现畅销、平销或滞销的可能程度,用系数或百分数来表示,就是一种概率。概率有两个基本原理。

(1)全部事件中每一个事件的概率之和等于1。例如,上述某种新商品的销售,有出现畅销、平销或滞销三种可能的结果,出现畅销的概率加平销的概率再加滞销的概率一定等于1。

(2)对某一特定的结果,确定的概率必定介于0与1之间。数值越大,表示该事件出现的可能性越大,当概率为1时,表明这种结果一定会出现;当概率为0时,表示这种事件不可能出现。

上述基本原理用公式表示,即为:

$$\sum p_i = 1 (i=1,2,\cdots n, \quad 0 \leqslant p \leqslant 1) \tag{7.25}$$

式中:p——概率;

i——第i个事件。

概率可分为主观概率和客观概率两种。主观概率是凭个人经验的主观判断,反映个人对某事件的信念程度。正因为主观概率是凭个人经验的主观判断,所以每个人的经验和主观认识判断能力不同,对同一事件在同一条件下出现的概率,每个人提出的概率数值可能不相同。同时,对个人提出的主观概率的准确性,只有实践才能检验。

所谓客观概率则是指事物在大量观察和试验中,其中的某事件相对出现的频率,它是一个客观存在。客观概率只适用于某一实验在相同条件下可以多次重复的情况。例如,一枚硬币可以反复无数次的抛掷,结果出现正面的相对次数是50%,这就是硬币正面出现的概率。但是影响市场营销的因素很多,往往瞬息万变,在市场预测中,许多事件不可能多次重复试验,无法事先估计某事件出现的客观概率,只能依靠主观概率。

主观概率预测法是带有定量性质的定性预测,能比较精确地反映预测者个人对未来事件的直觉判断和信任的程度。也就是预测者对某一种可能性,给予用概率来表示的可能程度,或者说,是凭预测者的经验所做的个人信念的量度。假如,某预测者对某种新商品试销是畅销、平销、还是滞销的回答,可能概率是0.3:0.5:0.2,这就是说,该新商品在试销中畅销的可能性占30%、平销的可能性占50%、滞销的可能性占20%。

主观概率预测法一般和调查预测法与其他经验判断预测法结合起来应用。如由公司的销售人员、业务主管人员或聘请的市场专家,在对市场营销环境、公司营销因素组合进行分析研究基础上,对销售的各种可能性,做出有根据的数量化的主观判断。

主观判断并不是一定不准确,有些成功的决策,确实是由主观判断所决定的,但这种成功的例子毕竟不是很多。成功的判断,是实践经验的总结,如能对客观事物进行实地调查,广泛收集资料并全面分析,则更能提高市场决策的正确性。

下面举例说明主观概率预测法。

设某饮料公司研制出一种新型饮料,需对这种饮料在未来投放市场能否获得成功进行预测。

该公司聘请了20名专家进行调查预测,但得到的意见很不一致。其中有7名专家认为,由于目前我国市场上各种饮料的竞争非常激烈,而这种饮料成本较高,销价高,所以近几年内很难在市场竞争中取胜。而其中10人却认为,虽然目前饮料市场竞争激烈,但这种饮料有其独特的性质,营养价值高,且很适合我国人民的口味,尤其适合北方人的口味,所以在近几年内,这种饮料在投放市场后有很大可能性获得成功。另外3人则没有明确的意见。我们便可以根据这20位专家的预测意见,以及预测意见获得成功的大小程度(如在获得成功可能性大时,又分为很大、较大和较有把握),利用主观概率法对其意见进行数量化。对其成功的可能性的估计结果列入表7-15内。

表7-15 利用主观概率法对专家意见进行数量化的结果

概率	0.1	0.2	0.3	0.4	0.5	0.6	0.7	0.8	0.9	1.0
人数		2	2	3	4	3	4	2		

然后计算其主观概率的加权平均值:

$(0.2×2+0.3×2+0.4×3+0.5×4+0.6×3+0.7×4+0.8×2)÷20=0.52$

这就是说,这种新型饮料投放市场的成功可能性为52%。

在具体运用主观概率预测法进行预测时,比较常用的一种方法就是中位数法。

也就是要求被调查者首先估计出最大值（A 值）和最小值（B 值），且要求高于 A 值的可能性和低于 B 值得可能性很小。比如说它们都是 0.01 的可能。然后再估计 A 值与 B 值的中间值（C 值），显然高于或低于 C 值的可能性基本相等，并不断依次去估计 A 与 C，C 与 B 的中间值 E，F，…，直到所要求的概率分段为止。

设某公司根据其前两年以及 1993 年前两个月的月销售资料为基础，通过调查，利用主观概率法来预测本公司 1993 年 6 月份的销售额，并要求预测误差在 20 万元以内。

若取高于最高值和低于最低值的可能性都为 0.01，则其调查表如表 7-16 所示。

表 7-16　主观概率调查表

累计概率	0.01	0.125	0.25	0.375	0.5	0.625	0.75	0.875	0.99
销售额（万元）									

当然可以采用逐渐提问的方法，先得到最高值 A 值和最低值 B 值，并依次得到 A 和 B 的中间值 C，C 与 A，C 与 B 的中间值 D、E，以及 A 与 D，D 与 B，C 与 E，E 与 B 的中间值 E、G、H、K。其各点的累计概率如同上面所列的调查表。

根据其调查情况，可得下面的汇总表（这里以 12 名被调查人为例）。

表 7-17　主观概率汇总表　　　　　　　　　　　　　　　单位：万元

被调查人数	0.01 (B)	0.125 (K)	0.25 (E)	0.375 (H)	0.5 (C)	0.625 (G)	0.75 (D)	0.875 (F)	0.99 (A)
1	814	822	830	835	842	848	856	868	875
2	802	810	820	828	835	840	850	856	862
3	805	818	825	832	838	842	847	858	865
4	820	824	826	828	830	832	836	840	845
5	790	805	814	822	828	832	838	844	850
6	798	802	815	820	825	830	838	845	855
7	806	815	822	828	832	840	850	860	870
8	786	798	810	820	828	837	848	862	875
9	802	810	814	820	824	828	835	842	850
10	800	808	814	822	830	838	847	854	862
11	795	802	808	814	820	828	835	844	855
12	804	814	822	828	832	883	845	852	860
平均数	801.8	810.7	818.3	824.8	830.3	836.1	843.8	852.1	860.3

依据主观概率汇总表即可对其进行预测。从表中可以看出。该公司在1993年6月份的最高销售额可达到860.3万元,最低销售额则为801.8万元,并且超过这一最高值或低于这一最低值的可能性仅为1‰。而销售额在830.3万元时,其累计概率为0.5,也就是高于或低于这一值的可能性相等,大体为50%,从而便可以用这一数值作为该公司1993年6月份的销售额预测值。若预测误差在20万元之内,即810.3万~850.3万元之间的可能性为0.625(即0.75-0.125=0.625)

另外,如果该公司曾对过去(比如1992年)各月份的销售额做过同样的主观概率预测,则可以用预测值和实际值相比较,计算出一个系数,用来修正1993年6月份的预测值(详见下表)。

表7-18 1992年各月实际销售额与预测销售额的比较

1992年各月	实际销售额(万元)	预测销售额(万元)	预测销售额/实际销售额
1月	670	665	0.9925
2月	668	660	0.988
3月	680	675	0.9926
4月	685	690	1.0037
5月	700	705	1.0071
6月	702	705	1.0043
7月	720	720	1.0
8月	732	730	0.9973
9月	750	760	1.0133
10月	756	760	1.0053
11月	772	775	1.0039
12月	775	780	1.0065
全年平均	717.5	718.75	1.0017

利用上表中计算得到的系数对1993年6月份的预测值进行修正得:
$$830.3 \div 1.0017 = 828.9(万元)$$

也就是说,经过修正后,利用主观概率法预测该公司1993年6月份的销售额为829万元。

主观概率预测法在市场预测中有一定的实用价值。尽管这种方法是凭经验主观估测的结果,向预测者提出明确的预测目标,提供尽量详细的背景材料,使用简明易懂的概念和方法,以帮助预测者判断和表达概率。同时,假定预测期内市场供需情况比较正常,营销环境不出重大变化,长期从事市场营销活动的人员和有关专家的经验和直觉往往还是比较可靠地。这种预测方法简便易行,但必须注意防止任意、轻率地由一两个人拍脑袋估测,要加强严肃性、科学性,提倡凭集体的思维判断。

第三节 市场占有率及变动预测与应用

市场占有率是用于反映企业在市场中所占的份额的一个经济指标。从企业市场占有率的高低及其发展变化趋势,可以考察该企业所生产经营的产品适销对路的程度、竞争能力的大小、企业信誉的高低以及经营管理的好坏。所以市场占有率往往是企业制定经营战略目标和考核企业经营成果的一项重要内容。主要原因在于:

市场占有率直接影响企业的长期经济效益。达到一定的销售量,就能获得一定的利润,在正常情况下,销售量越大,获利也越多。企业销售量的大小,取决于市场销售量,更主要的是看企业的销售量在市场需求量中占多大的比例,即企业的市场占有率。若企业市场占有率大,意味其销售量多,销量大,在市场价格不变的情况下,能达到降低成本提高利润的目的。在市场竞争中,有的企业有时为了保持或提高市场占有率,常常将价格尽可能定得稍低一些,以便扩大销售,实质上这是一种以牺牲短期利润去争取长期效益的办法。

市场占有率是反映企业竞争能力的一个重要标志。市场竞争归根到底,是企业之间为争夺市场、争夺产品销路的斗争。市场占有率高,说明该企业在生产能力、技术能力、资金能力、销售及服务能力等方面的实力在当地市场或当地同行业中较强;反之,市场占有率低,说明其实力较小。在当地或当地某行业中的市场经营企业数目不变的情况下,某个企业的市场占有率的发展趋势逐步增大,则说明该企业处于兴旺发达时期;反之,如果其市场占有率逐步萎缩,则表明该企业处于衰退时期。所以从一定意义上说,市场占有率也是衡量企业兴衰的一个标志。

市场占有率是衡量企业经济管理水平的一个重要标准。以市场为导向的现代企业,经营管理水平的高低,最终体现在满足目标市场需求上。经营管理水平越高,越能满足目标市场的需求,随之其市场占有率也高;反之,经营管理水平低,不能满足目标市场的需求,其市场占有率也低。市场占有率的高低,表明企业对目标市场需求动向的反应灵敏程度。

分析产品的市场占有率有利于改善企业的营销因素组合和进行产品整顿。企业通过对市场经营的各种产品进行市场占有率排队分析,明确了哪些产品市场占有率低,以便进一步开展调查研究,了解市场占有率低的原因(是产品方面的原因,还是价格、渠道、促销服务方面的问题)就可以针对目标市场的需要,重新搞好营销因素组合,以满足目标市场的需求,提高市场占有率。另一方面,也可以将本企业所生产经营的各种产品的市场占有率和市场销售增长率、企业实力、企业经营策略结合起来加以分析,为企业的产品整顿提供依据,即确定哪些产品是企业应重点发展的产品,哪些是可以维持现状,哪些是应该收缩甚至淘汰的产品。

综上所述,分析和预测市场占有率是企业经营决策的一项重要内容,那么如何预测呢?市场占有率用于反映企业经济和地区经济或行业经济的对比关系,它包括两层含义:

(1) 是指在一定时期内的某一个企业的销售额在当地市场零售总额中所占份额,用以反映该企业在当地市场中的经营状况和地位。其计算公式为:

$$R = \frac{q}{Q} \tag{7.26}$$

式中:R——某企业的市场占有率;
Q——当地市场零售总额;
q——某企业的销售额。

【例1】设某市2006年市场商品零售总额为430亿元,其中某百货公司销售额为25.8亿元,问该商场的市场占有率是多少?

将有关数据代入(7.26)式:

$$R = \frac{25.8}{430} \times 100\% = 6\%$$

该商场2006年市场占有率为6%。

(2) 是指在一定时期内,某企业经营的某类商品占当地市场同类商品销售额的百分比。其计算公式与前一种相同。

【例2】设某市2002年共销售洗衣机32万台,其中某百货商场销售4.8万台,问该商场的洗衣机市场占有率多少?

将有关数据代入(7.26)式:

$$R = \frac{4.8}{32} \times 100\% = 15\%$$

该商场2002年的洗衣机市场占有率为15%。

下面简要介绍市场占有率变动趋势预测问题。

随着社会经济的发展,人民生活水平的提高,市场商品需求的构成和需求的数量不断地发生变化;同时,同类型企业之间的发展也是不平衡的,如有的企业发展速度快,有的企业发展速度慢,甚至萎缩退出该产品市场,也会有新的企业加入该产品市场,致使各个企业销售的增长与当地企业总销售的增长不会同步,因而,各个企业的市场占有率也会不断地发生变化,变化的程度也可能不一样。因此,为了给制定市场经营战略、编制经营计划和决策提供比较可靠的依据,企业需要随时掌握并预测市场占有率的变动趋势,分析其变动的原因,市场占有率变动趋势的计算公式为:

$$R = \frac{q_0(1+i)^n}{Q_0(1+r)^n} \tag{7.27}$$

式中:R——某企业的市场占有率;
Q_0——当地市场基期零售总额;

q_0——某企业的基期商品销售额；
r——当地市场零售总额年均递增率；
i——某企业商品销售年均递增率；
n——期数（即年数）。

【例3】设某市2002年文化娱乐用品零售总额为64.5亿元，今后三年内随着经济的发展，收入水平的提高，该类商品的零售总额预计每年递增20%，设该市的某文化娱乐用品公司2002年的销售额为5.16亿元，经分析企业的经营条件与环境，测算今后3年内，年递增为15%。试预测该企业今后3年内各年的市场占有率。

首先计算2002年的市场占有率：

$$R = \frac{5.16}{64.5} \times 100\% = 8\%$$

再利用(7.27)式计算2003—2005年的市场占有率：

$$R_{2003} = \frac{5.16 \times (1+15\%)}{64.5 \times (1+20\%)} \times 100\%$$

$$= \frac{5.934}{77.4} \times 100\%$$

$$= 7.7\%$$

$$R_{2004} = \frac{5.16 \times (1+15\%)^2}{64.5 \times (1+20\%)^2}$$

$$= \frac{6.8241}{92.88} \times 100\% = 7.35\%$$

$$R_{2005} = \frac{5.16 \times (1+15\%)^3}{64.5 \times (1+20\%)^3} \times 100\%$$

$$= \frac{7.84772}{111.456} \times 100\% = 7.04\%$$

计算结果，该文化娱乐用品公司2003—2005年市场占有率变动趋势值如下表所示。

表7-19 该文化娱乐用品公司2003—2005年市场占有率

年 份	2002	2003	2004	2005
市场占有率(%)	8	7.7	7.35	7.04

预测结果，由于企业客观条件的制约，市场占有率将呈逐年下降趋势，由2002年的8%降至2005年的7.04%，即将降低0.96个百分点。因此，必须进一步动员全公司职工挖掘内部潜力，利用外部条件，千方百计扩大销售，以便提高已经达到的市场占有率。

本章知识点回顾

需求的价格弹性,表示需求量变化对价格变化反应的灵敏程度。通常以计算一个数值来表示,此数值称为弹性系数。也就是当商品价格变动1%时,需求量变动的百分数。需求的价格弹性系数的计算公式为:

$$E_d = \frac{\frac{Q_1 - Q_0}{Q_0}}{\frac{P_1 - P_0}{P_0}} = \frac{\frac{\Delta Q}{Q_0}}{\frac{\Delta P}{P_0}} = \frac{\Delta Q}{\Delta P} \cdot \frac{P_0}{Q_0}$$

需求量预测模型为:

$$Q_t = Q_0 + \Delta Q \quad 其中 \Delta Q = \frac{E_d \cdot \Delta P \cdot Q_0}{P_0}$$

需求的收入弹性是衡量收入的相对变动与随之而来的需求量的相对变动间的关系。它是以收入变动的百分数去除需求变动的百分数所得到的数值,反映需求量对收入变化的敏感程度。其计算公式为:

$$E_Y = \frac{\frac{Q_1 - Q_0}{Q_0}}{\frac{Y_1 - Y_0}{Y_0}}$$

预测公式为:

$$Q_t = Q_0 \cdot (1 + Y_r \cdot E_Y)$$

需求的交叉弹性又称为需求偏弹性。它表明某一种商品价格变动影响另一种商品需求量的程度。例如,当Y商品的变动1%时,影响X商品需求量变动的百分数。这里可以分为替换品和互补品两种情况进行考察。交叉弹性系数的计算公式为:

$$E_{P(x,y)} = \frac{Q'_X - Q_X}{Q_X} \div \frac{P'_Y - P_Y}{P_Y}$$

预测公式为:

$$Q = Q_0 \cdot (1 + R)$$

多种弹性系数综合预测法就是将需求的价格弹性系数、需求的收入弹性系数、需求的交叉弹性系数结合起来,对市场需求量进行预测。因为市场营销环境有可能出现消费者的收入、某种商品本身的价格、替换品和互补品的价格发生变化,所有的这些变化都会引起消费需求发生变化,这时,此种方法具有较强的实用性,其预测公式如下:

$$Q = Q_0 \cdot [1 + (E_Y \cdot R_Y - E_P \cdot R_P + E_{P_c} \cdot R_{P_c} - E_{P_b} \cdot E_{P_b})]$$

供应弹性是测量价格变动所引起的供应量变动的灵敏程度。供应弹性系数就是当商品价格变动1%时,其供应量变动的百分数。其计算公式为:

$$E_S = \frac{\frac{Q_1 - Q_0}{Q_0}}{\frac{P_1 - P_0}{P_0}} = \frac{\Delta Q}{\Delta P} \cdot \frac{P_0}{Q_0}$$

供应弹性也可以利用供应弹性系数对某些产品的市场供应量进行预测。预测公式为：

$$Q = Q_0 + \Delta Q$$

广告效果弹性是用销售额（或量）变化对广告费用变化反应的灵敏程度来表示。也就是当广告费用变动1‰时，其销售额（量）变动的百分数。其计算公式为：

$$E_a = \frac{\frac{Q_1 - Q_0}{Q_0}}{\frac{C_1 - C_0}{C_0}} = \frac{\frac{\Delta Q}{Q_0}}{\frac{\Delta C}{C_0}}$$

利用广告效果弹性系数进行销售预测的公式如下：

$$Q = Q_0 \times (1 + C_r \times E_a)$$

购买者需求意见调查预测法又称顾客期望法。它是采取典型调查、抽样调查、普遍调查等方式直接向消费者或用户进行走访、书面调查，了解需求情况（如询问其希望买什么商品，什么品牌，以及想从哪里购买等），分析市场变化趋势，预测产品（或服务）在今后一定时期内的销售量的一种方法。专家会议调查法就是预测者召开专家会议进行集体判断预测的一种方法。这里所说的专家是指在某个研究领域或某个问题上有专门知识和特长的人员。通过专家会议获取调查资料的准确程度，主要取决于参加会议的专家的知识广度、深度和经验。德尔菲法是专家会议调查法的改进和发展，克服了专家会议调查法的不足，使被调查专家的知识和经验得到充分发挥。此法在技术调查预测和新产品市场需求调查预测等方面得到了较普遍的应用。销售人员意见综合预测法，是公司（或企业）销售预测方法中的一种重要方法。所谓公司（或企业）销售预测，是指该公司（或企业）以其选定的市场规划与假设的市场环境为基础，对该公司（或企业）的销售量（或销售额）的期望值。业务主管人员判断预测法，也是一种比较简单的公司（或企业）销售预测法。它是在假定的市场环境与既定的公司（或企业）销售因素组合下，对一定时期内销售的期望值的估计。此法就是经理邀请公司（或企业）内的供销、生产、财务、市场研究等部门的负责人，开会进行讨论，广泛交换意见，集思广益，发挥集体智慧来预测商品的销售，或未来市场的需求量。综合判断预测法，是公司（或企业）销售预测中一种定性分析定量化的预测法。它是根据企业各个层次有关人员的经验来判断今后一定时期内销售额的一种方法。对生产企业来说，是对推销人员、中层管理人员、经销商和经理厂长等几方面所做的预测，加以分析和综合判断，从而得出预测结果。如果不能取得经销商的意见，则可综合推销人员、中层管理人员和厂长经理人员的判断，做出销售预测。对于一些中小商业公司来说，也可以只综合销售人员与经理人员的判断，做出销售预测。市场占有率是用于反映企业在市场中所占的份额的一个经济指标。从企业市场占有率的高低及其发展变化趋势,可以考察该企业所生产经营的产品适销对路的程度、竞争能力的大小、企业信誉的高低以及经营管理的好坏。所以市场占有率往往是企业制定经营战略目标和考核企业经营成果的一项重要内容。

练习与实训

一、名词解释

1. 需求的交叉弹性
2. 个别需求
3. 市场需求
4. 弹性系数
5. 互补品
6. 多种弹性系数综合预测法
7. 广告效果弹性
8. 购买者需求意见调查预测法

二、填空题

1. 需求可分为(　　)与(　　)。
2. 需求的收入弹性是衡量(　　)与随之而来的(　　)的关系。
3. (　　)是指卖方利用有偿媒介传递有关其产品、服务的有说服力的信息,扩大销售的一种有效的促销方式。
4. 企业对广告效果的评估,内容很多,但主要评估(　　)和(　　)两个方面。

三、问答题

1. 业务主管人员判断预测法的优点及缺点有哪些?
2. 什么是综合判断预测法,它的适用范围是什么?

主要参考文献

1. 王春利.现代市场预测.北京:北京经济学院出版社,1997
2. 梅汝和,余名嶽.市场调查和预测的应用.上海:上海人民出版社,1983
3. 肖刚.现代企业经营决策学.北京:中国经济出版社,2001
4. 康有枢,林桂军,杨逢华.世界市场行情.北京:对外贸易教育出版社,1992
5. 赵喜仓,马志强,何娣.市场调查与分析.镇江:江苏大学出版社,2007
6. 刘红.市场调查与预测.北京:北京交通大学出版社,2010
7. 胡旭呈.实用市场预测80法.北京:北京经济学院出版社,1993
8. 林根祥,柳兴国.市场调查与预测(修订本).武汉:武汉理工大学出版社,2007
9. 胡穗华,张伟今,谢虹.市场调查与预测.广州:中山大学出版社,2006
10. 蒋志华,张玉红,曾鸿.中国统计教育学会组编教材.市场调查与预测.北京:中国统计出版社,2002
11. 徐超丽,綦建红,等.市场调查与预测习题集.北京:经济科学出版社,2001
12. 王豪杰,谢家发.市场调查与预测.郑州:郑州大学出版社,2008
13. 刘义亭.现代管理方法学.《科学管理研究》编辑部,1983
14. 田志龙.市场研究——基本方法、应用与案例.武汉:华中理工大学出版社,1993
15. 涂葆林,颜日初.经济预测与决策方法.湖北统计学会,1984
16. 《市场行情》教材编写组.世界市场行情.北京:对外贸易教育出版社,1985
17. 兰苓.市场营销学.北京:中央广播电视大学出版社,2000